제2판

사회복지실천론

권향임 · 김상아 · 신민정 · 윤정혜
이기량 · 이남순 · 이채식 · 전영록

창지사

머리말

최근 우리 사회는 인류 보편적 가치인 인권의식의 신장, 저출산·고령화의 진전과 계층 간의 불균형, 다문화 가족의 증가 등으로 인한 다양한 사회문제의 표출과 그 문제해결을 위한 노력이 사회복지실천 현장에도 파급되어 제도와 내용면에서 많은 변화를 요구하고 있다.

사회복지실천은 개인과 집단, 지역사회의 사회적 기능을 회복시키고 강화시켜 주는 전문적 활동을 지향해야 하며 이와 함께 사회복지실천 영역과 분야의 확대 및 전문성에 대한 요구에 따라 사회복지실천 교육에 대한 관심이 증가하고 있다.

『사회복지실천론』은 이러한 추세에 맞추어 사회복지실천의 기본적인 이론과 실제를 학습하는 데 중심을 두고 집필되었다.

이 책은 총 10장으로 구성되어 있다. 제1장(윤정혜 교수)에서는 개념과 정의를, 제2장(윤정혜 교수)에서는 사회복지실천 가치와 윤리를 중심으로 다루었다. 제3장(김상아 교수)에서는 서구와 우리나라의 사회복지실천의 발달과정을 살펴보았고, 제4장(윤정혜 교수)에서는 사회복지실천 현장과 사회복지사의 활동을 중심으로 다루었다. 제5장(이기량 교수)에서는 사회복지실천의 통합적 방법론을 다루었으며, 제6장(전영록 교수)에서는 접수, 사정, 개입, 평가와 종결 등을 통한 사회복지실천의 과정을 중심으로 접근하였고, 제7장(이채식 교수)에서는 사회복지 면접의 기술, 면접 기록 등을, 제8장(권향임 교수)에서는 사회복지실천의 관계론을 중심으로 다루었다. 제9장(이남순 교수)에서는 가장 많이 사용하는 실천모델 중 5개를 선택하여 모델의 개요, 주요 이론적 배경, 실천과정, 평가 등을 다루었다. 마지막 제10장(신민정 교수)에서는 사례관리의 개념, 발달과정, 개입과정, 실천과정을 통한 사회복지실천에서의 사례관리를 다루었다.

『사회복지실천론』이 출판되고 3년의 시간이 지나 일부 수정의 필요성이 제기되어 제2판을 출간하게 되었다. 교재 전체의 틀은 그대로 유지하면서 각 장에서 부분적인 수정을 하였으며, 제2장 사회복지실천 현장에서는 관련 법령의 변화에 따라 많은 수정이 이루어졌다. 제3장 우리나라 사회복지 역사에 있어서 2000년 이후 변화과정을 새로이 추가하였고, 제10장에서는 장애인과 노인인구 변화를 최근의 통계 자료를 새로이 추가하였다.

이 책이 사회복지전공 학생들뿐만 아니라 현장에서 사회복지실천에 직접적으로 개입하는 사회복지사들에게도 도움이 되었으면 하는 바람이며, 우리나라의 사회복지 증진에도 미력이나마 기여할 수 있기를 기대해 본다.

마지막으로 이 책이 출간되도록 노력해 주신 창지사 관계자 분들께 깊은 감사를 드린다.

2018년 7월

저자 일동

차 례

SOCIAL WORK PRACTICE

S O C I A L   W O R K   P R A C T I C E

CHAPTER 01

사회복지실천의 개관

01

SOCIAL WORK PRACTICE

01 사회복지실천의 정의

1) 사회복지와 사회복지실천

사회복지실천을 정의함에 앞서, 사회복지의 개념을 먼저 살펴보고자 한다. 우리나라에서는 사회복지(social welfare)와 사회복지실천(social work practice)이 유사한 의미로 혼용되기도 하지만, 사실 구분되는 의미를 지니고 있기 때문이다.

사회복지는 국민의 생활 안정 및 교육·직업·의료 등의 보장을 포함한, 복지를 추구하기 위한 사회적 노력이다. 즉, 사회적 안녕 상태를 일컫는 의미와, 사회적 안녕 상태를 만들기 위한 사회의 총체적 노력을 포함한다(엄명용 외, 2011). 이러한 정의에 따르면, 사회복지는 사회적으로 바람직한 상태를 집합적인(collective) 노력의 방식으로 달성하자는 것을 의미한다.

다음으로 사회복지실천에 대해 살펴보기로 하자. 사회복지실천은 사회복지와 실천이 결합된 용어이다. 그렇다면 앞서 정의한 사회복지와는 별개로, 실천이 갖는 의미를 탐색할 필요가 있다. 실천(實踐)을 사전적으로 풀어보면 '실제로 해냄'이라는 의미를 갖는다. 따라서 사회복지실천은 사회복지에서의 이행(履行), 즉 동적 행위의 측면을 강조한 용어라고 볼 수 있다. 결국 사회복지실천이란 사회복지의 상태를 달성하기 위한 모든 구체적인 행위를 의미한다. 이러한 경우 사회복지 행정 및 정책뿐 아니라 치안, 교통, 환경 등 광범위한 사회적 문제를 모두 사회복지실천 영역에 포함해야 할 것이다.

하지만 사회복지 전공 학생들에게 교육하는 사회복지실천은 사회복지사가 클라이언트의 문제해결을 위해 필요한 구체적 서비스를 제공하는 것에 초점이 맞추어져 있다. 따라서 사회복지사가 사회복지를 사회복지실천 현장(field)에서 어떻게 이행해야 하는가에 주목한다. 이 때문에 사회복지실천론 교과목에서는 사회복지현장에서 클라이언트와의 면대면(face to face)의 만남에 기초한 다양한 이론,

방법, 기술 등을 주로 다루고 있다.

2) 사회복지실천의 정의

사회복지실천(social work practice)은 1970년 후반부터 1980년대에 이르러 미국을 중심으로 활용되어 온 용어로, 이전에는 개별사회사업(social casework)이라는 용어로 많이 사용되었다(Hepworth & Larsen, 2006). 그러나 최근에는 사회복지를 실현하기 위한 과학적인 기술과 지식, 사회복지사의 전문적인 원조활동을 강조하는 대표적인 개념으로 정의되고 있다.

사회복지실천이라는 용어를 가장 먼저 개념화한 사람은 리치몬드(Richmond)이다. 그녀는 자신의 저서인 『*What is Social Casework?*』에서 사회복지실천의 효시라 할 수 있는 개별사회사업을 '개인에 대해, 그리고 개인 대 사회 환경 간의 관계에 대해 개별적인 의식적 조정을 통해 개인의 인격 발달을 도모하는 과정'으로 정의하였다(Richmond, 2008). 이후 1973년 전미사회복지사협회(National Association of Social Workers: NASW)에서 사회복지실천을 '개인·집단·지역사회로 하여금 그들 각자의 사회적 기능(social functioning)을 증진 또는 회복시키며, 그러한 목적에 합당한 조건을 스스로 만들어 갈 수 있도록 돕는 전문적 활동'이라고 정의하였다.

한편 우리나라에서는 이영분 외(2001)는 사회복지실천을 '개인·집단·가족 그리고 지역사회를 대상으로 하여 이들이 자신들의 문제와 욕구를 스스로 해결할 수 있도록 도와주고, 이들의 사회적 기능을 향상시키며 배분적 사회정의를 실현하는 것을 목적으로 하는 종합적이며 전문적인 실천 활동'으로 정의하였다. 또한 양옥경 외(2004)는 사회복지실천을 '사람의 삶의 질 향상을 위해 개인, 소집난, 가족 또는 지역사회의 문제 및 욕구에 권한부여적(empowering), 문제해결 접근방법(problem-solving method)으로 개입하는 종합적인 전문 활동(professional activity)'으로 정의하였다.

이와 같은 정의를 종합하여 볼 때 사회복지실천이란 기존의 전통적 방법론(개별사회사업, 집단사회사업, 지역사회조직)을 통합하는 전문적인 접근방법으로, 환경 속의 인간이라는 관점에서 사회복지의 목적을 달성하기 위해 이루어지는 직접적이고 실제적인 활동으로 정의할 수 있겠다.

02 사회복지실천의 목적 및 기능

사회복지실천의 목적을 정의하려는 노력은 1929년 밀포드(Milford) 회의에서 시작되었는데, 1954년 미국사회복지교육협의회에서 사회복지실천의 개념이 등장한 이후 지금까지도 그 노력은 계속되고 있다. 사회복지실천은 근본적인 목적을 가지고 있으며 동시에 구체적 목표를 가지고 있는 실천지향적인 개념으로 가장 근본적인 목적은 '삶의 질 향상'으로 볼 수 있다.

그러나 사회 내 모든 사람들의 삶의 질을 향상한다는 것이 그리 간단한 것은 아니다. 여기에서는 그동안 논의되었던 여러 사회복지실천의 목적 중 전미사회복지사협회와 미국사회복지협의회가 제시하였던 사회복지실천의 목적을 중심으로 살펴보도록 한다.

먼저 전미사회복지사협회는 사회복지실천의 목적을 '모든 개인의 삶의 질 향상을 위해 개인과 환경 간의 상호 호혜적 상호작용을 촉진하고 유지시키는 것'으로 정의한다. 즉, '모든 개인'이라는 사회구성원 모두를 대상으로 '개인과 환경 간의 상호 호혜적 상호작용을 촉진하고 유지시켜' '삶의 질을 향상'하는 것에 사회복지실천의 궁극적인 목적을 두는 것이며 이러한 목적은 다음과 같은 특징을 갖는다.

① 개인과 집단이 그들과 환경 간에 불균형 상태가 발생했을 때 문제를 찾아내어 문제의 어려움 정도를 감소시키거나 해결하도록 도와주는 것이다.

② 개인이나 집단이 그들과 환경 간에 불균형 상태가 일어날 수 있는 잠재적인 문제를 미리 발견하여 예방하는 것이다.

③ 개인과 집단과 지역사회 내의 최대한의 잠재력을 발견하여 확인하고 이를 강화시켜 주는 것이다.

그리고 미국사회복지교육협의회(Council Social Workers Education: CSWE)에서는 다음과 같이 사회복지실천의 목적을 제시하였다.

① 개인·가족·집단·조직·지역사회가 목적을 달성하고 고통을 완화시키며 자원을 활용할 수 있도록 도움으로써 이들의 사회기능을 촉진(promotion), 회복(restoration), 유지(maintenance), 강화(enhancement)시키는 것이다.

② 인간의 복지를 촉진시키고 빈곤, 억압, 그리고 그 이외 사회의 부정의(social injustice)를 경감시키는 것이다. 기본 욕구를 충족시키고 인간이 갖고 있는 잠재력 및 가능성 개발을 돕기 위해 필요한 사회정책, 서비스, 자원, 그리고 프로그램을 계획, 공식화, 시행하는 것이다.

③ 곤궁에 처한 집단에게 권한을 부여하고 사회·경제적 정의를 실현하기 위해 조직적·행정적 옹호와 사회운동을 통해 정책, 서비스, 자원, 그리고 프로그램을 추구하는 것이다.

④ 이러한 목적과 관련된 모든 전문적인 지식과 기술을 개발하고 시험하는 것이다.

한편 사회복지실천의 기능이란 클라이언트의 삶의 질을 향상하기 위해 사회복지전문가가 수행하는 기능으로, 전통적인 사회복지실천의 기능은 다음과 같이 두 가지로 구분할 수 있다. 첫 번째 기능은 예방, 재활, 치료 활동을 통해 욕구가 있는 개인의 사회기능을 증진하는 것(enhancing social functioning)이다. 두 번째 기능은 사회의 정의를 향상하는 것(promoting social justice)이다.

그런데 사회복지실천은 후자보다 전자, 즉 클라이언트의 사회기능을 증진하는 것에 주력하였다. 이에 전미사회복지사협회에서는 이러한 이분화된 전통적인 사회복지실천의 기능에서 벗어나 다음과 같이 보다 포괄적인 사회복지실천의 기능을 제시하였다.

① 사람들의 역량을 확대하고, 문제해결능력과 대처능력을 향상시키도록 돕는다.
② 사람들이 자원을 획득하도록 돕는다.
③ 조직이 사람들에게 반응하도록 한다.
④ 개인과 환경 내의 다른 사람들과 상호작용을 촉진한다.
⑤ 조직과 제도 간의 상호관계에 영향을 미친다.
⑥ 사회정책 및 환경정책에 영향을 미친다.

03 사회복지실천의 구성요소

사회복지실천을 구성하는 요소에 대한 연구자들의 견해는 다양한데, 그중 펄만(Perlman, 1957)이 정리한 6P[1]와 핀커스와 미나한(Pincus & Minahan, 1973)의 4체계는 오늘날의 사회복지실천 현장에서도 중요하게 인식되고 있다. 따라서 사회복지실천의 구성요소를 이들이 정리한 내용을 중심으로 살펴보도록 한다.

1) 펄만(Perlman)의 6P

펄만은 사회복지실천의 구성요소로 사람(Person), 문제(Problem), 장소(Place), 과정(Process), 전문가(Professional), 제공물(Provision)을 제시하였다.

1) 1957년에 사회복지실천의 구성요소를 분석하여 4P(Person, Problem, Place, Process)로 제시하였고, 이후 1986년에 2P(Professional, Provision)가 추가되었다.

(1) Person(사람)

사람이란 특정 문제로 인해 고통 받고 있는 당사자로, 사회복지에서는 이를 클라이언트라고 명명한다. 대개 클라이언트는 자신이 가진 문제를 해결하고자 하는 욕구가 크지만 자신의 문제임에도 불구하고 전혀 문제를 인지하지 못하는 경우, 혹은 인지는 하고 있으나 해결에 대한 의지가 전혀 없는 경우도 많다. 이런 경우 문제를 가진 당사자뿐 아니라 그 문제로 인해 고통을 받는 타인들도 클라이언트로 간주해야 하며 사회복지사는 다음과 같은 측면을 고려하여 사람을 관찰하여야 한다.

- 문제를 가진 병리적인 존재가 아닌 무한한 강점과 잠재 능력을 가진 전인적 인간
- 클라이언트의 사고 체계와 행동 패턴
- 클라이언트에게 도움 혹은 방해가 되는 사람들과 그들과의 관계

(2) Problem(문제)

문제란 대상자에게 고통이나 어려움을 유발하는 상황이나 조건 등을 의미한다. 이는 개인의 욕구 결핍과 관련된 것이거나 인간관계에서 발생하는 어려움, 환경과의 맥락에서 유발된 문제 등을 모두 포함한다. 한편 문제는 해결되거나 변화되어야 할 것으로, 이를 해결하기 위해 사회복지사는 다음과 같은 노력을 수행해야 한다.

- 클라이언트가 호소하는 문제 파악 및 문제의 성격 분석(기간, 강도, 심각한 정도)
- 클라이언트와 관련된 중요한 타인들에게 문제가 미친 영향
- 문제해결을 위한 클라이언트의 노력 및 문제해결의 가능성
- 문제와 관련된 클라이언트의 자원과 발굴되어야 할 자원

(3) Place(장소)

장소란 클라이언트와 전문가가 만나는 물리적 공간으로, 클라이언트에 대한 원조활동이 이루어지는 곳을 의미한다. 이곳은 클라이언트를 위한 직·간접적 서비스가 제공되는 곳이기 때문에, 도움을 받고자 하는 클라이언트의 심리·정서적 안정에 도움이 될 수 있는 분위기를 조성해야 한다. 이러한 분위기를 조성하기 위해 다음과 같은 사항들을 고려해야 한다.

- 접근 용이성 및 시설 이용의 용이성
- 편안하고 따뜻하며 클라이언트에게 신뢰를 줄 수 있는 분위기
- 클라이언트의 문제해결을 위해 협력해야 할 유관 기관

(4) Process(과정)

과정이란 문제의 해결과 클라이언트의 이익 증대라는 일정한 목적 달성을 위해 전문가와 클라이언트가 수행하는 일련의 절차로, 체계적인 이론에 입각하여 구성된 활동을 의미한다. 문제의 양상과 특징에 따라 혹은 바탕이 되는 이론에 따라 사회복지실천의 과정은 조금씩 상이할 수도 있다. 그러나 대개의 경우, 보편적이고 체계적인 과정을 거쳐 사회복지실천의 활동이 이루어진다. 따라서 사회복지사는 사회복지실천과정의 중요성을 정확히 파악하고 사회복지실천 활동에서 다음과 같은 사항들을 고려해야 한다.

- 문제의 해결을 위해 가장 적절한 이론과 모델
- 사회복지실천과정에서 발생할 수 있는 위험 요인과 그에 따른 대처 양식
- 클라이언트의 적극적인 참여를 유도할 수 있는 전문가의 재량

(5) Professional(전문가)

전문가란 클라이언트의 문제를 해결할 수 있는 과학적인 지식과 기술을 가진 자로, 사회복지실천 현장에서는 사회복지사가 이에 해당한다. 전문가로 활동하기 위해서는 일정한 교육을 이수하여 자격을 취득하여야 한다. 사회복지실습을 포함한 정규교과과정의 교육을 받음으로써, 사회복지실천 현장에서 활동할 수 있는 전문적인 인력으로 성장하게 된다. 한편 사회복지실천 현장의 전문가는 다음과 같은 역할을 수행하게 된다.

- 클라이언트의 문제해결 및 권익 향상
- 유관 기관들과의 네트워킹을 통한 조직력 증대
- 지역사회 자원으로서의 조직 홍보 및 주민들의 욕구 파악과 지원을 위한 계획 수립과 집행

(6) Provision(제공물)

제공물이란 클라이언트의 물질적 욕구는 물론 지지관계망 확보 욕구, 만족스러운 일상 활동에 대한 욕구 등을 충족시키는 데 필요한 제반 서비스 및 기회들을 클라이언트의 생활환경 가운데서 적극적으로 발견하고 찾아내어 그들이 이용 가능하도록 만들어 주는 모든 활동을 포함한다. 한편 제공물을 클라이언트에게 지원할 때 전문가는 다음과 같은 것들을 고려하여야 한다.

- 클라이언트의 사회복지서비스의 의존도 심화 문제
- 제공물을 지원받는 클라이언트의 낙인감 최소화
- 비공식적 지지망으로부터 지원될 수 있는 제공물의 유무
- 클라이언트의 인간다운 삶의 영위를 위해 필요한 다양한 자원

2) 핀커스와 미나한(Pincus & Minahan)의 4체계[2)]

사회복지실천의 구성요소로서 핀커스와 미나한은, 변화매개인체계(change agent system), 클라이언트체계(client system), 표적체계(target system), 행동체계(action system)를 제시하고 있다. 각각의 구체적인 내용을 살펴보면, 다음과 같다.

(1) 변화매개인체계(change agent system)

클라이언트의 문제해결과 긍정적 변화를 계획하고 이끌어가는 전문가이자 클라이언트를 돕는 자이다. 사회복지사는 물론이고 사회복지기관에 고용되어 원조업무를 돕는 사람과 변화를 위한 노력을 주도하는 기관 전체를 의미한다.

(2) 클라이언트체계(client system)

변화매개인의 서비스가 필요한 사람으로, 변화의 필요성을 인식하고 사회복지사를 찾거나 사회복지사에게 의뢰된 당사자들을 의미한다. 여기에서 클라이언트는 도움을 요청하여 변화매개인에게 서비스를 제공받는 개인이나 가족, 집단, 기관이나 지역을 의미한다. 이 경우 클라이언트와 변화매개인 간에는 변화를 위한 목적과 목표, 그리고 방법 등을 명시한 계약이 이루어져야 한다. 실천현장에서는 클라이언트체계가 둘 이상이거나 도움을 요청한 체계와 실제로 도움이 필요한 체계가 일치하지 않는 등의 애매한 상황이 발생하기도 한다.

---

2) 이후에 콤튼과 갤러웨이(Compton & Galaway, 1999)에 의해 전문가체계가 추가되었다.
- 전문가체계: 변화매개인의 전문성을 보증하는 것으로, 변화매개인에게 사회복지사로서의 전문가적 가치와 윤리를 제시한다. 전문가체계는 특히 사회복지사의 권익을 옹호하며 사회복지사의 원조활동에 대한 재가를 부여한다.

(3) 표적체계(target system)

표적체계는 변화매개인이 설정한 목표를 달성하기 위하여 영향을 미치거나 변화시킬 필요가 있는 대상으로, 변화가 요구되는 체계를 의미한다. 일반적으로 클라이언트는 표적체계의 범주에 속하게 되지만 반드시 그런 것은 아니기 때문에 클라이언트체계와 표적체계가 항상 동일한 것은 아니다. 다만 클라이언트의 문제해결을 위해 클라이언트 자신이 변화해야 하는 경우에는 클라이언트체계가 곧 표적체계가 된다.

(4) 행동체계(action system)

사회복지사가 의도적이고 계획적인 변화 노력을 달성하기 위하여 함께 상호작용하는 주체로, 이웃이나 가족, 전문가 집단 등이 여기에 해당된다.

04 사회복지실천의 이념

역사적인 흐름으로 볼 때, 사회복지실천의 이념적 배경은 꾸준히 변화되어 왔으며 다양한 이념적 배경은 시대적 변화에 따라 상이한 흐름을 보이기도 하였다. 여기에서는 사회복지실천에 직접적인 토대가 된 이념적 배경을 살펴보고자 한다.

1) 인도주의(humanitarianism)와 박애주의(philanthropy)

인도주의는 모든 인간은 동등한 자격을 갖추고 있다는 관점에서 인류의 공존을 꾀하고 복지를 실현시키려는 사상이다. 한편 박애주의는 인종·종교·신분·풍습·이해관계 등의 현실적 차별을 초월하고 인간성을 기초로 하여 어려움을 같이 나누려는 인간애적인 사상을 의미한다.

사회복지실천의 역사를 살펴보면, 이러한 인도주의와 박애주의가 중요한 이념적 토대가 되었음을 알 수 있다. 그 대표적인 예가 바로 우애방문원(friendly visitors)이다. 이들은 대부분 자원봉사자들로, 기독교사상을 실천하려는 중산층 이상의 사람들이었다. 인도주의와 박애주의를 주된 이념으로 삼고 빈곤한 사람들을 대상으로 종교적 교화를 통해, 빈곤으로부터 탈피시키고자 하는 구호활동을 전개하였다.

물론 이들이 빈민의 빈곤 원인을 개인적 결함으로 간주했다는 점과 도덕적이고 종교적인 교화를 통해 빈곤의 문제를 해결하고자 했다는 점은 비판받고 있다. 하지만 우애방문원 활동이 사회복지실천의 고유한 사상이자 기본 정신이라 할 수 있는 이타주의에 기반을 두고 있다는 것은 매우 중요한 부분이라 할 수 있다.

2) 사회진화론(social darwinism)

찰스 다윈(Charles Darwin, 1895)의 저서인 『종의 기원』에서 유래한 사회진화론은 자연과학의 진화론을 사회학에 접목시킨 것이다. 즉, 가진 자원이 풍부하고 부지런하며 도덕적으로 월등한 존재인 사회적합계층(best fit class)은 살아남고, 가진 자원이 희박하고 게으르며 도덕적으로 열등한 존재인 사회부적합계층(unfit class)은 자연스럽게 소멸된다는 적자생존의 원리가 인간사회에도 적용된다는 것이다.

이러한 원리는 최초의 사회복지실천 활동이라 할 수 있는 우애방문원의 활동에도 반영되었는데, 우애방문원은 빈민을 비롯한 사회의 요보호대상자를 사회부적합계층으로 여겨 열등한 존재로 간주하였을 뿐 아니라 그들 고유의 가치관이나 생활신념을 무시하고 기독교사상을 중심으로 하는 사회적합계층의 도덕관과 생활신념을 강요하였던 것이다. 또한 도움을 받을 가치가 있는 빈민(worthy poor)과 가치가 없는 빈민(unworthy poor)을 구분하여 제공하는 도움의 질과 양을 달리하였다. 가치가 없는 빈민에게는 최소한의 도움만을 제공하는 등 사회적합계층의 삶에 방해가 되지 않도록 철저히 관리하였다.

3) 민주주의(democracy)

민주주의는 사회진화론과 반대되는 이념을 표방하며 인간은 누구나 평등하다는 것을 전제로 클라이언트에게도 평등하게 처우 받을 권리가 있음을 강조한다. 이러한 민주주의의 등장으로 클라이언트에 대한 봉사철학이 강화되었으며 클라이언트의 자기결정은 큰 영향을 받았다. 왜냐하면 민주주의는 봉사를 제공하는 자를 우월하게, 봉사를 제공받는 대상자를 열등하게 처우했던 기존의 논리에서 벗어나 주는 자와 받는 자의 권리를 평등하게 인정하였을 뿐 아니라 클라이언트를 자신의 문제를 결정하고 관여할 수 있는 권리가 있는 존재로 전제하기 때문이다.

4) 개인주의(individualism)

개인주의는 자유방임주의를 지향하기 때문에 개인의 복지를 증진하고자 하는 국가의 개입이 개인의 자유를 침해하지 않는 선에서 최소화되어야 한다고 주장한다. 따라서 이 이념을 바탕으로 했을 때 빈곤의 원인은 개인에게 있으며 빈곤의 책임 역시 빈민에게 부여된다.

또한 빈곤에 처한 개인이 최선을 다한다면 빈곤에서 벗어날 수 있는 것으로 보기 때문에 국가의 개입은 빈곤을 탈피하기 위한 개인의 자유의지에 발로한 행위를 무시하는 것으로 간주된다. 뿐만 아니라 국가적 개입에 의한 빈곤 구제는 열심히 노력하여 부를 축적한 사람들에게 상당한 위화감을 초래할 수 있는 것으로 본다. 따라서 국가의 의무는 열심히 노력하는 사람들에게 보상 급부를 제공하는 것이며 최선을 다해 노력함에도 불구하고 열악한 환경이 나아지지 않는 빈민을 선별하여 최소한의 생활을 누릴 수 있는 수준에서 지원하는 것에 국한되어야 한다는 것이다.

이러한 개인주의는 사회복지실천에서 사회진화론과 함께 수혜자격의 축소를 가져와 '열등처우의 원칙'[3]을 야기하였다. 반면 긍정적인 측면에서는, 클라이언트의 개인적 특성을 고려하는 개별화 원리의 바탕이 되어 미국사회복지실천 현장에서 큰 영향력을 발휘하기도 했다.

5) 다양화(diversitism)

시대의 변화는 다양한 욕구와 복합적인 문제를 야기하였고 이에 따라 사회복지실천 현장에서는 다양한 대상의 수용, 개인의 고유성을 인정하는 경향이 중요하게 부각되고 있다. 다양화는 과거의 병리적인 관점에서 탈피하여 변화에 대한 의지와 강점을 가진 인간으로서의 가능성을 촉진해야 한다고 주장하는 강점관점과 임파워먼트 모델에 힘입어 사회복지실천 현장에 상당한 영향을 미치고 있다. 즉, 소외된 계층도 스스로 성장하고 발전할 수 있는 힘을 가지고 있다는 관점으로의 변화이자 사회복지사와의 협력적·수평적인 관계로 전환되는 구심점이 된 것이다.

이를 계기로, 사회복지사와 클라이언트의 관계는 기존의 제공자와 수혜자에서 제공자와 소비자의 형태로 바뀌었으며 전문가의 입장에서 일방적으로 서비스를 제공하던 기존의 방식에서 이용자 중심으로 전환되었다. 또한 클라이언트가 문제해결과정에 적극적으로 참여하도록 주체적인 역할을 강조하여, 사회복지실천과정에서의 클라이언트 책임성을 강화하는 계기가 되기도 했다.

---

3) 열등처우의 원칙: 구제대상 빈민의 생활수준은 최하층의 독립 근로자의 생활수준과 같아서는 안 되는 조건에서만 구제가 제공되어야 한다는 원칙.

참고문헌

양옥경·김정진·서미경·김미옥·김소희(2004). 사회복지실천론. 나남출판.

엄명용·김성천·오혜경·윤혜미(2011). 사회복지실천론. 학지사.

이영분·김기환·윤현숙·이원숙·이은주·최현미·홍금자(2001). 사회복지실천론. 동인.

Hepworth, D. H., & J. A. Larsen. (2006). *Direct social work practice: Theory and skill*(7th ed.). Pacific Grove, Calif.: Books/Cole.

Perman, H. (1957). *Social casework: A problem-solving process*. Chicago: University of Chicago Press.

Pincus, A., & Minahan, A. (1973). *Social Work Practice: Model and Method*. NY: Peacock Publishers.

Richmond, M. E. (2008). *What Is Social Case Work? an Introductory Description*(1922). Kessinger Publishing.

SOCIAL WORK PRACTICE

CHAPTER 02

사회복지실천의 가치와 윤리

01 사회복지실천에서의 가치

02 사회복지실천에서의 윤리

03 사회복지사 윤리강령

02

SOCIAL WORK PRACTICE

사회복지실천은 인간의 존엄성을 기본 가치로 삼고 과학적 지식과 기술을 가진 전문가가 도움이 필요한 사람들의 다양한 문제에 개입하여, 그들의 삶의 질을 향상하고 보다 나은 삶을 영위하도록 도와주는 과정 전체로 이해할 수 있다. 사회복지사가 인간을 어떻게 생각하는가는 그들을 돕는 서비스와 정책결정에 중대한 영향을 미친다. 따라서 지식과 기술 습득에 앞서 어떤 것이 클라이언트를 돕기 위한 올바른 결정이며, 어떤 것을 최우선의 가치로 삼을 것인지에 대한 고민을 필요로 하게 된다(이효선·정푸름, 2012).

이렇듯 인간을 대상으로 원조 활동을 수행하는 사회복지사는 다양한 가치관을 기초로 윤리적 결정을 해야 하는 경우를 많이 경험하게 된다. 따라서 사회복지실천의 현장에서 발생할 수 있는 다양한 가치갈등을 이해하고, 올바른 윤리관을 확립하는 것은 사회복지사가 갖추어야 하는 중요한 자세가 된다.

가치는 객관적으로 증명할 수 없는 것으로 '좋고 바람직한 것'에 대한 기준인 반면 윤리는 인간이 사회적 관계에서 지켜야 할 도리로 '옳고 그른 것'에 대한 기준이다. 이에 가치는 주관적으로 선호하는 것이지만 윤리는 가치에 대하여 옳고 그름의 규범적 기준을 부여하여 개인의 행위를 판단하는 기준이 된다.

〈표 2-1〉 가치와 윤리의 비교

가치	윤리
무엇이 좋고 바람직한가?	무엇이 옳고 그른가?
믿음, 신념, 감정	판단
방향성, 경향성	행동의 원칙이나 지침
일반적으로 선호하는 사회적 가치 반영	구체적인 실천을 지시, 가치와의 조화

01 사회복지실천에서의 가치

1) 사회복지실천과 가치

가치(價値, value)란 어떤 사물·현상·행위 등이 인간에게 의미 있고 바람직한 것임을 나타내는 개념으로 좋고 바람직한 것에 대한 지침이자 적합한 행동의 선택에 대한 지침이며 다수의 사회구성원들이 좋거나 바람직하다고 여기는 것이다. 따라서 가치는 인간의 행동을 좌우하는 길잡이와 같은 역할을 한다. 이와 같은 특성에 따라 사회복지사의 가치는 그들의 실천 활동에 직접적인 영향을 미치며 실천 방향을 제시하는 기능을 하게 된다. 그러므로 전문직으로서의 사회복지사는 공통적이고 유익한 가치체계를 정립해야 하는데, 이를 위해 임은희(2010)는 다음과 같은 가치체계를 제시하였다.

첫째, 개인의 존엄성과 독특성에 대한 존중이다. 이것은 사회복지전문직에서 일관성 있게 수용되고 지지되는 중심적인 가치체계 중 하나이다. 개인은 그 자체로서 존엄성을 가진 존재이므로 개인은 그 자체가 목적이 되며, 다른 목적을 위한 수단으로 취급되어서는 안 된다는 것이다. 즉, 개인은 독특한 존엄성을 지닌 존재로 취급되어야 할 권리를 갖는 주체이기 때문에 각 개인이 지닌 다양성과 차이는 존중되어야 한다는 것이다. 한편 가치체계를 준용하는 데 유용한 다섯 가지 지침은 다음과 같다.

- 클라이언트의 존엄성에 관해 의사소통하는 내용에 민감해야 한다.
- 클라이언트를 정형화(stereotype)하지 않는다.
- 클라이언트가 그들의 장점을 발견하여 활동할 수 있도록 도움을 제공해야 한다.
- 클라이언트가 자신의 문제해결에 참여하도록 촉진해야 한다.
- 클라이언트의 욕구(needs)와 요구(wants)에 중점을 두어야 한다.

둘째, 클라이언트의 자기결정에 대한 신념이다. 클라이언트의 자기결정의 원리는 스스로 결정하도록 허용하는 것을 의미하는데 이는 인간의 타고난 존엄성에 대한 믿음과 신념에서 나온다.

한편 사회복지가 실현하고자 하는 기본적인 가치는 인간의 존엄성 존중과 사회정의의 실현이라고 할 수 있다. 여기서 인간 존엄성의 가치는, 인간은 누구나 태어날 때부터 존엄성을 가지고 있다는 것을 의미한다. 사회정의 실현의 가치는 사회가 가진 동일한 기본권리, 보호, 기회, 의무, 사회적 이익을 모든 구성원들이 누릴 수 있는 이상적인 상태를 의미한다(임은희, 2010). 이에 전미사회복지사협회는 이러한 가치를 실현하기 위해 사회복지사들은 사회복지현장에서 일할 때 다음과 같은 가치관을 가질 것을 권고하였다.

① 개인은 사회의 기본적인 관심의 대상이다. 어느 특정 집단이나 사회의 이익이 아닌 개인이 우선적으로 존중되어야 한다는 것이다.

② 개인의 자주성 또는 독립성을 존중해야 한다. 즉, 사회복지실천은 상호 의사소통을 통한 동의, 협조, 동등한 참여에 의해 이루어져야 하며 동시에 클라이언트의 자기결정이 중요함을 의미한다.

③ 인간에게는 공통적인 욕구가 있음을 인식해야 한다. 그러나 동시에 각 개인은 독특하고 구별된 욕구도 가지고 있음을 인식해야 한다.

④ 인간은 사회적 존재이다. 그러므로 타인의 문제에 사회적 연대 책임의식을 가져야 함을 의미한다.

⑤ 각 개인은 자신의 문제에 대처할 수 있는 충분한 잠재력을 가지고 있으며 이를 최대한 개발하고 동원해야 한다.

⑥ 사회는 각 개인의 자아실현에 방해가 되는 장해물을 제거해야 할 책임이 있다.

이와 같은 가치들은 인간의 존엄성과 사회정의 실현의 가치를 반영하는 것으로써, 이러한 가치들이 내재된 사회복지사들에 의한 실천 활동이 성공적인 실천으로 이어질 수 있다.

2) 사회복지실천에서의 가치갈등

사회복지현장에서 사회복지사들은 매우 다양한 가치갈등을 경험하게 된다. 특히 사회복지사들이 해결해야 하는 대부분의 문제는 가치 판단을 배제할 수 없는 것이기 때문에 사회복지실천의 과정에서 사회복지사는 가치 부여를 하지 않는 것은 결코 불가능하다. 뿐만 아니라 사회복지사는 개인의 가치 외에도 기관의 가치, 전문가적 가치 사이에서 갈등을 경험하기도 하며 때로는 클라이언트의 가치와 갈등을 경험할 수도 있다. 이와 같이 사회복지실천 현장에서 흔히 발생하는 가치갈등의 상황은 다음과 같다(최덕경 외, 2012).

(1) 가치의 상충(competing values)

사회복지사가 자주 겪게 되는 가치갈등은 2개 이상의 가치가 상충되는 경우이다. 예를 들어, 인간존엄성과 자기결정의 원리, 혹은 비밀보장과 생명보호의 가치 사이에서 윤리적 결정을 해야 하는 경우이다. 또한 클라이언트의 반사회적 행위를 인지하였을 때, 이를 신고하여야 하는지에 대한 고민도 이에 해당된다.

(2) 의무의 상충(competing loyalties)

사회복지사는 클라이언트, 동료, 기관, 사회 등에 대한 윤리적 의무의 상충으로 갈등을 경험할 수 있다. 예컨대 기관의 목표가 클라이언트의 이익에 위배될 때, 혹은 클라이언트의 최대 이익에 최우선적 가치를 두어야 함에도 불구하고 기관의 자원이 부족하여 클라이언트의 최대 이익을 보장할 수 없는 경우도 이에 해당된다.

(3) 클라이언트체계의 다중성(multiple client system)

사회복지사는 누가 클라이언트인지, 누구의 이익을 최우선으로 해야 하는지, 우선을 두어야 하는 문제는 무엇인지, 개입의 초점을 어디에 두어야 할 것인지 등 클라이언트체계가 복잡한 경우에 가치갈등을 경험한다. 예를 들어, 이혼을 고려하고 있는 부부가 비행을 일삼는 청소년 자녀와 어려움을 겪는 사례에 개입하는 경우, 부부하위체계의 문제를 먼저 다루어야 할지, 부모-자녀하위체계의 문제를 먼저 다루어야 할지 고민하게 되는 것이다.

(4) 결과의 모호성(ambiguity)

사회복지사는 가치 결정의 장기적 효과성이 애매모호하여 개입의 효과를 확신할 수 없을 때 가치갈등을 경험한다. 예를 들어, 해외입양을 담당하는 사회복지사의 경우 아동에게 있어 입양이 최선의 결정인지 확신할 수 없기 때문에 가치갈등을 경험하게 된다.

(5) 힘의 불균형(power imbalance)

사회복지사와 클라이언트의 관계가 수평적이어야 함에도 불구하고 둘 간의 관계에는 힘의 불균형이 발생하게 되며 이와 같은 상황은 가치갈등을 유발한다. 특히 사회복지사는 클라이언트의 자기결정권을 존중하고 클라이언트 이익의 최우선을 고려해야 하는 의무를 가지지만 클라이언트의 능력이 제한되어 있어(예: 지적 장애인, 아동), 사회복지사에게 의존할 수밖에 없을 때 가치갈등을 경험하게 된다.

이와 같은 가치의 갈등을 현명하게 해결하기 위해 선결되어야 할 것은 사회복지사의 자기 인식이자 자기 이해라고 할 수 있다. 즉, 철저한 자기 훈련과 검증을 통해 자신의 가치관을 이해하여야 하고 이것이 자신의 행동과 결정, 나아가 사회복지실천 활동에 어떠한 영향을 미치는지 파악하여야만 한다. 이와 같은 맥락에서 브릴(Brill, 1985)은 인간을 돕는 전문직의 자질 중 하나로 자신에 대한 이해증진을 꼽았으며 다음과 같은 질문을 통해 자신에 대한 이해에 도달할 것을 권고하였다.

① 나는 자신에 대해 어떻게 느끼고 생각하고 있는가?
② 나는 나의 기본적인 욕구를 어떻게 느끼고 생각하는가?
③ 나의 가치체계는 무엇이며 이것이 나의 행동과 대인관계에 어떠한 영향을 미치는가?
④ 나는 사회와 어떻게 관계하고 있는가?
⑤ 나의 생활양식은 어떠한가?
⑥ 나의 기본적인 철학은 무엇인가?

또한 브릴(Brill, 1985)은 사회복지사가 경험할 수 있는 가치갈등에서 벗어나기 위한 방법으로 다음과 같은 것을 제시하기도 하였다.

① 나 자신의 가치관은 내가 스스로 인식할 수 없을 정도로 내면화되어 있음을 자각하고 그 기준에는 자신의 감정적 요소 또한 깊게 개입되어 있다는 것을 인식하여야 한다.
② 나 자신의 편견이 무엇인가에 대한 자각을 하는 데 최선을 다하여야 한다.
③ 나 자신 및 자신의 가치관을 객관적이고 현실적으로 평가하도록 노력하여야 한다.
④ 위와 같은 평가에 근거하여 변화가 필요한 가치관은 노력을 통해 변화시켜야 한다.

02 사회복지실천에서의 윤리

1) 사회복지실천과 윤리

윤리(倫理, ethics)란, 그리스어의 'ethos'에서 유래한 용어로, 무엇이 옳고 그른가를 판단하는 지침이다. 즉, 윤리는 인간이 살면서 지켜야 할 도리이며 기본적인 사회생활의 규범으로써, 단순한 풍습이나 습관이 아닌 반드시 실천되어야 할 인간 행위의 기준이다. 이와 같은 관점에서 볼 때 사회복지실천에서 무엇보다 중요한 것은 사회복지의 실천윤리를 정립하는 것이다. 다시 말해, 사회복지의 가치에 부합하는 판단기준인 실천윤리를 정립하여 실제 현장에서 발생하는 윤리적 문제를 바르게 결정할 수 있는 지침을 마련해야 하는 것이다.

이에 리머(Reamer, 1995)는 사회복지실천윤리의 필요성에 대해 다음과 같이 설명하고 있다. 첫째, 전문가 자신의 가치관과 클라이언트, 지역주민, 동료전문가, 직장상사 등 다른 사람들의 가치관과의 공통점 및 차이점을 확인하기 위해 필요하다. 둘째, 윤리적 딜레마의 실태를 이해하고 이에 대처할 수 있는 능력을 키우기 위해 필요하다. 사회복지사는 윤리적 딜레마의 상황을 적절하게 해결할 수 있는 사람이어야 하므로 이에 대한 준비가 필요하기 때문이다. 셋째, 다양한 가치들 사이의 관계 정립 또는 위계 설정을 위해 필요하다. 넷째, 현재의 가치가 얼마나 정당한가를 반성하고 나아가 시대적 흐름에 부합하는 가치를 정립하기 위해 필요하다. 다섯째, 사회복지실천 방법을 개발하거나 전문가의 전문경력을 발전시키기 위해 필요하다. 사회복지학은 전문지식과 기술을 지속적으로 개발해야 하며 사회복지 전문가는 그것을 꾸준히 습득하고 연마할 책임이 있는데, 이와 같은 전문지식과 기술의 근본이라 할 수 있는 윤리에 대한 되새김과 개발은 필수 불가결한 것이다.

이와 같은 필요에 의해 사회복지실천의 윤리는 많은 사회복지 전문가와 학자에 의해 끊임없이 연구되었지만, 모든 실천 영역을 포괄할 수 있는 명료하고 실행 가능한 단일 지침은 아직까지 마련되지 않고 있다. 그 이유는 사회복지가 가치에서 비롯되는 문제에 전문적으로 개입하는 활동이어서, 그 과정에서 다양한 윤리적 딜레마를 경험할 수 있기 때문이다. 따라서 딜레마적 상황에 대한 단순한 해답 제시가 근본적으로 불가능하다. 이러한 이유로, 윤리적 딜레마 상황에서 결정을 돕기 위해, 해당 사회체계 내에 적합한 윤리적 기준을 마련하여 활용하고 있는 실정이다.

2) 사회복지실천에서의 윤리적 딜레마

윤리적 딜레마란 사회복지사가 전문가로서 지켜야 하는 윤리적 의무와 책무가 서로 충돌함에 따라 어떤 실천행동을 선택하는 것이 윤리적으로 올바른 것인지 판단하기 어렵거나 모호한 상태를 의미한다. 이러한 윤리적 딜레마는 사회복지실천 현장에서 자주 발생하게 되는데 주요 쟁점은 다음과 같다.

(1) 클라이언트의 자기결정권

클라이언트의 자기결정권이란 스스로 자신에게 가장 좋다고 생각되는 것을 선택하고 결정할 수 있는 권리를 의미한다. 그런데 클라이언트가 너무 어리거나 정신 연령이 낮아 스스로 결정할 수 있는 능력이 없을 때, 또한 클라이언트가 결정한 것이 타인이나 기관에 해를 입힐 가능성이 있다고 판단될 때, 사회복지사는 클라이언트의 자기결정을 어디까지 인정해야 하는가에 대한 윤리적 딜레마에 처하게 된다.

(2) 온정주의

온정주의란 사회복지사가 클라이언트의 복지증진을 위해 최선을 다하고자 하는 의도로 그들의 자율성에 간섭하는 행위를 의미한다. 특히 클라이언트의 의사에 반한 서비스를 강요하게 될 때 윤리적 딜레마에 처하게 된다.

(3) 비밀보장

비밀보장이란 사회복지사가 클라이언트의 동의 없이 비밀이나 정보를 누설하지 않는다는 것이다. 그런데 클라이언트가 학대의 가해자 혹은 피해자일 경우, 자살 등 자해 행위를 할 위험이 있을 때, 비밀을 보장해야 할 것인가에 대한 윤리적 딜레마에 처하게 된다.

(4) 진실성 고수와 알 권리

진실성 고수와 알 권리란 클라이언트가 자신에 대한 치료와 처우에 대해 진실을 알 권리가 있다는 것을 의미한다. 그런데 진실을 알게 됨에 따라 클라이언트가 상처를 입을 수도 있다. 이때 사회복지사는 진실을 알리는 것만이 최선인가에 대한 윤리적 딜레마에 처하게 된다.

(5) 제한된 자원의 공정한 분배

제한된 자원의 공정한 분배란 활용 가능한 자원을 필요한 클라이언트에게 공정하게 분배하여야 한다는 것이다. 그러나 때에 따라 위기에 빠졌거나 긴급한 클라이언트에게 서비스를 우선 제공하게 되어, 실제로 평등하고 공정한 분배가 이루어지기 어려운 경우가 있다. 이와 같은 경우에 사회복지사는 공정하게 자원을 분배하는 것에 있어 윤리적 딜레마에 처하게 된다.

〈표 2-2〉 윤리적 딜레마 사례

윤경이는 10살의 초등학생으로 이유 없이 등교를 거부하고 있으며, 10개월 전 아버지가 사망하면서 평소 우울증을 앓고 있던 어머니와 둘이 생활하고 있다. 갑작스러운 남편의 사망으로 어머니는 심각한 무기력증을 보이며 가사를 포함한 모든 일을 거부하고 있다. 이에 따라 윤경이는 학교에 무단결석하는 일이 더욱 잦아지고 있다. 이러한 상황을 알게 된 지역아동센터와 인근 복지관에서는 이 가정이 당면한 문제를 해결하고 윤경이의 바람직한 학교생활을 돕기 위해 다양한 방법으로 개입하게 되었다. 시간이 얼마쯤 지난 후 어머니의 병세는 나아져 가벼운 사회생활을 시작하게 되어 취미생활도 즐기고 있지만 어머니는 가사와 윤경이 돌보기 등의 활동은 여전히 하지 않으려 한다. 복지관에서 제공하는 도시락으로 끼니를 때우고, 복지관의 빨래 사업을 통해 빨래를 해결하는 등 생활에 필요한 기본적인 가사 활동은 물론, 윤경이 등교에도 전혀 신경을 쓰고 있지 않아 사회복지사의 도움 없이는 윤경이가 등교를 할 수 없는 지경이다. 사회복지사들은 이러한 문제를 직시하고 제공하던 도움을 중단함으로써 자립을 유도해야 할지 윤경이의 학습권과 그 가정의 기본적인 생활영위를 위해 지속적인 도움을 제공해야 할지 난감하다.

3) 사회복지실천과 윤리원칙

유사한 가치관, 믿음 체계, 신념을 가진 사회복지사라 하더라도 사례에서 발생할 수 있는 다양한 문제를 해결하는 방법은 모두 다를 것이다. 또한 복잡한 상황으로 얽힌 사례의 해결에 있어 전문가 간 의견이 상충되거나 우선순위에 이견이 존재하는 경우, 어떤 가치가 우선적으로 존중되어야 하는지 단순하게 파악하기 어렵다. 이러한 갈등을 최소화하고 전문가의 개입에 합리적인 틀을 제시할 수 있는 보편적인 방법은 윤리원칙을 정립하고 준용하는 것이다. 이를 위해 많은 연구자들은 윤리적 의사결정에서 우선해야 할 원칙에 대해 고민하였는데, 여기에서는 윤리적 의사결정의 우선순위 중 오늘날 많은 사회복지사들이 활용하는 돌고프 등(Dolgoff et al., 2005)의 윤리원칙을 중심으로 살펴보도록 한다.

(1) 윤리원칙 1: 생명보호의 원칙

인간의 생명에 대한 보호가 다른 모든 것에 우선하는 최고의 의무임을 명시한다.

이는 가장 중요한 원칙으로, 클라이언트와 다른 사람들의 삶의 보호(protection of life)가 어떤 권리보다도 중요하다는 것을 뜻한다.

(2) 윤리원칙 2: 평등과 불평등의 원칙

모든 사람은 평등하게 처우되어야 할 권리가 있음을 명시한다. 이 원칙에 입각하여 사회복지사는 인종, 성격, 지능 등 다양한 요인에 의해 클라이언트를 차별하지 않아야 하는 의무가 있음을 알 수 있다.

(3) 윤리원칙 3: 자율성과 자유의 원칙

사회복지사는 클라이언트에게 최대한의 자율성을 보장해 주어야 함을 명시한다. 이는 사회복지사와 클라이언트가 개인의 자율성과 독립성, 자유를 신장시킬 수 있는 실천적 결정을 해야 함을 의미한다. 하지만 자율성과 자유는 앞서 설명된 상위의 원칙에 의해 제한될 수 있다. 또한 전문적인 입장에서 판단할 때 클라이언트의 선택이 옳지 않다고 판단되는 경우 제한될 수 있다. 예컨대 아동을 학대하여 신고된 부모가 적절한 교육을 받지 않겠다고 결정한 경우에는 그 결정을 제한할 수 있다. 또한 클라이언트가 적절한 선택을 할 수 있는 능력이 결여된 경우, 예컨대 중증 치매에 걸린 노인의 경우, 사회복지사에게는 해당 노인의 생명을 보호할 의무가 있으므로 노인의 의사결정에 있어 자율성을 어느 정도는 제한할 수 있는 것이다.

(4) 윤리원칙 4: 최소 손실의 원칙

사회복지사는 클라이언트가 경험할 수 있는 손실을 최소화해야 함을 명시한다. 사회복지실천 활동을 수행할 때 예기치 않은 손실이 발생할 수도 있고 클라이언트의 권익 향상에 방해가 되는 위험 요인을 발견할 수도 있다. 이러한 난관에 봉착했을 때 사회복지사는 클라이언트에게 발생할 수 있는 손실을 최소화할 수 있는 방안을 선택하여야 한다.

(5) 윤리원칙 5: 삶의 질의 원칙

사회복지사는 지역사회뿐 아니라 개인과 모든 사람들의 삶의 질을 향상할 수 있는 방안을 선택해야 함을 명시한다. 삶의 질(quality of life)의 개념 자체가 다소 추상적이고 개개인이 인식하고 있는 삶의 질이 달라 이를 측정할 수 있는 일률적인 준거 틀은 제시하기 어렵지만 사회복지사는 주어진 조건이나 상황에서 최대한 클라이언트의 삶의 질을 향상할 수 있는 방안을 선택해야 한다.

(6) 윤리원칙 6: 사생활보호와 비밀보장의 원칙

사회복지사는 사회복지실천의 과정에서 알게 된 클라이언트의 사생활과 비밀을 보장해야 함을 명시한다. 특히 사회복지실천 현장에서 만나는 클라이언트들은 민감한 이슈를 가진 경우가 많기 때문에 사생활보호와 비밀보장에 매우 예민할 수밖에 없다. 따라서 사회복지사는 이 원칙을 준용하는 전문가로서 신뢰를 형성해야 하며 경솔한 행동으로 클라이언트에게 해를 입히는 일은 없어야 한다. 다만 클라이언트의 비밀보장이 상위의 원칙과 상충되는 경우, 이는 제한될 수 있음도 함께 염두에 두어야 한다. 가령, 자살을 결심한 청소년의 비밀을 보장하는 것은 그 청소년의 생명과 직결되는 부분이기 때문에 비밀보장의 의무는 후위에 두어야 하는 것이다.

(7) 윤리원칙 7: 진실과 정보개방의 원칙

사회복지사는 클라이언트에게 진실하여야 하며 관련된 정보를 충분하게 개방하여야 함을 명시한다. 특히 진실성은 사회복지사가 갖추어야 할 중요한 태도 요소 중 하나로, 클라이언트와의 신뢰관계 형성을 위해서도 매우 중요하다. 또한 클라이언트는 자신의 삶의 문제를 결정하는 데 있어 관련된 정보를 탐색할 수 있는 권리가 있으므로, 사회복지사가 정보를 고의로 누락하거나 한쪽에 치우친 정보를 제공해서는 안 된다.

물론 이러한 윤리원칙이 사회복지실천 현장에서 발생할 수 있는 모든 윤리적 문제를 해결하는 데 정답을 제공하거나 절대적인 지침이 될 수는 없다. 따라서 최선의 행동을 선택하기 위해서는 윤리적 결정을 내리는 데 도움이 될 수 있는 윤리원칙을 바탕으로, 발생 가능한 문제와 이를 해결할 수 있는 여러 가지의 대안을 면밀히 검토하여야 한다.

4) 사회복지실천과 윤리적 결정과정

사회복지실천 현장에서 빈번하게 발생하는 윤리적 결정에 대한 도움을 제공하기 위해 리머(Reamer, 1995)는 다음과 같이 윤리적 결정 과정을 정리하였다.

- 1단계: 사회복지 가치와 임무의 상충을 포함하는 윤리적 쟁점을 확인한다.
- 2단계: 윤리적 결정에 의해 영향을 받을 가능성이 있는 개인, 집단, 조직을 확인한다.
- 3단계: 가능한 행동방침들과 각각의 방침에 포함되는 관계자 및 잠재적인 이익과 위험을 확인한다.
- 4단계: 아래와 같은 관련 사항들을 고려하여 가능한 행동방침에 따라 각각 찬성과 반대 이유를 면밀히 검토한다.
  - 윤리, 이론, 원칙, 지침
  - 윤리강령과 법적 원칙
  - 사회복지실천이론과 원칙
  - 종교적·문화적·민족적 가치와 정치적 이념을 포함한 개인적 가치, 특히 자신의 가치와 상충되는 가치
  - 동료들과 적절한 전문가들(직원, 슈퍼바이저, 법률가, 행정가, 학자)의 자문
  - 결정을 하고 결정과정을 문서화
  - 결정을 다시 점검하고 평가한 후 문서화

03 사회복지사 윤리강령

1) 윤리강령의 기능

윤리강령은 전문가들이 지켜야 할 전문적 행동기준과 원칙을 기술해 놓은 것으로, 전문가들이 공통으로 합의한 내용을 담고 있기 때문에 사회 윤리적 제재의 힘을 갖는다(최덕경 외, 2012). 또한 윤리강령은 전문적 가치기준에 맞게 실천할 수 있도록 판단기준을 제시한다. 해당 전문직 실천대상자들에게 전문직이 지켜야 할 기본적인 윤리행위를 알리고, 전문직의 비윤리적 행위에 대해 판단할 수 있는 기준을 제시하는 기능이 있다. 이에 윤리강령의 상세한 기능은 다음과 같다.

- 사회복지실천 현장에서 윤리적 갈등이 생겼을 때 지침과 원칙을 제공한다.
- 자기규제를 통해 클라이언트를 보호한다.
- 스스로 자기규제를 가짐으로써 사회복지전문직의 전문성을 확보하고 외부통제로부터 전문직을 보호한다.
- 일반 대중에게 사회복지 기본 업무 및 자세를 알리는 일차적 수단으로 기능한다.
- 선언적 선서를 통해 사회복지전문가들의 윤리적 민감화를 고양시키고 윤리적으로 무장시킨다.

2) 한국사회복지사 윤리강령

인간의 문제를 해결하는 활동을 주로 수행하는 전문직에서 윤리는 매우 중요한 부분이다. 특히 클라이언트와의 인간관계를 중심으로 업무를 수행해나가는 사회복지전문가에게는 엄격한 윤리적 행동이 요구된다. 왜냐하면 윤리의 준수는 사회복지사와 클라이언트의 관계에서 신뢰를 형성하는 것과 동시에 전문가로서의 신용과 사회적 인정을 확보할 수 있는 기본이 되기 때문이다.

이러한 이유로, 사회복지전문직으로서 지향하는 가치관과 직업상의 책무, 규제해야 할 행동과 준수해야 할 규칙 등을 성문화하여 전문가 집단의 자기 규제의 토대로 삼고자, 1960년 전미사회복지사협회를 시작으로 각 나라마다 윤리강령이 마련되었다.

이후 지금까지 윤리강령은 전문직으로서 갖추어야 할 사회복지사의 태도와 자세 등의 구체적인 행동지침이 되고 있다. 각 나라의 윤리강령은 자체적으로 제정되고 있으나 공통적인 내용으로 개인의 존엄과 가치, 클라이언트의 자기결정 촉진, 클라이언트의 다양성 존중, 클라이언트의 자기실현 달성을 위한 기회와 자원의 제공, 클라이언트의 역량강화, 비밀보장, 동료와의 관계 등이 포함된다.

한편 한국사회복지사 윤리강령은 1970년대부터 윤리강령 제정의 필요성이 논의되어 오다가 1988년 채택·공포되었고, 1992년에 개정·공포되었으며, 2001년 12월 15일에 재개정되었다. 1992년에 개정되었던 윤리강령은 〈전문가로서의 사회복지사: Ⅰ, Ⅱ, Ⅲ항〉,[4] 〈클라이언트에 대한 의무: Ⅳ, Ⅴ, Ⅵ, Ⅶ항〉,[5] 〈동료 및 기관과의 관계: Ⅷ, Ⅸ, Ⅹ항〉[6]으로 구성되었는데, 급변하는 한국 사회의 흐름에 부합하도록

---

4) Ⅰ항: 사회복지사는 전문가로서 품위와 자질을 유지하고 관장하는 업무에 대하여 책임을 진다.
Ⅱ항: 사회복지사는 전문직의 가치를 견지하면서 관련 지식과 기술을 습득, 개발, 전달하는 데 최선의 노력을 다한다.
Ⅲ항: 사회복지사는 업무수행 과정에서 어떠한 압력에도 타협하지 않으며 전문적인 관계를 이용하여 부당한 영리를 취하지 않는다.

5) Ⅳ항: 사회복지사는 복지대상자의 권익을 최우선으로 생각한다.
Ⅴ항: 사회복지사는 복지대상자가 자기 결정권을 최대한 행사할 수 있도록 돕는다.
Ⅵ항: 사회복지사는 복지대상자의 사상, 종교, 인종, 성별, 연령, 지위, 계층에 따른 차별을 하지 않는다.
Ⅶ항: 사회복지사는 복지대상자의 사생활을 존중하고, 직무상 취득한 정보를 전문적 업무 외에는 공개하지 않는다.

6) Ⅷ항: 사회복지사는 동료 간의 존중과 신뢰로서 대하며, 동료 간의 전문적 지위의 인격을 훼손하는 언행을 하지 않는다.
Ⅸ항: 사회복지사는 동료나 사회복지기관 또는 단체의 비윤리적 행위에 대하여 공식적인 절차를 통하여 대처한다.
Ⅹ항: 사회복지사는 소속기관과 전문 단체 활동에 적극 참여하여 성장·발전과 권익 옹호에 힘쓰며, 기타 유관기관과는 협조적 관계를 유지한다.

내용의 변화가 요구되어 2001년 기존의 10개 영역이 6개 영역, 46개의 항목으로 재개정되었다.

1992년	2001년	
전문가로서의 사회복지사	사회복지사의 기본적 윤리 기준	전문가로서의 자세: 7항목
		전문성 개발을 위한 노력: 5항목
		경제적 이득에 대한 태도: 3항목
클라이언트에 대한 의무	사회복지사의 클라이언트에 대한 윤리 기준	클라이언트와의 관계: 9항목
		동료의 클라이언트와의 관계: 2항목
동료 및 기관과의 관계	사회복지사의 동료에 대한 윤리 기준	동료: 6항목
		슈퍼바이저: 4항목

추 가

사회복지사의 사회에 대한 윤리 기준: 4항목
사회복지사의 기관에 대한 윤리 기준: 3항목
사회복지윤리위원회의 구성과 영역: 3항목

[그림 2-1] 한국사회복지사 윤리강령의 변화

〈부 록〉 한국사회복지사 윤리강령

사회복지사 윤리강령(개정)

[전문]

사회복지사는 인본주의·평등주의 사상에 기초하여 모든 인간의 존엄성과 가치를 존중하고 천부의 자유권과 생존권의 보장활동에 헌신한다. 특히 사회적·경제적 약자들의 편에서서 사회정의와 평등·자유와 민주주의 가치를 실현하는 데 앞장선다. 또한 도움을 필요로 하는 사람들의 사회적 지위와 기능을 향상시키기 위해 저들과 함께 일하며, 사회제도 개선과 관련된 제반활동에 주도적으로 참여한다.

사회복지사는 개인의 주체성과 자기 결정권을 보장하는 데 최선을 다하고, 어떠한 여건에서도 개인이 부당하게 희생되는 일이 없도록 한다. 이러한 사명을 실천하기 위하여 전문적 지식과 기술을 개발하고, 사회적 가치를 실현하는 전문가로서의 능력과 품위를 유지하기 위해 노력한다. 이에 우리는 클라이언트·동료·기관 그리고 지역사회 및 전체 사회와 관련된 사회복지사의 행위와 활동을 판단·평가하며 인도하는 윤리 기준을 다음과 같이 선언하고 이를 준수할 것을 다짐한다.

[윤리 기준]

Ⅰ. 사회복지사의 기본적 윤리 기준

1. 전문가로서의 자세

① 사회복지사는 전문가로서의 품위와 자질을 유지하고, 자신이 맡고 있는 업무에 대해 책임을 진다.

② 사회복지사는 클라이언트의 종교·인종·성·연령·국적·결혼 상태·성 취향·경제적 지위·정치적 신념·정신, 신체적 장애·기타 개인적 선호, 특징, 조건, 지위를 이유로 차별대우를 하지 않는다.

③ 사회복지사는 전문가로서 성실하고 공정하게 업무를 수행하며, 이 과정에서 어떠한 부당한 압력에도 타협하지 않는다.

④ 사회복지사는 사회정의 실현과 클라이언트의 복지 증진에 헌신하며, 이를 위한 환경 조성을 국가와 사회에 요구해야 한다.

⑤ 사회복지사는 전문적 가치와 판단에 따라 업무를 수행함에 있어 기관 내외로부터 부당한 간섭이나 압력을 받지 않는다.

⑥ 사회복지사는 자신의 이익을 위해 사회복지전문직의 가치와 권위를 훼손해서는 안 된다.

⑦ 사회복지사는 한국사회복지사협회 등 전문가단체 활동에 적극 참여하며, 사회정의 실현과 사회복지사의 권익 옹호를 위해 노력해야 한다.

2. 전문성 개발을 위한 노력

① 사회복지사는 클라이언트에게 최상의 서비스를 제공하기 위해, 지식과 기술을 개발하는 데 최선을 다하며 이를 활용하고 전파할 책임이 있다.

② 클라이언트를 대상으로 연구하는 사회복지사는 저들의 권리를 보장하기 위해, 자발적이고 고지된 동의를 얻어야 한다.

③ 연구과정에서 얻은 정보는 비밀보장의 원칙에서 다루어져야 하고, 이 과정에서 클라이언트는 신체적·정신적 불편이나 위험, 위해 등으로부터 보호되어야 한다.

④ 사회복지사는 전문성을 개발하기 위해 노력하되, 이를 이유로 서비스의 제공을 소홀히 해서는 안 된다.

⑤ 사회복지사는 한국사회복지사협회 등이 실시하는 제반교육에 적극 참여해야 한다.

3. 경제적 이득에 대한 태도

① 사회복지사는 클라이언트의 지불 능력에 상관없이 서비스를 제공해야 하며, 이를 이유로 차별 대우를 해서는 안 된다.

② 사회복지사는 필요한 경우에 제공된 서비스에 대해 공정하고 합리적으로 이용료를 책정해야 한다.

③ 사회복지사는 업무와 관련하여 정당하지 않는 방법으로 경제적 이득을 취해서는 안 된다.

Ⅱ. 사회복지사의 클라이언트에 대한 윤리 기준

1. 클라이언트와의 관계

① 사회복지사는 클라이언트의 권익 옹호를 최우선의 가치로 삼고 행동한다.

② 사회복지사는 클라이언트에 대하여 인간으로서의 존엄성을 존중해야 하며, 전문적 기술과 능력을 최대한 발휘한다.

③ 사회복지사는 클라이언트가 자기 결정권을 최대한 행시할 수 있도록 도와야 하며, 저들의 이익을 최대한 대변해야 한다.

④ 사회복지사는 클라이언트의 사생활을 존중하고 보호하며 직무수행 과정에서 얻은 정보에 대해 철저하게 비밀을 유지해야 한다.

⑤ 사회복지사는 클라이언트가 받는 서비스의 범위와 내용에 대해 정확하고 충분한 정

보를 제공함으로써 알권리를 인정하고 존중해야 한다.

⑥ 사회복지사는 문서·사진·컴퓨터 파일 등의 형태로 된 클라이언트의 정보에 대해 비밀보장의 한계, 정보를 얻어야 하는 목적 및 활용에 대해 구체적으로 알려야 하며, 정보 공개 시에는 동의를 얻어야 한다.

⑦ 사회복지사는 개인적 이익을 위해 클라이언트와의 전문적 관계를 이용해서는 안 된다.

⑧ 사회복지사는 어떠한 상황에서도 클라이언트와 부적절한 성적 관계를 가져서는 안 된다.

⑨ 사회복지사는 사회복지 증진을 위한 환경 조성에 클라이언트를 동반자로 인정하고 함께 일해야 한다.

Ⅲ. 사회복지사의 동료에 대한 윤리 기준

1. 동료

① 사회복지사는 존중과 신뢰로서 동료를 대하며, 전문가로서의 지위와 인격을 훼손하는 언행을 하지 않는다.

② 사회복지사는 사회복지전문직의 이익과 권익을 증진시키기 위해 동료와 협력해야 한다.

③ 사회복지사는 동료의 윤리적이고 전문적인 행위를 촉진시켜야 하며, 이에 반하는 경우에는 제반 법률 규정이나 윤리 기준에 따라 대처해야 한다.

④ 사회복지사가 전문적인 판단과 실천이 미흡하여 문제를 야기시켰을 때에는 적절한 조치를 취하여 클라이언트의 이익을 보호해야 한다.

⑤ 사회복지사는 전문직 내 다른 구성원이 행한 비윤리적 행위에 대해, 제반 법률규정이나 윤리 기준에 따라 조치를 취해야 한다.

⑥ 사회복지사는 동료 및 타 전문직 동료의 직무 가치와 내용을 인정·이해해야 하며 상호 간에 민주적인 직무관계를 이루도록 노력해야 한다.

2. 슈퍼바이저

① 슈퍼바이저는 개인적인 이익의 추구를 위해 자신의 지위를 이용해서는 안 된다.

② 슈퍼바이저는 전문적 기준에 의해 공정하게 책임을 수행하며, 사회복지사·수련생 및 실습생에 대한 평가는 저들과 공유해야 한다.

③ 사회복지사는 슈퍼바이저의 전문적 지도와 조언을 존중해야 하며, 슈퍼바이저는 사회복지사의 전문적 업무수행을 도와야 한다.

④ 슈퍼바이저는 사회복지사·수련생 및 실습생에 대해 인격적·성적으로 수치심을 주는 행위를 해서는 안 된다.

Ⅳ. 사회복지사의 사회에 대한 윤리 기준

① 사회복지사는 인권 존중과 인간 평등을 위해 헌신해야 하며, 사회적 약자를 옹호하고 대변하는 일을 주도해야 한다.
② 사회복지사는 필요한 사회서비스를 개발하기 위한 사회정책의 수립·발전·입법·집행에 적극적으로 참여하고 지원해야 한다.
③ 사회복지사는 사회환경을 개선하고 사회정의를 증진시키기 위한 사회정책의 수립·발전·입법·집행을 요구하고 옹호해야 한다.
④ 사회복지사는 자신이 일하는 지역사회의 문제를 이해하고, 그것을 해결하는 일에 적극적으로 참여해야 한다.

Ⅴ. 사회복지사의 기관에 대한 윤리 기준

① 사회복지사는 기관의 정책과 사업 목표의 달성, 서비스의 효율성과 효과성의 증진을 위해 노력함으로써 클라이언트에게 이익이 되도록 해야 한다.
② 사회복지사는 기관의 부당한 정책이나 요구에 대하여 전문직의 가치와 지식을 근거로 이에 대응하고 즉시 사회복지윤리위원회에 보고해야 한다.
③ 사회복지사는 소속기관 활동에 적극 참여함으로써, 기관의 성장발전을 위해 노력해야 한다.

Ⅵ. 사회복지윤리위원회의 구성과 운영

① 한국사회복지사협회는 사회복지윤리위원회를 구성하여, 사회복지 윤리실천의 질적인 향상을 도모해야 한다.
② 사회복지윤리위원회는 윤리강령을 위배하거나 침해하는 행위를 접수받아, 공식적인 절차를 통해 대처해야 한다.
③ 사회복지사는 한국사회복지사협회의 윤리적 권고와 결정을 존중해야 한다.

참고문헌

이효선·정푸름(2012). 사회복지실천론. 정민사.

임은희(2010). 사회복지실천론. 학지사.

최덕경·이혜자·이무영·정혜선·박경애·김민경(2012). 사회복지실천론. 공동체.

Brill, N.(1985). *Working with people*(3rd ed.). NY: Longman.

Dolgoff, R., Lowenberg, F. M. & Harrington, D.(2005). *Ethical Decisions for Social Work Practice*. Itasca, Ill.: Cengage Learning.

Reamer, F. G.(1995). *Social diagnosis*. NY: Rusell sage foundation.

SOCIAL WORK PRACTICE

SOCIAL WORK PRACTICE

CHAPTER 03

사회복지실천의 발달과정

01 서구 사회복지실천의 발달과정

02 한국 사회복지실천의 발달과정

03

SOCIAL WORK PRACTICE

역사는 과거와 현재를 이어주는 과정이자 현재와 과거를 비교할 수 있는 자료를 제시하고 있으며 이를 바탕으로 현재를 인식하고 미래를 전망할 수 있는 기능을 가지고 있다. 사회복지실천의 발달과정을 이해한다는 것은 발달과정에서 나타난 다양한 지식을 확보함으로써 현재 당면한 문제의 해결방안과 미래의 바람직한 발전적 대안을 찾을 수 있다는 점에서 매우 중요하다.

또한 역사는 기본적으로 시간의 흐름을 중요한 특성으로 하기 때문에 사회복지실천 발달과정의 이해는 시대를 구분하여 살펴보는 방식이 일반적이다. 하지만 각국의 사회적, 문화적, 정치적, 경제적 상황에 따라 발전의 차이가 있었기 때문에 시대적 구분뿐만 아니라 국가별로 구분하여 설명하는 방식도 유용하다. 따라서 사회복지실천의 발달과정을 서구와 우리나라의 발달과정으로 나눠 각각 시기별로 살펴보고, 필요에 따라서는 특정 국가를 집중적으로 분석함으로써 사회복지실천 발달과정에서의 보다 구체적인 사실들을 조명해 보고자 한다.

01 서구 사회복지실천의 발달과정

1) 전문적 사회복지실천 이전

(1) 고대사회 자선

고대사회는 집단생활을 하면서 획득한 부를 처음에는 공동으로 소유하였으나 점차 사유재산의 새로운 형태로 소유하게 되면서 많은 것을 소유한 지배계급과 그렇지 않은 피지배계급으로 분리하게 되었다. 따라서 부를 축적하지 못한 자는 자연히 부랑인, 걸인 등으로 전락하게 되면서 살아남기 위해 구제를 바라게 되었고 그들에게 도움을 줌으로써 우월감을 가지는 계층이 발생하면서 사유재산에 의한 자선이라는 개념이 성립하게 된 시기이다. 플라톤(Plato)과 그의 제자인 아리스토텔레스(Aristoteles)는 그리스 도시국가는 모든 성원들이 조화된 공동생활을 영위할 수 있도록 해야 한다고 생각하였으며 이는 오늘날 복지국가의 이념과도 유사한 것이었다. 하지만 이러한 이상과 달리 하층민에 대한 보호는 이타적이었다기보다는 이기적이었고 자기 본위적이었다(감정기 외, 2004). 그리스는 시민들이 도시국가나 사회단체의 재정에 기여하는 전통이 있었다. 많은 재산이 있음에도 기부를 회피하는 사람에게는 여러 가지 형태의 압력이 가해졌으며 기부자에게는 명예가 주어졌다. 그러나 그리스 시대의 기부는 수혜계층으로 특별히 빈민을 지목하지 않았다. 주로 경제적으로 곤경에 빠진 엘리트 시민이 자선의 대상이었으며 실업자나 거지는 '게으름'을 조장한다는 이유로 대상에서 제외되었다(김승훈, 2010).

(2) 중세사회의 기독교 자선사업

중세는 고대 그리스·로마시대와 르네상스시대의 중간시대인 15세기까지를 말한다. 로마제국 멸망 이후 신성로마교회가 부상하면서 신권이 왕권보다 우위에 서게 되었고 이후 중세유럽은 기독교를 중심으로 통일된 하나의 문화공동체를 이루게 되었다. 13세기경 교회는 부자가 빈자를 도와야 할 의무가 있다고 교회법을 규정하였고, 교회는 모아진 재원의 1/3에서 1/4 정도를 빈민구호를 위한 자선에 할당해 중세의 사회복지는 대부분 교회에 의해 이루어졌다고 할 수 있다. 중세 말에는 신대륙의 발견에 따른 상품화폐경제의 발전과 빈부격차의 발생, 도시의 발전, 농경지의 목초지화(엔클로저 운동)에 따른 부랑민의 발생 등 다양한 사회문제가 여러 도시에서 발생하게 되면서 빈민구호와 관련된 새로운 수단을 강구하게 되었다.

(3) 근대사회의 시작과 엘리자베스 구빈법(1601)

16~18세기 유럽은 중세로부터 근대적 시민사회로 옮아가는 과도기에 속한 절대왕정의 시기이다. 절대왕정기의 지배적 경제정책 기조는 중상주의였다. 중상

주의(Mercantilism)는 국가의 힘을 강화하기 위해 나라의 경제를 튼튼하게 해야 하며, 이를 위해 해외 정복전쟁을 성공적으로 수행해야 한다는 입장을 취했다(감정기 외, 2004). 중상주의자들은 노동자의 임금 수준이 되도록 낮아야 국제 경쟁력 면에서도 유리하다고 생각했다. 또한 가난이 반드시 나태에서만 비롯된다고 보지는 않았지만, 나태는 노동습관과 기술에 악영향을 줌으로써 빈곤의 주요한 원인이 되고, 따라서 본인은 물론 나라에도 해를 끼치게 된다고 보았다. 그래서 빈민의 나태심을 매우 혐오하였고, 그것을 제거하는 것이 통치자의 의무라고 보았다(한국사회복지학연구회, 1991). 중상주의자들의 빈민구제 정책은 빈곤의 제거나 빈민의 고통을 완화시키는 데에 목적이 있었다기보다는, 빈민의 나쁜 노동습관을 고침으로써 국부의 근원인 노동력이 훼손되지 않도록 하려는 데에 있었다. 이러한 중상주의적 사조의 확산과 더불어 등장한 것이 엘리자베스 구빈법(Elizabeth Poor Law, 1601)이다. 엘리자베스 구빈법은 세계 최초의 공적 복지법률로 유럽 여러 나라와 미국의 사회복지정책 및 실천에 지대한 영향을 미쳤다.

엘리자베스 구빈법은 종전부터 내려오던 영국의 빈민구호에 관한 법률들을 집대성한 것으로 가족과 친족이 부양하지 못하는 빈민을 해당 교구가 책임을 지고 부양하도록 규정함으로써 빈민을 국가 책임하에 구제하도록 규정했다는 점에서 매우 큰 의미를 갖는 법률이라 할 수 있다. 하지만 빈민을 첫째, 일할 수 있는 유능한 빈민(the able-bodies poor), 둘째, 일할 수 없는 무능한 빈민(the impotent poor), 셋째, 요보호아동(dependent children)의 셋으로 분류하여 관리하면서, 일할 수 있는 능력을 가진 빈민들에게는 원조를 주지 않았고, 수혜자격(eligibility)검사를 통해 최하 봉급액수를 넘지 않는 원조를 제공하는 제도를 채택하여 빈민을 억압하고 사회질서를 유지하려는 사회통제적 성격이 강한 법령이라는 비판을 받고 있다. 한편 엘리자베스 구빈법은 지방정부(local government)로 하여금 빈민을 원조하도록 하였고, 시설중심의 구호(indoor relief)에서 지역사회중심의 구호(outdoor relief)로 원조의 형태를 바꿔 빈민들을 자신의 출생지역으로 돌려보냈다. 하지만 지역사회중심의 구호는 실제 빈곤퇴치에는 별 효과를 보이지 못하였고, 후일 이 법은 우애방문자(friendly visitors)라고 불리는 중산층 부인들의 상담과 조언서비스 및 후일 자선조직협회라는 최초의 자선조직단체가 설립되는 데 영향을 미치게 하였다.

(4) 신구빈법(1834)

산업혁명 이후 성립된 자본주의 체제의 진전과 함께 시작된 사회구조의 변화는 필연적으로 빈민의 증가를 초래하였고 빈민의 증가는 구빈세의 증가로 이어졌다. 면직공업의 발전에 따라 도시로 인구가 집중하자, 식량공급이 부족하게 되고 흉작이 계속되어 식량가격이 폭등함에 따라 도시의 빈민은 급증하였다. 엘리자베스 구빈법은 구빈을 위해 구빈행정의 중앙집권화를 추진하였으나 지방자치제를 존중해온 영국의 독특한 전통으로 인해 실현되지 못했고, 각 교구는 독자적으로 구빈행정을 전개하고 있었다. 각 교구는 특성과 능력이 달랐기 때문에 지역 간 빈민에 대한 구빈세 부담은 큰 차이가 있었다. 이에 따라 새로운 성격의 법체계가 요구되었는데 이것이 바로 1834년에 성립된 신구빈법(개정 구빈법)이다.

신구빈법의 주요 내용은 다음 세 가지를 들 수 있다.

첫째, 노동능력이 있는 자들의 빈곤에 대한 원외구제를 중단하는 대신, 노동능력이 없거나 노동의 대가로서 생계유지가 불가능한 상태에 대해서만 구제를 제공하여 구빈세를 감축시켰다.

둘째, 모든 빈민구제는 열등처우의 원칙을 적용한다. 열등처우의 원칙이란 국가의 구제수준은 최하층에 속하는 독립노동자들의 생활수준보다 낮게 유지되어야 한다는 원칙이었다. 이는 일자리가 어느 정도 확보되어 있고 임금이 최저생계비 수준이 되는 경우에 의미가 있었다. 임금이 기아수준으로 하락할 때 열등처우의 원칙을 강요하는 것은 문제가 있었으며 따라서 신구빈법의 적용에 따라 구빈원 수용자에 대한 처우는 비인도적일 정도로 열악해졌다.

셋째, 빈민구제 업무의 관리(중앙위원회)를 위해 전국적 통일을 기하는 것이었다. 신구빈법은 영국에서 시행되자마자 빈민들을 억압하는 정책으로 회귀했다는 많은 비판을 받았다. 신구빈법은 구빈세를 획기적으로 절감하기 위해 만들어졌으나 그 의도가 단순히 구빈세의 절감에 머물지 않고 국가에 대한 의존은 죄악이라고 하는 지배 이데올로기의 수단이기도 하였다. 신구빈법에 의한 원조를 받으면 선거권이 박탈되고, 작업장 입소 중에는 누구와도 이야기해서는 안 되며, 면회도 금지하는 극도의 비인간적 조치의 상징인 열등처우의 원칙은 억압정책의 상징물이 되었다. 결국 신구빈법은 한계를 드러내었고 민간 사회복지실천이 출현하는 배경이 되었다.

2) 전문적 사회복지실천의 태동기

구빈법은 빈민에 대하여 비인간적인 처우를 행하였는데 그것은 국가의 구제를 받는 빈민의 수를 최소한으로 유지하기 위한 정책의 일환이었다. 이렇게 구빈법이 빈민의 구제라는 본래의 기능을 제대로 수행하지 못하자 민간이 개입할 필요성을 자각하게 되었고, 박애정신에 기초한 민간단체, 종교단체와 사회단체 그리고 개인들이 자선단체를 만들어 빈민구호활동을 활발하게 하기 시작하였다.

하지만 이 시기에는 사회복지실천에 관해 적용하고 있는 이론이 없었던 시기였던 만큼, 자선단체에서 활동하는 사람들은 체계적인 훈련을 받지 못하였기에 클라이언트의 문제를 해결하기 위해 도울 수 있는 전문지식과 기술을 익히지 못한 상태에서 주로 클라이언트의 의식주 해결에 중점을 둘 수밖에 없는 한계를 지니고 있었다. 또한 기존의 자선관에 영향을 받고 있었기에 구호를 받을 만한 가치가 있는 빈민에게는 도움을 제공한 반면 일할 능력이 있는 거지, 알코올중독자, 성매매 여성 등에게는 도움을 제공하지 않았다. 그럼에도 당시 자선단체에서 활동한 사람들은 도덕과 윤리로 무장하여 클라이언트에게 영향을 미쳤으며, 전문지식과 기술을 갖춘 사회복지사의 필요성을 깨닫게 되는 중요한 계기가 되었다(최옥채, 2010).

한편 자선단체들 간의 활발한 활동에 비해 정보 교환이나 조정이 이루어지지 않아 물자와 금품 제공에 큰 낭비와 중복, 무의미한 봉사 등의 현상이 발생하게 되어 자선조직협회(Charity Organization Societies: COS)가 성립되었고, 이후 인보관 운동(Settlement House Movement: SHM)이 시작되었는데, 많은 학자는 이러한 영국과 미국 내에서의 움직임을 전문적 사회복지실천의 도입 배경으로 설명하고 있다(Friendlander & Walter, 1958).

(1) 자선조직협회

1860년대 런던의 일부 지식인들 사이에서는 해소되지 않고 있는 빈곤문제와 관련하여 빈곤의 원인에 대한 접근과 민간 자선활동 단체 상호 간의 조정 및 구빈행정과의 역할분담 등이 필요하다는 인식과 주장들이 대두되고 있었다. 당시 민간 차원에서는 빈곤문제를 해소하기 위한 자선조직들이 불규칙하게 난립하는 현상이 초래되고 있었다. 이러한 자선조직들은 구빈법당국과 협력관계가 결여되어 있을 뿐 아니라 다양한 자선기관 간의 종파적 성격의 차이로 인한 효력의 결여, 개인의 자선활동에 대한 정보 부족 등의 문제로 결과적으로 구제의 중복과 낭비라는 문제 유발과 불충분하고 무책임한 자선활동의 성행 등을 야기하고 있었다(양정하, 2004).

자선조직화운동은 산만하게 이루어지던 이러한 개별적 자선활동을 지역 단위로 보다 조직적으로 행하려고 하였던 운동을 가리키며, 자선조직화운동 결과 1869년 영국 런던에 최초로 자선조직협회가 발족되었다. 자선조직협회의 주요 목적은 '자선기관과 구빈법 그리고 자선기관들 사이의 협력을 통하여, 그 다음으로 적절한 조사와 모든 사례들에 알맞은 조치를 보장하고 구걸을 방지함으로써 빈민의 생활조건을 향상시키는 것'이었다(Loch, 1892). 미국에서는 1872년 뉴욕에 최초의 주 단위의 자선조직협회가 세워졌으며, 1877년에는 버펄로(Buffalo)시에 최초의 시 단위 자선조직단체가 설립되었다.

자선조직협회는 자선적 원조를 직접적으로 제공한 것이 아니라 주로 자선단체들을 과학적으로 통합 조정하여 자선의 중복을 방지하는 역할을 하였다. 그다음으로는 빈민의 생활 상태를 가능한 깊이 조사하기 위하여 가정방문과 면접을 실시하여, 조사결과 원조가 필요하다고 판명된 사람에게는 충분한 원조를 제공하는 활동을 하였다. 여기서 역할을 담당한 사람들을 우애방문자(friendly visitors)라고 하였는데 초기에는 주로 자원봉사자들이었으나 1900년대에 들어서면서 유료의 우애방문자들이 고용되면서 후일 개별사회사업가(caseworker)의 시조가 되었다. 우애방문자들은 빈민들이 나태한 가치관 때문에 가난하게 살 수 밖에 없음을 강조하고 도덕적 감화를 통해 빈곤에서 벗어나도록 하는 것을 큰 역할로 삼고 활동하였다. 또한 정부가 제공하는 원조에 대한 수혜자격을 평가하면서 조사와 등급제를 통해 빈민을 통제하고자 하여 이들의 이름과는 달리 빈민들에게는 우애적이지 않은 사람들로 비쳐졌다(양옥경 외, 2003). 이러한 자선조직협회의 활동은 이후 사회사업방법론인 개별사회사업과 지역사회조직론의 발전에 기초가 되었다.

(2) 인보관운동

인보관은 사전적 의미로 사회복지관, 즉 '영세민 구제 사회사업 시설'을 뜻한다(김승훈, 2010). 인보관운동은 빈민지역에 활동의 거점을 두고 그 지역의 빈민들에게 필요한 서비스를 직접 제공하려 하였던 민간에서 이루어진 자발적 활동으로 동일한 사회문제에 대처하기 위한 자선조직협회보다 약 15년 뒤에 시작되었으며, 문제를 접근하는 관점 또한 매우 달랐다. 주로 부유층 출신의 높은 교육을 받은 대학생들이 자신들의 성장배경과 다른 이들을 제대로 이해하고 돕기 위해 이들의 생활환경에 직접 뛰어들어 주택문제, 공공위생문제, 고용착취 등 사회개혁을 시도한 것으로 현대 지역사회 사회복지사들의 모태가 되었다고 할 수 있다.

이들은 기독교 사회주의 사상에 입각하여 빈민의 생활개선을 목표로 시작하였으며, Residence(거주), Research(연구조사), Reform(개혁) 등 3R을 강조하며 연구와 조사를 통해 사회제도를 개혁해야 한다는 기본개념을 갖고 있었다. 또한 인보관운동의 청년들은 빈곤하거나 장애를 가진 소외계층에 대한 권한부여(empowerment)를 주장하였다. 소외계층에게도 자신의 문제를 해결할 수 있는 능력이 있음을 인정하고 그 능력을 발휘할 수 있도록 힘을 북돋워 주는 역할을 하였다. 이는 최근에 사회복지실천 방법분야에서 강조되고 있는 권한부여 모델과도 관련이 있다고 하겠다.

인보관운동에 따라 1884년 영국에 토인비홀(Toynbee Hall)이 설립되었는데, 토인비홀은 당시 개혁 지향적이었던 경제학자 아놀드 토인비(Arnold Toynbee, 1852~1883)의 헌신적이었던 인보관운동을 기리기 위해 그가 사망한 이듬해에 바넷(Barnett)이 세운 것이었다. 후일 제인 아담스(Jane Addams)가 영국의 토인비홀을 모델로 하여 1889년에 미국 시카고에 헐하우스(Hull-House)를 설립하였다.

3) 전문적 사회복지실천의 성장기

전문적 사회복지실천의 시작은 1900년 무렵부터 1920년대 사이로 학자들이 이 시기를 전문적 사회복지실천의 시작으로 주장하는 배경으로는 사회복지실천이론의 확립이나 과거 사회복지조직이나 단체에서 일하는 사람들이 점차 유급직원으로 바뀌게 되었고, 사회복지에 대한 학위가 주어지게 된 것, 사회복지단체의 조직화 등을 들 수 있다.

사회복지사를 위한 교육과정으로 영국에서는 자선조직협회가 서더크 여자대학(The Women's University Settlement in Southwark)의 소웰(Margaret Sewell) 학장의 도움을 받아 사회복지사를 위한 교육을 실시한 바 있다. 미국에서는 1898년에 뉴욕시 자선조직협회에서 최초로 유급직원에 대한 6주간 교육과정을 개설하고 이후 학위가 주어졌는데 이것이 사회사업 전문학의 발단이라 할 수 있다. 이후 영국에서의 사회복지사교육은 1903년 자선조직협회 내의 사회학 대학으로 발전하였고, 1912년에 런던대학교 경제학부(The London School of Economics)에 통합되었다(Woodroofe, 1974). 한편 미국에서는 1904년 1년 과정으로 뉴욕 박애학교가

운영되었고, 후에 2년으로 연장하고 뉴욕 사회사업학교로 명칭을 바꾸어 운영하였다. 정규대학에서 학사자격을 수여한 것은 1904년 이후에 실시한 시몬스 대학(Simmons College)의 교육과정이다. 이후 미국의 웨스턴리저브 대학교, 미네소타 대학교 등에서 사회사업학과를 개설하였다(지윤, 1985). 이와 같은 역사를 통해 대학을 졸업하지 않은 사회복지사의 활동은 영국이 미국을 약간 앞서고, 대학을 졸업한 사회복지사의 활동은 미국이 영국보다 수년 빠르다는 점을 확인할 수 있다. 하지만 전문지식과 기술을 익힌 사회복지사의 활동은 영국과 미국의 대학에서 사회사업을 교육한 1910년에 시작된 것으로 보는 것이 합당하다(최옥채, 2010).

단체의 조직화에 있어서는 전미 자선조직협회(1911)나 전미 인보관연맹(1911) 등 전국적 연계망이 조직되었다. 또한 의료분야에서 사회사업가의 채용이 시작되었는데 보스턴의 매사추세츠 종합병원에 보조사회사업가 채용(1905) 및 신경과에 정신의료사회사업가가 채용(1907년)되기 시작되었다.

이 무렵 사회사업의 전문성을 둘러싼 논란이 시작되었는데 본격적으로 도화선이 된 것은 1915년에 개최된 전국 자선 및 교정회의에서 카네기재단에 소속된 플렉스너(Flexner)의 논문발표였다. 플렉스너는 당시의 미국 사회사업이 다음과 같은 이유에서 전문직으로 인정받을 수 없다고 주장하였는데, 첫째, 사회과학적 기초의 결여, 둘째, 독자적이고 명확한 지식체계 및 전수 가능한 전문기술의 결여, 셋째, 국가가 관리하는 자격시험 제도의 부재, 넷째, 전문적 조직체계 부재, 다섯째, 전문적 실천의 강령 부재 등이었다(Cohen, 1958). 여기에 자극을 받은 '개별사회사업의 어머니'라고 불리는 메리 리치몬드(Mary Richmond) 여사는 1917년에 전문적 이론의 확립을 위한 책 『사회진단(*Social Diagnosis*)』과 1922년에 『케이스워크란?(*What is a Social Casework?*)』을 출간함으로써 사회복지실천의 전문화에 커다란 공헌을 하게 되었다.

전문적 사회복지실천이 시작된 시기에 대두된 주요 실천분야로는 빈곤이었다. 빈민은 비행과 범죄에 쉽게 노출될 수 있었기에 이 당시 사회복지실천에서 강조했던 주요 목표는 빈민을 선량한 시민으로 만드는 것이며, 그때는 빈곤문제의 원인을 개인에 두기보다는 사회환경을 강조하였으므로 지역사회변화에 중점을 두었다. 따라서 당시의 주요 방법론은 개별사회사업과 집단사회사업, 지역사회사회조직이었고, 관심분야는 사회복지조사와 사회복지정책이었다(김만두, 1997).

4) 전문적 사회복지실천의 분화기

전문적 사회복지실천의 발전기는 메리 리치몬드(Mary Richmond)의 『사회진단(*Social Diagnosis*)』이 출판된 후를 시점으로 하여 헬렌 펄만(Helen Perlman)에 의해 문제해결방법이 제시되었던 1957년 전까지를 포함한 시기이다. 이 시기에는 개별사회사업과 집단사회사업 그리고 지역사회조직(지역사회사업) 등과 같은 전문사회복지실천 방법이 자리를 잡기 시작하였다. 또한 1920년대에는 병원뿐 아니라 학교, 법원 등 여러 영역에 사회복지사들이 고용되면서 개별사회사업, 집단사회사업, 지역사회조직 등 각 영역별로 특수화된 전문지식과 기술도 필요하지만 각 영역별 발전이 앞서게 되면 사회복지전문직이 채 발전하기 전에 주체성을 상실할 것에 대한 우려 등으로 사회복지의 공통요소를 정리하는 작업도 있었다. 1925년 개최된 밀포드(Milford) 회의에서는 개별사회사업(casework), 집단사회사업(groupwork), 지역사회조직 등을 망라하여 사회복지실천을 전문직으로 하는 사회복지사를 교육하는 기관이 갖춰야 할 교육과정이 제안되었다.

(1) 개별사회사업

1920년대 사회복지실천의 이론적 바탕은 프로이드(Freud)의 정신분석이론이었다. 클라이언트의 문제 원인을 심리적 갈등에 초점을 두었던 프로이트의 정신분석이론은 정신과의사나 임상심리사뿐 아니라 사회복지사에게도 크게 영향을 미쳤다. 프로이트의 정신분석이론이 사회복지실천에서 부각된 중요한 원인 중에는 당시 제1차 세계대전으로 인한 신경증 환자의 급증을 들 수 있다. 하지만 1929년 대공황을 계기로 1930년대는 사회복지실천의 초점이 프로이트의 정신분석이론에 영향을 받은 개별사회사업의 경향에서 사회개혁으로 초점을 맞추게 되었다. 대공황은 미국 경제를 마비시키고 대량실업을 비롯한 심각한 사회문제를 야기시켰고, 그동안 정신분석이론을 근간으로 하여 진행되었던 사회복지실천은 이러한 사회문제들을 설명하고 그 해결책을 제시하기에는 역부족이었다. 따라서 정신분석이론 중심의 사회복지실천은 호된 비판을 받으며 새로운 전기를 맞게 되었고, 사회복지실천에 있어서 개인문제의 근원을 사회에 두는 것에 대한 수용적인 자세가 늘어나게 되었다.

한편 사회복지실천 방법에 있어서는 프로이트를 추종하는 정신분석가들로 구성되어 개별사회사업적 전통을 그대로 유지하는 진단주의학파(diagnostic)와 오토랑크(Otto Rank)의 이론을 추종하면서 인간의 성장 가능성과 인간과 환경 간의 관계를 중점적으로 접근하는 기능주의학파(functional) 간의 논쟁이 이루어졌다. 진단주의학파와 기능주의학파는 클라이언트를 도와 문제를 해결함에 있어서 시각이 매우 달랐으며, 격렬한 대립적 입장을 나타내기도 하였지만 양학파가 서로의 학설을 비판하기 위해서는 스스로 이론을 체계화해야 했기 때문에 결과적으로 사회복지실천이론의 발전에 크게 기여하게 되었다.

진단주의학파는 개인의 문제는 사회환경의 분석보다는 개인의 성격 구조 분석과 이를 통한 자아의 기능을 강화하는데 초점을 두어야 함을 강조하였다. 이를 위해서는 개인 내면의 심리분석을 통해 문제의 원인을 '진단'하는 것을 통해 이를 '치료'할 수 있음을 강조하여 진단주의학파로 불리게 되었다. 이후 진단주의학파는 시대적 요청과 이론적 영향을 받아 변화하게 되는데, 진단주의학파의 중요한 이론가인 헤밀턴(Hamilton)은 개인과 환경을 연결시키려고 노력하였고 그녀의 심리사회적 진단은 '환경 속의 개인(the person-in-situation)'이라는 개념의 발전을 보게 하였다. 진단주의학파는 현재 '심리사회적 접근방식(psychosocial approach)'

으로 불리는데, 프로렌스 홀리스(Florence Hollis, 1964)가 이론의 발전에 많은 공헌을 하였다.

기능주의학파는 프로이트의 제자인 오토 랑크(Otto Rank)의 과업에서 시작되었으며, '기능적(functional)'이란 용어는 실천을 안내하고 형성해 주는 사회사업기관의 기능을 강조한 데서 비롯되었다. 기능주의학파는 대공황의 여파로, 사회복지실천이론이 환경에 대한 초점을 강조하려는 방향으로 전환되었는데 이러한 사회적 환경의 변화에 대한 새로운 이론과 실천을 전개하려는 학파였다. 기능주의학파는 진단주의학파와 같이 질환을 진단하고 문제를 치료하기보다는 클라이언트의 성장을 돕는 것을 강조하였으며, 클라이언트의 현재의 문제에 초점을 맞추었고, 클라이언트의 기능적 또는 일상적 생활 욕구에 기반을 둔 시간제한적인 개입으로 특징지어진다. 기능주의는 사회복지의 관점이 '의학모델'에서 '생활모델'로 전환하는 단초를 제공했다는 점에서 그 역사적 의의가 매우 크다.

(2) 집단사회사업과 지역사회조직사업

1920년대에는 자선조직협회와 인보관운동의 영향으로 주 단위의 공적복지기관들이 설치되고, 지역사회에 도서관, 성인교육기관, 보육원, 유치원 등의 지역사회 공공시설 및 지역사회센터의 건설 등이 시작되면서 집단 활동과 지역사회조직사업이 사회사업방법론으로 자리매김하게 되었다. 또한 1920년대 말 대공황의 영향으로 집단사회사업과 지역사회조직에 대한 인식에 있어서도 큰 변화가 있었다. 빈곤의 원인을 개인적 결함이나 손상에서 찾고자 했던 이전의 이론들이 퇴색하는 대신 개인의 안녕과 그 사람의 상황 간의 상호작용 및 영향력에 초점을 두는 연구들이 많이 나타났다. 이러한 변화를 반영하듯 1923년에 Western Reserve 대학의 사회복지대학원에서 처음으로 집단사회사업 강의가 시작되었으며, 1936년에는 집단사회사업 연구협회가 발족되었다. 또한 1946년 전국사회복지실천대회에서 집단사회사업은 개별사회사업, 지역사회조직사업과 함께 사회사업의 3대방법론의 하나로 자리매김하게 되었다. 한편 지역사회조직사업에서는 대공황과 뉴딜정책의 추진과정에서 지역사회조직사업의 이론화가 진행되었으며, 1939년에는 전미 사회사업회의에서 사회복지방법론으로서 지역사회조직사업에 대한 중요한 논의가 있었고, 이후 1944년에는 9개 사회사업 필수교과목 중 하나에 포함되었다.

5) 전문적 사회복지실천의 통합기

1950년대에 들어서는 지금까지 개별사회사업, 집단사회사업, 지역사회조직사업 등 전통적인 사회복지 3대방법론으로 나뉘어져 실천해오던 방법에 대한 비판과 함께 자아심리학, 사회과학, 가족개념 등이 도입되면서 클라이언트 개인과 가족 및 지역사회의 중요성이 강조되기 시작하였다. 개인과 사회환경의 이중적 초점을 강조하는 새로운 방향으로의 모색도 이루어졌는데 이는 클라이언트의 문제를 해결하기 위해서는 클라이언트 개인의 적응 능력 강화와 동시에 사회환경의 변화가 모색되어야 한다는 점에서 비롯된 것이다.

한편 전통적인 사회복지 3대방법론으로 나누어져 실천해 오던 방법에 대한 비판은 이들 각각 전문분야의 다양한 방법 속에는 사회복지사가 수행하는 공통적인 역할과 요소가 있다는 점을 들어 사회복지에 대한 하나의 전문직으로의 통합을 요구하는 목소리로 높여 갔다. 전통적인 방법론적 구분은 클라이언트의 문제나 개입을 분리시키게 되며 이러한 접근방법으로는 급격한 사회변동이나 여러 사회문제에 적절히 대응할 수 없기 때문에 새롭고 포괄적이며 체계적인 실천이 필요하다는 것이다. 이러한 통합적 방법 모델에 대한 개발 결과 핀커스와 미나한(Pincus & Minahan)의 4체계모델을 비롯하여 저메인과 기터만(Germain & Gitterman)의 생활모델, 펄만(Perlman)에 의해 개발되고 콤튼과 겔러웨이(Compton & Galaway)에 의해 정교화된 문제해결모델 등이 소개되었다.

그중 대표적인 것으로는 1957년에 소개된 펄만(Perlman)의 문제해결모델이다. 문제해결모델은 그동안의 진단주의학파와 기능주의학파의 접근을 혼합한 것이다. 펄만은 문제는 병리적인 것이 아니라 삶의 일부로 보았다(Compton & Galaway, 1994: 165-66). 클라이언트의 어려움은 구체적 상황과 관련해서 정상적 문제해결 능력의 붕괴로부터 발생한다고 간주되었고 동기, 능력, 기회의 조화가 이루어지지 못해 발생한다고 보았으며 사회복지실천의 목표를 '치료'가 아니라 현재의 '문제'에 대처하는 개인의 능력 향상이라고 정의하였다. 즉, 클라이언트는 현재의 위기극복을 통해 미래에도 더욱 효과적으로 문제를 다루는 방법을 습득할 수 있다고 가정한 것이다. 앞서 펄만은 문제해결과정을 4P로 표현하였는데, 즉 '문제(Problem)'를 가지고 있는 '사람(Person)'이 어떤 '장소(Place)'에 자신의 문제를 가지고 도움을 얻기 위해 찾아오게 되며, 사회복지사는 이때 클라이언트와 문제해결기능에 관여하게 되고, 나아가 문제해결에 필요한 자원을 보완해 주는 '과정(Process)'을 활용한다는 것이다(양옥경 외, 2003). 펄만의 문제해결모델은 아동 및 가족에 대한 실천적 원조 이론을 형성하였고 후에 과제중심 모델과 생활모델에 이론적 기초를 제공하게 되었다.

이로써 1950년대 사회복지실천은 하나의 전문직으로 통합하는 분위기가 조성된 결과 사회사업 분회들도 자연히 해체되었고, 사회복지전문직 단체의 통합 및 교육의 통합 등에도 기여하게 되었다. 미국 사회사업교육협의회(Council of Social Work Education: CSWE)는 1959년에 사회사업교육에 관한 연구를 실시하고 제출한 보고서에서 '사회복지실천'은 다른 전문직이나 학문과 함께 개인·집단·지역사회가 가진 사회적 기능상의 여러 문제를 예방·치료·조정하는 데 기여한다고 제시함으로써 통합에 대한 방향성을 확고히 하였다.

6) 전문적 사회복지실천의 발전기

제2차 세계대전이 종식된 후 1960년대까지 이어진 세계경제의 호황으로 미국 내에서는 수입증가, 제2차 세계대전 동안 내재되어 있는 성 및 시민의 권리에 대한 욕구향상, 중산층 형성, 전후 베이비붐의 증가, 아동비행의 증가, 지역정신건강센터 및 클리닉의 증가, 약물남용의 증가 등 사회적 상황변화가 있었다(도광조, 2005). 이러한 환경의 변화는 클라이언트의 욕구나 문제가 더욱 복잡해지고 심화되며, 장기화를 초래하였다. 클라이언트의 욕구나 문제는 클라이언트를 둘러싼 주변 환경과 관련되어 있을 뿐만 아니라 클라이언트의 심리적 문제를 내포하고 있어 이 같은 문제를 해결하기 위해서는 지역사회의 다양한 자원을 동원하여 개입하는 방법들이 활용될 수밖에 없었고 그 결과 사례관리방법 등이 강조되었다.

한편 1980년대를 전후로 사회복지실천의 영역이 확장되기 시작하였고, 다양한 이론적 관점을 수용하게 되면서 다중관점의 필요성이 새롭게 대두되었다. 따라서 이 시기는 생태학적 접근과 사회체계이론의 광범위한 수용이 사회복지실천에서 이루어지면서 개인과 사회체계 양자 모두 문제해결에 있어 중요한 요소로 간주하게 되었다. 그러한 맥락에서 다양한 형태의 환경적 원조를 발견하고 강화시켜 개인의 사회적 지지 및 개인능력 또한 개발하고자 하는 이른바 환경적 변화에 초점을 둔 개입이 일반사회복지실천에서 강조되는 경향을 보였다. 따라서 이 시기의 생태학적(Ecological)모델을 비롯한 생활모델, 지역사회 및 가족 중심의 접근법들도 특히 빈곤한 사람을 대상으로 적절한 서비스를 제공하고 프로그램을 폭넓게 수행하기 위해 노력하게 되었으며, 이러한 점에서 각광을 받게 되었다(이영분 외, 2002).

1990년대 이후 미국의 사회복지실천은 질적으로나 양적으로 전문화가 가속화되었고 직접적인 실천을 강조하였으며, 미국사회복지사협회(NASW)에서는 사회사업실천가에 대한 자격이나 능력심사를 강화하였고, 사회사업대학교육협의회(CSWE)에서도 자격인증제를 강화하는 등 사회복지사들을 대상으로 한 전문직주의에 대한 강조가 계속되었다. 실천이론에서는 강점관점에서의 접근법이 각광을 받게 되었다. 이 관점은 본래 기능주의 학파의 성장모델에 근거한 것으로 클라이언트의 결함이나 병리 등에 대한 강조를 지양하면서 변화와 성장을 위한 능력을 스스로 가지고 있는 존재라고 보는 것이다. 강점관점은 변화란 가능한 것이며 클라이언트는 스스로에게 힘을 부여할 수 있다는 것을 강조하고 있다. 또한 생태체계적 접근과 함께 문제해결 접근과 결합됨으로써 일반주의 사회복지실천에 있어 매우 중요한 부분을 이루게 되었다. 힘의 부여와 관련해서 이 시기에 발달한 또 하나의 접근은 페미니스트 관점이다. 사회복지사들은 클라이언트들이 여타 환경 내 상호작용에서 경험하는 상하위구조가 자신들과 클라이언트와의 관계에서도 재현됨을 방지하기 위해 동등한 관계의 형성에 치중하고 비슷한 사안을 가진 사람들과 클라이언트를 연계시킴으로써 일종의 지지망을 구축하고자 하였다. 이러한 페미니스트 관점은 남성 대 여성의 억압구조에서 출발한 것이 사실이지만 실제로 사회복지실천에서는 사회적 부조리를 겪고 있거나 위험에 취약한 사람들을 위한 활동에서 포괄적으로 적용되고 있다.

마지막으로 이 시기에 미국은 중요한 정책의 변화를 겪었는데 빈곤에 있어 개인적 책임을 강조하는 보수적 관점이 뚜렷이 나타나는 경향을 보였다는 것이다. 특히 공공부문에서 사회복지프로그램에 대한 예산 삭감은 적은 재원으로 갈수록 증가하고 있는 다양한 문제 및 욕구에 대처해야 하는 사회복지실천 현장에서 사례관리서비스의 증가와 해결 중심의 단기 개입방법을 활성화시키게 되었다. 또한 클라이언트를 지역사회 내 다른 자원들과 연계하기 위한 사회지지망 및 자조집단을 활발하게 이용하게 되었다. 물론 이러한 현상의 바탕에는 생태체계적 관점에 대한 폭넓은 이해와 수용이 자리 잡고 있었기에 가능한 것이었다(김상이 외, 2010).

02 한국 사회복지실천의 발달과정

한국에서의 사회복지실천 역사의 출발점이란 전문성의 요건을 충족시킬 수 있었다고 판단되는 시점을 의미하는 것이다. 따라서 1947년 사회복지대학교육이 최초로 실시되기 이전을 전문적 사회복지실천 이전기, 우리나라에 맞는 사회복지의 성장을 모색하던 1970년대 말까지를 전문적 사회복지실천의 토착화기, 「사회복지사업법」의 개정을 시작으로 공공부조 영역에서 사회복지전문요원이 배치된 1980년대 이후부터 최근까지를 전문적 사회복지실천의 확대기로 구분하여 살펴볼 수 있다.

1) 전문적 사회복지실천 이전기

우리나라 고대의 사회복지제도는 여러 가지 사회제도기능을 함께 수행하고 있는 경우가 많아 명확히 사회복지제도라고 할 수는 없지만 서구와 마찬가지로 왕에 의한 구휼제도에서 시작되었다고 볼 수 있다. 국가에 의한 공적 제도도 있었지만 사찰이나 계와 향약과 같은 민간조직을 통한 사적 제도도 있었다.

또한 조선시대 말 서양의 기독교 전래와 함께 근대적 자선사업이 시작되어 1906년 경성고아원이 신설되고, 1921년 태화여자관, 1924년 부산공생원, 1927년 목포공생원 등이 설립되었다. 한편 1920년대 들어 빈민문제가 사회문제로 심각해지자 1921년 조선총독부 내무부 지방국 내에 사회과를 설치하고 대표적인 구호사업으로 실시한 것이 조선구호령이다. 당시 일본 본국에서는 구호법을 제정하여 보다 향상된 현대적 구빈행정을 시행하였으나, 한국에서는 이 법을 시행하지 않고 유사시에 온정을 베푸는 형태로 극히 한정된 범위의 구빈사업을 실시하던 중 1944년 3월 한국에도 확대, 시행하기로 하고 조선구호령을 제정, 실시하였다. 일제에 의해 비록 초보적인 수준이기는 하지만 법령에 의해서 생활보호사업, 노인보호사업, 아동보호사업 등 현대적인 의미의 사회복지실천이 태동하였다고 할 수 있다. 하지만 사회복지의 동기와 목적이 식민통치를 정당화하고 합리화하기 위한 수단과 방법으로서 나타났고, 1945년 독립과 동시에 사라져 이론과 실천 등에서 자생적이고 주체적이지 못했다는 한계가 있다(김기태 외, 2007).

1927년에는 일제에 의해 방면위원제도가 실시되었다. 방면위원은 한국인 지역 유지나 민간인 중에서 임명되었으며 오늘날의 사회복지전문요원과 유사한 업무를 수행하였다. 빈민의 생활 상태를 조사하고, 빈곤의 원인을 판명하여 적절한 지도교화 및 구제방법을 강구하는 데 있었다.

2) 전문적 사회복지실천의 토착화기

우리나라는 서구와 달리 선교사들의 영향으로 전문적 사회복지실천에 앞서 전문적 사회복지교육이 먼저 이루어졌는데 1947년 이화여자대학교에 기독교 사회사업학과가 최초로 설치되면서 미국식 전문 사회사업교육이 시작되었다. 또한 1953년 중앙신학교(현 강남대학교), 1958년 서울대학교 등에 사회사업학과가 신설되어 미국식 실천 이론과 방법론을 도입한 대학교육을 중심으로 사회복지전문인력 양성이 이루어지게 되었다. 이후 세브란스병원이나 입양상담기관 등에서 사회복지사를 고용함으로써 전문적 사회복지실천이 시작되었다.

1950년대는 일본의 식민통치와 한국전쟁 후 국내가 혼란스러웠음에도 불구하고 외형적으로는 전문사회사업교육기관의 설치, 외국 원조단체의 자선구호활동, 각종 복지직능단체의 발생 등 민간 사회사업은 활발했던 반면에 국가의 사회복지정책은 응급구호사업이 중심을 이루고 있으며 행정상으로도 일제와 미군정의 사회복지정책의 틀을 벗어나지 못한 시기라 특징지을 수 있다. 빈곤의 문제는 심각하나 절대자원의 부족현상으로 많은 외국 원조단체나 기관들이 국내에 들어와 활발한 구호사업과 자선사업을 전개하기 시작하였다. 따라서 이 시기에는 의식주를 해결하기 위한 구제사업이 주종을 이루었으며, 한국전쟁을 전후해서 설립된 기독교아동복리재단, 홀트아동복리회, 선명회 등을 비롯한 많은 기관이 외국의 원조단체들에 의해 설립된 기관으로 이들과 KAVA(Korean Association of Voluntary Agencies, 외국민간원조기관 한국연합회)를 중심으로 기관을 통한 사회복지실천이 주로 행해졌다.

1960년대 들어 공공영역에서는 사회복지와 관련된 체계를 마련하게 되었는데 대표적인 것이 1961년에 제정된 「생활보호법」과 재해구호법」이다. 이 법에 의거하여 보건사회부 사회국 내 구호과를 설치하여 오늘날의 생활보호업무를 담당하게 되었으며, 「의료보호법」, 「공무원연금법」, 「산업재해보상보험법」, 「아동복리법」, 「갱생보호법」, 「재해구호법」, 「윤락행위방지법」 등 사회복지 관련 법률이 추가로 제정됨으로써 사회복지의 기본적인 틀을 갖추게 되었다. 하지만 우리나라 경제개발 5개년 사업이 시작되면서 선성장, 후분배(복지) 정책이 큰 흐름을 형성하게 되었고 사회복지는 제대로 발전할 수가 없었다. 따라서 사회복지실천은 별다른 진전 없이 명맥만을 이어가는 수준에 머물렀다. 하지만 민간영역에서는 1960년대부터 1970년대까지는 한국전 후 지원을 해 오던 외원단체들이 대부분 사업을 종결하고 한국을 떠나기 시작하게 되는 큰 변화를 겪게 되었다. 외원단체들이 사업을 종결하게 된 것은 한국의 경제사정이 급성장되어 외원에 대한 의존도가 점점 감소하였고, 전후 응급구호적인 의미도 퇴색되었기 때문이다(KAVA40년사편찬위원회, 1995). 외원단체 사업의 종결은 아직까지 우리나라에 전문적 사회복지실천이 정착되지 않은 상태에서 우리 자체 사회복지실천을 모색하게 하였다. 하지만 이 과정에서 미국식의 전문사회복지실천이 무비판적으로 수용되고 적용됨으로써 우리 사회에 맞는 토착적인 사회복지실천 방법의 정착에 영향을 미치게 되었다(조휘일·이윤로, 1999).

1970년에는 「사회복지사업법」이 제정되었는데 여기에 '사회복지사업종사자' 자격제도가 명시됨으로써 현장에서 근무하는 전문인력의 자격과 관련된 사항이 최초로 제정되었다. 「사회복지사업법」을 비롯하여 이후의 제반 사회복지실천 관련법들은 일본 식민정치의 틀에서 벗어나 새로 제정 및 개정된 것으로 우리나라에 맞는 사회복지실천이 자리를 잡아가게 하는 토대가 되었다. 또한 1970년대 말 서울대학교, 중앙대학교 등에서 사회사업학과라는 명칭을 사회복지학과로 개칭하게 되면서 그 후 신설되는 학과는 사회복지학과라는 명칭을 사용하게 되었다.

이 밖에도 1970년대 새마을 운동으로부터 시작된 지역복지운동은 한국식 사회복지실천이 토착화하는 데 많은 영향을 미쳤다. 특히 1980년대 이후 사회복지관사업과 재가복지센터의 확대 등 지역사회 및 재가복지사업의 활성화에 영향을 미쳤다.

3) 전문적 사회복지실천의 확대기

1980년대 들어오면서 사회복지실천은 급격히 변화하게 되었는데 대표적인 것이 사회복지관의 활성화 및 재가복지사업이 활발히 이루어진 것과 더불어 사회복지사의 증가이다.

1981년 「노인복지법」과 「심신장애자복지법」이 제정되면서 그동안 등한시되어 온 특수계층에 대한 서비스를 강화하기 시작하였다. 또한 1983년 개정된 「사회복지사업법」에서는 사회복지관사업을 법정사업으로 규정함으로써 사회복지관사업이 본격화할 수 있는 기틀이 마련되었고, 특히 1989년 사회복지관 설치 및 운영규정으로 영구임대아파트단지에 사회복지관 설치가 권장되면서 전국적으로 사회복지관이 확대되고 전문적인 사회복지실천의 장이 마련되었다.

1983년 「사회복지사업법」이 개정되면서 사회복지사자격증이 3등급으로 자격기준이 세분화되었고, 사회복지관의 확대로 인한 민간영역의 사회복지사 증가뿐 아니라, 1987년 생활보호 업무를 효과적으로 수행하기 위해서 대도시 빈곤 지역 동사무소에 7급 별정직으로 사회복지전문요원이 임용되면서 공공영역에 사회복지사들이 투입되기 시작하였다. 이외에도 사회복지학과를 설치하는 대학이 크게 늘어나면서 사회복지사를 위한 교육의 활성화는 사회복지사 배출 증가, 사회복지실천의 전문성 증가 등 사회복지실천의 질적, 양적인 측면에서 확대를 가져왔다. 이 시기에는 다양한 사회복지실천 기술이 소개되기 시작하였고, 아동복지, 노인복지, 장애인복지와 같은 여러 사회복지실천 분야가 형성되는 등 전문 지식과 기술을 갖춘 사회복지사가 합당한 사회복지실천 관련 제도 안에서 전문적 사회복지실천을 행할 수 있게 되었다.

1980년대 후반부터는 한국형 복지모형론에 대한 논의가 등장하기 시작하였다. 한국형 복지모형이 등장하게 된 배경은 1970년대 이후 선진복지국가에서 복지국가 위기론이 대두되고 있었기 때문에 한국에서도 자칫 잘못하면 복지병을 유발할 수 있다는 정책 관련자들의 우려 때문이었다. 따라서 한국형 복지모형은 국가개입을 가능한 한 최소화하고 가족의 기능을 강화하며, 요보호자 자신의 자조와 재활을 강조하며 자원봉사의 참여를 장려하는 내용으로 나타났다(김승훈, 2010). 공공영역에서 이러한 사회복지정책기조의 변화와 더불어 1990년대 들어 사회복지현장전문인력의 자격과 관련된 사항들에 많은 변화가 있었다.

1992년에는 「사회복지사업법」의 개정으로 사회복지전문요원은 사회복지전담공무원으로 제도화하여 전국적인 배치가 이루어졌다. 1995년 「정신보건법」의 시행으로 1997년부터 정신보건사회복지사를 위한 수련과정이 개설됨으로써 전문사회복지실천의 또 다른 장을 마련하게 되었다. 1996년부터는 한국사회복지사협회 주관으로 사회복지사의 전문성을 제공하고자 '임상사회복지사' 자격제도가 실시되어 오다가 1998년부터 그 명칭을 '전문사회복지사' 제도로 바꾸어 시행되었으나 2000년의 시행을 마지막으로 중단되었다. 1997년 7월에는 「사회복지사업법」, 1998년에는 「사회복지사업법 시행령」(7월)과 「사회복지사업법 시행규칙」(8월 11일 공포) 등이 개정되어 사회복지사 1급 국가시험이 신설되었고, 2003년부터 첫 사회복지사 국가시험이 실시되었다. 한편 사회복지사 1급 국가시험의 실시와 더불어 사회복지실천과 관련된 교과과정도 개편되었다. 개별사회사업과 집단사회사업, 지역사회조직 등으로 나뉘어 교육되어 오던 과목들이 1998년 「사회복지사업법」 개정과 함께 개별사회사업과 집단사회사업이 통합 및 분열되어 사회복지실천론과 사회복지실천기술론으로 변경되었으며, 지역사회조직은 지역사회복지론으로 변경되었다.

2000년에는 생활보호법을 대체한 「국민기초생활 보장법」이 시행되기 시작하였으며, 저출산·고령화 사회를 대비한 복지정책의 필요성이 제기되면서 사회복지서비스와 프로그램이 행정적 과정에 관한 이해와 기술의 필요성에 대한 요구가 높아졌다. 또한 북한이탈주민 및 다문화가정의 증가로 사회복지실천에 있어서 임파워먼트와 문화적 다양성에 대한 관심이 증가되었고, 민간사회복지 분야에서 책임성에 대한 요구가 강화되면서 사회복지실천에 있어서 서비스의 효과성과 효율성의 입증과 조사연구가 주요한 역량으로 강조되기 시작하였다(김상아 외, 2010). 이 무렵 관련 법들이 제정되면서 다양한 사회복지실천 현장과 관련 전문인력이 증가하게 되었다. 대표적인 법으로는 2004년 제정된 「건강가정기본법」, 2005년 「저출산·고령사회기본법」, 2007년 「노인장기요양보험법」, 2008년 「다문화가족지원법」 등이 있다. 2011년에는 국내 사회복지실천 전문직의 발전에 큰 획을 긋는 「사회복지사 등의 처우 및 지위 향상을 위한 법률」 등이 제정되었다. 그동안 사회복지를 하나의 직업군으로 인정받고자 하는 사회복지실천 현장의 욕구가 표출된 것일 뿐 아니라 사회적 약자에 대해 봉사하는 사람은 처우개선 및 지위 향상을 하지 않아도 된다는 왜곡된 사회적 인식에 대한 반기였다. 한국사회복지사협회는 2007년 제정된 '사회복지사의 날'을 「사회복지사 등의 처우 및 지위 향상을 위한 법률」 제정을 기념하기 위해 제정일인 3월 30일을 사회복지사의 날로 정해 기념하게 되었다. 2018년 4월에는 배출인원 및 현장수요의 감소로 실효성이 부족해진 사회복지사 3급을 폐지함에 따라 사회복지사의 등급별 자격기준에 3급 기준이 삭제되게 되었다. 사회복지사 3급은 사회복지기관에 근무하는 고등학교 졸업 학력자가 일정 시간 교육을 이수하면 취득할 수 있었다.

이상과 같이 살펴본 한국의 전문적 사회복지실천의 역사적 발달과정은 한국전후 빈곤문제와 더불어 급격한 산업화 및 도시화로 인해 발생된 사회문제에 대응하고자 기독교를 비롯한 각종 종교단체 및 미국 등의 영향을 크게 받으며 성장해 왔으며, 이 과정 중에 사회복지전문직의 정체성에 대한 고민과 함께 사회복지교육 및 자격요건 등이 전문화되어 왔다. 특히 최근 다양한 한국 사회의 모습은 사회복지서비스에 대한 국민적 욕구를 더욱 상승시키고 있으며 이에 대한 전문적 사회복지실천이 더욱 중요한 위치에 놓이게 되었다.

참고문헌

감정기·최원규·진재문(2004). 사회복지의 역사. 나남출판.

김기태·김수환·김영호·박지영(2007). 사회복지실천론. 공동체.

김만두(1997). 사회복지발달사. 홍익재.

김상아·조미숙·설연옥·이우연·하정미(2010). 사회복지실천론. 문예미디어.

김승훈(2010). 사회복지 발달사. 나눔의 집.

도광조(2005). 사회복지실천론. 양서원.

양옥경·김정진·서미경·김미옥·김소희(2003). 사회복지실천론. 나남출판.

양정하(2004). 사회복지발달사. 학현사.

이영분·김기환·윤현숙·이원숙·이은주·최현미·홍금자(2002). 사회복지실천론. 동인.

조휘일·이윤로(1999). 사회복지실천론. 학지사.

지윤(1985). 사회사업사. 홍익재.

최옥채(2010). 사회복지실천론. 양서원.

한국사회복지학연구회(1991). 사회복지의 사상과 역사. 한울.

Cohen, N.(1958). *Social work in the American tradition*. NY: Dryden.

Compton B. R. & B. Galaway.(1994). *Social Work Processes*, 5th ed., Belmont.

Florence Hollis(1964). *Casework: A Psychosocial Therapy*. NY: Random House.

Friedlander, Walter QA.(1958). *Concepts and methods of social work*. N.J.: Prentice-Hall.

KAVA40년사편찬위원회 편(1995). 외원사회사업기관 활동사: 외국민간원조기관 한국연합회 40년사, 홍익재.

Loch(1892). *Charity Organization*. London: Swan.

Richmond, M.(1917). *Social Diagnosis*. NY: Russell Sage.

Richmond, M.(1922). *What is Social Casework?* NY: Russell Sage.

Woodroofe, Kathleen(1974). *From Charity to Social Work*. London: Routledge & Kegan Paul.

SOCIAL WORK PRACTICE

CHAPTER 04

사회복지실천 현장에 대한 이해

01 사회복지실천의 대상

02 사회복지실천의 현장

03 사회복지사의 역할 및 현황

04

SOCIAL WORK PRACTICE

01 사회복지실천의 대상

1) 개인대상 사회복지실천

개인을 대상으로 하는 사회복지실천은 개인의 인격존중을 전제로 하는 전문적인 대인관계의 기반 위에서 클라이언트가 직면하고 있는 문제 상황을 분석하고 검토하여 생활상의 욕구를 충족시켜 나가는 전문적인 방법이라 할 수 있다(권오균 외, 2011). 이러한 개인 수준에서의 실천은 일반적으로 개별사회사업[7]으로 알려져 왔는데, 이는 사회복지실천의 기초가 되는 학문인 동시에 사회복지실천의 핵심을 이루는 중요한 방법 중의 하나로, 다음과 같은 특성을 갖는다(이경남 외, 2011).

① 개별사회사업의 대상은 문제를 가진 개인이다.
② 전문적 기술을 가진 전문가에 의해 개입이 실시된다.
③ 개별적으로 이루어지며 대상에 따라 그 방법이 달라질 수 있다.
④ 환경에의 적응과 인격의 성장발달을 돕기 위한 의식적·계속적 노력이 수반된다.
⑤ 사회복지사와 클라이언트와의 인간관계가 중요시된다.
⑥ 일련의 과정이 있다.
⑦ 예방보다는 재조정과 치료에 중점을 둔다.

개인을 대상으로 하는 사회복지실천은 종합복지관이나 이용시설, 학교나 병원 등 다양한 분야에서 활용된다. 그리고 이러한 실천은 개별사회사업에서 뿐만 아니라 집단구성원으로서의 개인에 대한 접근에서도 활용되는 사회복지실천의 중요한 방법이라 할 수 있다.

7) 개별사회사업: 개인과 그 사회 환경 간에 개별적인 의식적 조정을 통해서 그 사람의 인격발달을 도모하는 제반과정(Richmond, 2008).

개인을 대상으로 하는 사회복지실천기법으로는 직접실천(direct practice)과 간접실천(indirect practice)으로 구분할 수 있는데, 직접실천은 주로 클라이언트와의 면접이나 상담으로 이루어지는 반면 간접실천은 지역사회를 중심으로 대상자의 사회적 지지나 자원을 동원하는 것을 의미한다.

2) 가족대상 사회복지실천

가족을 대상으로 하는 사회복지실천은 가족 구성원의 신체적, 심리·사회적, 정서적 문제나 가족 구성원 간에 발생할 수 있는 다양한 문제에 개입하여 해당 문제를 해결하는 데 목적을 둔다. 즉, 가족의 문제를 해결하는 데 중점을 두고 있기 때문에 무엇보다 가족 구성원 전체의 협조가 필요할 뿐만 아니라 사회복지사는 전체로서의 가족이라는 관점에서 개인과 가족 간의 상호작용을 중시해야 한다. 또한 가족을 대상으로 하는 사회복지실천에서는 가족을 병리적인 문제를 가진 체계로 간주하기보다는 건강한 기능을 발굴 및 유지할 수 있는 힘과 의지가 있는 체계로 이해하는 것이 중요하다.

이와 같이 가족을 대상으로 하는 사회복지실천은 가족상담 및 가족치료, 가족생활교육 등 다양한 현장에서 이루어지고 있으며 다음과 같은 특성을 갖는다.

〈표 4-1〉 가족을 대상으로 하는 사회복지실천의 예

가족상담	가족을 단위로 이루어지는 실천 활동이라는 점에서 가족치료와 동일하나 개입의 일차적 목적이 반드시 가족의 문제나 역기능의 치료에 있는 것이 아니라 일반적인 정보의 제공 등 보다 광범위한 실천 활동을 포함
가족치료	가족구성원 개인 또는 가족 전체의 심리·사회적 문제에 따른 가족의 역기능 개선을 목적으로 가족을 단위로 이루어지는 다양한 형태의 치료
가족생활교육	개인과 가족의 복지를 위한 예방적·교육적 프로그램의 개발, 적용, 평가, 훈련 및 연구를 포괄

가족은 대표적인 사회복지실천의 대상이고 가족을 대상으로 하는 사회복지실천 활동은 다양한 형태로 이루어지고 있다. 특히 환경 속의 인간을 중시하는 사회복지실천에서는 개인을 분리하여 다루기보다 개인이 속한 주변 체계와의 관계 속에서 이해하려 한다는 점에서 1차 환경 체계인 가족을 대상으로 하는 실천 활동은 매우 중요하다고 할 수 있다.

3) 집단대상 사회복지실천

집단을 대상으로 하는 사회복지실천은 구성원 간 합의된 목적을 지닌 둘 이상의 사람으로 구성된 집합체인 집단을 일차적 개입 대상으로 하는 다양한 형태의 사회복지실천을 의미한다. 집단을 대상으로 하는 사회복지실천 활동은 집단의 공동목적과 구성원 개인의 목적을 함께 달성하고자 하며 구성원 사이의 역동성을 매개로 한다. 한편 집단대상의 사회복지실천에서 개입은 집단 구성의 목적에 따라 사회목표모델, 치료모델, 상호작용모델로 분류되며 각 모델의 특성은 다음과 같다.

〈표 4-2〉 집단을 대상으로 하는 사회복지실천의 세 가지 모형

구분	사회목표모델	치료모델	상호작용모델
목적	사회적 의식화 및 책임성 향상	역기능 행동의 치료 및 재활	적응과 사회화를 위한 구성원 간 지지체계와 대인관계 증진
사회복지사 역할	• 교사 • 조력자	• 변화매개자	• 중재자 • 조력자
대상	시민, 이웃, 지역주민	역기능, 문제해결을 위한 도움을 필요로 하는 사람	공동관심사의 성취를 위해 협력하는 구성원
개입초점	개인의 성숙과 시민의 역량 개발	개인적 역기능의 변화	구성원 간의 자조 및 상호원조체계 개발
집단 활동	• 토론, 참여, 합의 집단과 의제개발 및 실행 • 지역사회조직화, 구성원의 사회행동기술 습득	• 구성원의 행동 변화를 위해 구조화된 개입 • 직·간접적 영향력 발휘	• 관심사의 토론 • 상호원조관계 형성 • 상호이익을 위한 결속된 사회체계 형성

이와 같은 집단을 대상으로 하는 사회복지실천은 시간과 에너지를 효율적으로 활용하여 클라이언트의 문제해결과 사회적 기능 향상을 도모할 수 있는 효과적인 방법으로 인식되고 있다.

02 사회복지실천의 현장

사회복지실천의 현장이란, 사회복지실천이 이루어지는 장(場, setting)과 특정한 문제, 도움이 필요한 클라이언트를 포괄하는 개념이다. 협의의 개념으로는 클라이언트의 문제해결과 사회적 기능회복을 도모하기 위해 활동하는 장소로 정의되고 광의의 개념으로는 사회복지실천 현장과 관련한 모든 영역(field)으로 정의된다.

사회복지실천의 초점이 클라이언트의 수용과 보호에 있었던 예전에는 생활시설이 사회복지사가 활동했던 주요 실천 현장이었지만 지역사회중심의 사회복지서비스가 확대되면서 종합복지관을 비롯한 이용시설이 사회복지실천의 현장으로 자리매김하였다.

이와 같이 사회복지의 영역이 확대되면서 사회복지서비스를 제공하는 기관의 성격도 다양해졌는데, 바틀렛(Bartelett, 1970)은 다음과 같이 네 가지의 분류방식으로 사회복지실천의 현장을 구분하였다. 첫째, 기관의 설립주체와 자금의 조달방식을 기준으로 하여 공공기관과 민간기관, 둘째, 서비스의 직접 또는 간접적 제공 여부를 기준으로 하여 행정기관과 서비스기관, 셋째, 기관의 운영목적을 기준으로 하여 일차현장과 이차현장, 마지막으로 서비스 내용을 기준으로 하여 생활시설과 이용시설로 분류한 것이다.

1) 공공기관과 민간기관

(1) 공공기관

공공기관은 정부기관이 중심이 되어 공공의 정책을 추진하는 기관과 법률에 의해서 일정한 요건을 갖춘 사회복지대상자에게 일정한 급여와 서비스를 제공하는 기관을 포괄한다. 이러한 사회복지사업을 총괄하는 공공기관은 중앙정부로는 보건복지부, 지방정부에는 광역자치단체와 시·도, 시·군·구, 읍·면·동에 사회복지와 관련된 부서로 편성되어 있다. 공공기관의 사회복지사는 주로 사회보장과 관련된 공적 부조(public assistance)를 제공하는 업무를 담당한다. 또한 자활근로, 생업자금 융자 및 취업 알선 등 약 100여 개 이상에 달하는 급여 및 사업을 담당하고 있을 뿐 아니라 사회복지서비스의 민간복지 자원을 발굴하고 연계하는 역할도 수행한다.

(2) 민간기관

민간기관은 순수 사회복지 활동을 목적으로 하는 사회복지법인과 재단법인, 종교 및 시민단체에서 운영하는 비영리기관을 포괄하는 것으로, 정부 보조금과 후원금, 기부금 및 재단 전입금과 서비스 이용료 등을 재원으로 한다. 민간기관은 크게 서비스를 직접 제공하는 사회서비스 기관과 간접서비스 제공과 행정지원을 위해 조직된 협의체로 분류된다. 민간 조직의 대표적인 협의체는 한국사회복지협의회를 들 수 있는데, 한국사회복지협의회는 민간사회복지 증진을 위한 단체 간의 협의 및 조정, 사회복지 관련 조사연구 및 정책 건의, 사회복지기관 종사자의 교육 및 훈련, 자원봉사활동의 진흥, 정보화 사업 등을 담당하고 있다.

2) 행정기관과 서비스기관

(1) 행정기관

행정기관은 사회복지서비스 전달체계를 효율적으로 운영하기 위해 행정업무를 수행하고 기관 간의 연계와 협의 업무를 담당한다. 이와 같은 행정기관의 관련 주요 부처에는 중앙정부의 사회복지 주무부서인 보건복지부가 해당되고 여성가족부와 고용노동부, 교육부, 문화체육관광부 등이 관련되며 시·도, 시·군·구, 읍·면·동에 사회복지와 관련된 부서도 포함된다.

(2) 서비스기관

서비스기관은 클라이언트에게 직접 서비스를 제공하는 곳으로, 대상과 문제 영역에 따라 다양한 서비스기관으로 분류된다. 종합사회복지관, 지역자활센터, 노인복지관, 장애인복지관, 아동복지관, 가족 상담 및 치료 관련 기관 등이 이에 해당된다.

3) 일차현장과 이차현장

(1) 일차현장

클라이언트가 필요로 하는 사회복지서비스의 제공을 주로 담당하는 기관으로, 사회복지사들이 중심이 되어 활동하는 주요 사회복지실천의 현장이다. 종합사회복지관이나 노인복지시설, 장애인복지시설, 여성복지시설, 정신장애인사회복귀시설 등이 이에 해당된다.

(2) 이차현장

전문적으로 사회복지실천을 수행하기 위해 설립된 기관은 아니나 필요한 경우 부분적으로 사회복지실천의 활동이 이루어지는 관련 현장으로, 학교(학교사회복지,

교육복지투자우선지역지원사업), 병원(의료사회복지, 정신보건사회복지), 교정시설(교정복지), 군(군사회복지), 기업(기업복지, 산업복지) 등이 이에 해당된다.

4) 생활시설과 이용시설

(1) 생활시설

생활시설은 개인적으로 활동을 할 수 없거나 부양가족의 능력이 부족해 자립하여 생활할 수 없는 클라이언트에게 주거를 포함하여 다양한 복지서비스를 제공하는 기관이다. 여기에는 정신요양시설, 장애인생활시설, 아동복지시설, 노인전문요양시설, 미혼모시설, 그룹홈, 청소년 쉼터 등이 해당된다.

(2) 이용시설

이용시설은 지역사회에 거주하는 클라이언트를 대상으로 관련 사회복지서비스를 제공하는 기관으로, 주거서비스를 제공하지 않는 기관을 말한다. 여기에는 종합사회복지관, 지역자활센터, 노인복지관, 장애인복지관, 아동복지관, 청소년상담센터, 성폭력 피해상담소 등이 해당된다.

5) 주요 사회복지서비스 기관

바틀렛(Bartelett)의 네 가지 분류기준과는 별도로 우리나라 법령에서 정의하는 사회복지기관들은 다음과 같다.

(1) 지역사회복지관

「사회복지사업법」에서 정의하는 사회복지관이란 지역사회를 기반으로 일정한 시설과 전문인력을 갖추고 지역주민의 참여와 협력을 통하여 지역사회의 복지문제를 예방하고 해결하기 위하여 종합적인 복지서비스를 제공하는 시설을 말한다.

사회복지관은 사회복지서비스 욕구를 가지고 있는 모든 지역주민을 대상으로 보호서비스, 재가복지서비스, 자립능력 배양을 위한 교육훈련 등 그들이 필요로 하는 복지서비스를 제공한다. 또한 가족기능 강화 및 주민상호 간 연대감 조성을 통한 각종 지역사회 문제를 예방 및 치료하는 종합적인 복지서비스 전달기구로서 지역사회 주민의 복지증진을 위한 중심적 역할을 수행한다.

(2) 아동·청소년복지시설

아동·청소년복지시설은 아동과 청소년이 건강하고 행복하게 성장하는 데 필요한 제반 사회복지서비스를 제공하는 사회복지시설이다.

〈표 4-3〉 아동·청소년복지시설

아동 복지 시설	아동양육시설	보호를 필요로 하는 아동을 입소시켜 보호, 양육하는 것을 목적으로 하는 시설
	아동일시 보호시설	보호를 필요로 하는 아동을 일시보호하고 아동에 대한 향후의 양육 대책수립 및 보호조치를 행하는 것을 목적으로 하는 시설
	아동보호 치료시설	불량행위를 하거나 불량행위를 할 우려가 있는 아동으로서 보호자가 없거나 친권자나 후견인이 입소를 신청한 아동 또는 가정법원, 지방법원소년부지원에서 보호위탁된 아동을 입소시켜 그들을 선도하여 건전한 사회인으로 육성하는 것을 목적으로 하는 시설
	공동생활가정	보호를 필요로 하는 아동에게 가정과 같은 주거여건과 보호를 제공하는 것을 목적으로 하는 시설
	자립지원시설	아동복지시설에서 퇴소한 자에게 취업준비기간 또는 취업 후 일정기간 보호함으로써 자립을 지원하는 것을 목적으로 하는 시설
	아동상담소	아동과 그 가족의 문제에 관한 상담, 치료, 예방 및 연구 등을 목적으로 하는 시설
	아동전용시설	어린이공원, 어린이놀이터, 아동회관, 체육·연극·영화·과학실험전시 시설, 아동휴게숙박시설, 야영장 등 아동에게 건전한 놀이·오락, 그 밖의 각종 편의를 제공하여 심신의 건강 유지와 복지증진에 필요한 서비스를 제공하는 것을 목적으로 하는 시설

아동 복지 시설	지역아동센터	지역사회 아동의 보호·교육, 건전한 놀이와 오락의 제공, 보호자와 지역사회의 연계 등 아동의 건전육성을 위하여 종합적인 아동복지 서비스를 제공하는 시설
	아동보호전문기관	신체적, 성적, 정서적으로 학대받거나 방임된 아동을 보호하는 기관
	영유아복지시설	어린이집 또는 놀이방이라 불리는 곳으로 6세 미만의 취학 전 아동(12세까지 연장가능)을 대상으로 하는 기관. 영유아보육법에 의해 국공립시설, 민간보육시설, 직장보육시설, 가정보육시설로 구분
	어린이집	'영유아'란 6세 미만의 취학 전 아동임. '보육'이란 영유아를 건강하고 안전하게 보호·양육하고 영유아의 발달 특성에 맞는 교육을 제공하는 어린이집 및 가정양육 지원에 관한 사회복지서비스를 의미함. '어린이집'이란 보호자의 위탁을 받아 영유아를 보육하는 기관으로, 국공립어린이집, 직장어린이집, 가정어린이집, 협동어린이집, 민간어린이집 등으로 구분
청소년 복지 시설	청소년쉼터	가출청소년에 대하여 가정·학교·사회로 복귀하여 생활할 수 있도록 일정 기간 보호하면서 상담·주거·학업·자립 등을 지원하는 시설
	청소년 자립지원관	일정 기간 청소년쉼터 또는 청소년회복지원시설의 지원을 받았는데도 가정·학교·사회로 복귀하여 생활할 수 없는 청소년에게 자립하여 생활할 수 있는 능력과 여건을 갖추도록 지원하는 시설
	청소년 치료재활센터	학습·정서·행동상의 장애를 가진 청소년을 대상으로 정상적인 성장과 생활을 할 수 있도록 해당 청소년에게 적합한 치료·교육 및 재활을 종합적으로 지원하는 거주형 시설
	청소년 회복복지시설	「소년법」 제32조 제1항 제1호에 따른 감호 위탁 처분을 받은 청소년에 대하여 보호자를 대신하여 그 청소년을 보호할 수 있는 자가 상담·주거·학업·자립 등 서비스를 제공하는 시설

출처: 아동복지법(2017. 7. 24. 일부개정); 영유아보육법(2017. 3. 14. 일부개정); 청소년복지지원법(2017. 12. 12. 일부개정).

(3) 노인복지시설

노인복지시설은 노인들의 건강하고 안정된 노후생활을 위하여 각종 노인복지서비스를 제공하는 사회복지시설이다.

〈표 4-4〉 노인복지시설

노인 주거 복지 시설	양로시설	노인을 입소시켜 급식과 그 밖에 일상생활에 필요한 편의를 제공하는 시설
	노인공동생활가정	노인들에게 가정과 같은 주거 여건과 급식, 그 밖에 일상생활에 필요한 편의를 제공하는 시설
	노인 복지주택	노인에게 주거시설을 분양 또는 임대하여 주거의 편의·생활지도·상담 및 안전관리 등 일상생활에 필요한 편의를 제공하는 시설
노인 의료 복지 시설	노인 요양시설	치매·중풍 등 노인성 질환 등으로 심신에 상당한 장애가 발생하여 도움을 필요로 하는 노인을 입소시켜 급식과 요양, 그 밖에 일상생활에 필요한 편의를 제공하는 시설
	노인요양 공동생활 가정	치매·중풍 등 노인성 질환 등으로 심신에 상당한 장애가 발생하여 도움을 필요로 하는 노인에게 가정과 같은 주거 여건과 급식과 요양, 그 밖에 일상생활에 필요한 편의를 제공하는 시설
노인 여가 복지 시설	노인 복지관	노인의 교양·취미생활 및 사회참여활동 등에 대한 각종 정보와 서비스를 제공하고 건강증진 및 질병예방과 소득보장·재가복지, 그 밖에 노인의 복지증진에 필요한 서비스를 제공하는 시설
	경로당	지역노인들이 자율적으로 친목도모·취미활동·공동작업장 운영 및 각종 정보교환과 기타 여가활동을 할 수 있도록 하는 장소를 제공하는 시설
	노인교실	노인들에 대하여 사회활동 참여욕구를 충족시키기 위하여 건전한 취미생활·노인건강유지·소득보장 및 기타 일상생활과 관련한 학습 프로그램을 제공하는 시설
재가 노인 복지 시설	방문요양 서비스	가정에서 일상생활을 영위하고 있는 노인으로서 신체적·정신적 장애로 어려움을 겪고 있는 노인에게 필요한 각종 편의를 제공하여 지역사회 안에서 건전하고 안정된 노후를 영위하도록 하는 서비스
	주야간 보호 서비스	부득이한 사유로 가족의 보호를 받을 수 없는 심신이 허약한 노인과 장애노인을 주간 또는 야간 동안 보호시설에 입소시켜 필요한 각종 편의를 제공하여 이들의 생활안정과 심신기능의 유지·향상을 도모하고, 그 가족의 신체적·정신적 부담을 덜어주기 위한 서비스
	단기 보호 서비스	부득이한 사유로 가족의 보호를 받을 수 없어 일시적으로 보호가 필요한 심신이 허약한 노인과 장애노인을 보호시설에 단기간 입소시켜 보호함으로써 노인 및 노인가정의 복지증진을 도모하기 위한 서비스
노인보호전문기관		학대받는 노인의 발견·보호·치료 등을 신속히 처리하고 노인 학대를 예방하기 위한 보호기관

출처: 노인복지법(2018. 3. 13. 일부개정).

(4) 장애인복지시설

장애인복지시설은 장애인의 인간다운 삶과 권리를 보장하기 위해 장애인의 의료, 교육, 직업재활, 생활환경 개선 등을 제공하여 장애인의 생활안정에 기여하는 등의 복지서비스를 제공하는 시설이다.

〈표 4-5〉 장애인복지시설

장애인 지역사회 재활시설	장애인복지관	장애인에 대한 각종 상담 및 사회심리재활시설·교육·직업·의료재활 등 장애인의 지역사회 생활에 필요한 종합적인 재활서비스를 제공하고 장애에 대한 사회적 인식개선 사업을 수행하는 시설
	장애인 주간보호시설	장애인을 주간에 일시 보호하여 장애인에게 필요한 재활서비스를 제공하는 시설
	장애인체육시설	장애인의 체력증진 또는 신체기능 회복활동을 지원하고 이와 관련된 편의를 제공하는 시설
	장애인수련시설	장애인의 문화, 취미, 오락활동 등을 통한 심신수련을 조장·지원하고 이와 관련된 편의를 제공하는 시설
	장애인 생활이동지원센터	이동에 상당한 제약이 있는 장애인에게 차량 운행을 통한 직장 출·퇴근 및 외출 보조나 그 밖의 이동서비스를 제공하는 시설
	수화통역센터	의사소통에 지장이 있는 청각, 언어장애인에게 수화통역 및 상담서비스를 제공하는 시설
	점자도서관	시각장애인에게 점자간행물 및 녹음서를 열람하게 하는 시설
	점자도서 및 녹음서 출판시설	시각장애인을 위한 점자간행물 및 녹음서를 출판하는 시설
	장애인 재활치료시설	장애아동을 포함한 장애인에게 언어, 미술, 음악 등 재활치료에 필요한 치료, 상담, 훈련 등의 서비스를 제공하고 서비스를 이용한 자로부터 비용을 수납하여 운영하는 시설
장애인 거주시설	장애유형별 거주시설	장애유형이 같거나 또는 유사한 장애를 가진 사람들을 이용하게 하여 그들의 장애유형에 적합한 주거지원, 일상생활지원, 지역사회 생활지원 등의 서비스를 제공하는 시설
	장애영유아 거주시설	6세 미만의 장애영유아를 보호하고 재활에 필요한 주거지원, 일상생활지원, 지역사회생활지원, 요양서비스를 제공하는 시설

<table>
<tr><td rowspan="3">장애인
거주시설</td><td>중증장애인
거주시설</td><td>장애의 정도가 심하여 항상 도움이 필요한 장애인에게 주거지원, 일상생활지원, 지역사회생활지원, 요양서비스를 제공하는 시설</td></tr>
<tr><td>장애인
단기거주시설</td><td>보호자의 일시적 부재 등으로 도움이 필요한 장애인에게 단기간 주거서비스, 일상생활지원서비스, 지역사회생활서비스를 제공하는 시설</td></tr>
<tr><td>장애인
공동생활가정</td><td>장애인들이 스스로 사회에 적응하기 위하여 전문인력의 지도를 받으며 공동으로 생활하는 지역사회 내의 소규모 주거시설</td></tr>
<tr><td rowspan="3">장애인
직업재활
시설</td><td>장애인보호
작업장</td><td>직업능력이 낮은 장애인에게 직업적응능력 및 직무기능 향상 훈련 등 직업재활훈련 프로그램을 제공하고, 보호가 가능한 조건에서 근로의 기회를 제공하며, 이에 상응하는 노동의 대가로 임금을 지급하며, 장애인 근로사업장이나 그 밖의 경쟁적인 고용시장으로 옮겨갈 수 있도록 돕는 역할을 하는 시설</td></tr>
<tr><td>장애인근로
작업장</td><td>직업능력은 있으나 이동 및 접근성이나 사회적 제약 등으로 취업이 어려운 장애인에게 근로의 기회를 제공하고, 최저임금 이상의 임금을 지급하며, 경쟁적인 고용시장으로 옮겨갈 수 있도록 돕는 역할을 하는 시설</td></tr>
<tr><td>장애인
직업적응
훈련시설</td><td>작업능력이 극히 낮은 장애인에게 작업활동, 일상생활훈련 등을 제공하여 기초 작업능력을 습득시키고, 작업평가 및 사회적응훈련 등을 실시하여 장애인보호작업장 또는 장애인근로작업장이나 그 밖의 경쟁적인 고용시장으로 옮겨갈 수 있도록 돕는 역할을 하는 시설</td></tr>
<tr><td colspan="2">장애인의료재활시설</td><td>장애인을 입원 또는 통원하게 하여 상담, 진단, 판정, 치료 등 의료재활서비스를 제공하는 시설</td></tr>
<tr><td colspan="2">장애인 생산품 판매시설</td><td>장애인 생산품의 판매활동 및 유통을 대행하고, 장애인 생산품이나 서비스, 용역에 관한 상담, 홍보, 판로 개척 및 정보제공 등 마케팅을 지원하는 시설</td></tr>
</table>

출처: 장애인복지법(2018. 6. 20. 일부개정).

(5) 가족복지 관련 시설

가족복지와 관련된 시설은 다양한 가족의 생활안정과 복지증진에 이바지함을 목적으로 필요한 복지서비스를 제공하는 시설이다.

〈표 4-6〉 한부모가족복지시설

모자가족복지시설	모자가족에게 기본생활지원, 공동생활지원, 자립생활지원을 실시하는 시설
부자가족복지시설	부자가족에게 기본생활지원, 공동생활지원, 자립생활지원을 실시하는 시설
미혼모자가족 복지시설	미혼모자가족과 출산 미혼모에게 기본생활지원, 공동생활지원, 자립생활지원을 실시하는 시설
일시보호시설	배우자(사실혼 관계에 있는 자를 포함함)가 있으나 배우자의 물리적·정신적 학대로 아동의 건전한 양육이나 모의 건강에 지장을 초래할 우려가 있을 경우 일시적 또는 일정 기간 그 모와 아동 또는 모에게 주거와 생계를 지원하는 시설
한부모가족 복지상담소	한부모가족에 대한 위기, 자립, 상담 또는 문제해결 지원 등을 목적으로 하는 시설

출처: 한부모가족지원복지법(2018. 1. 16. 일부개정).

03 사회복지사의 역할 및 현황

사회복지실천의 기능을 달성하기 위해 일하는 전문가를 사회복지전문가, 즉 사회복지사라고 하는데(Minahan, 1981), 이러한 사회복지사의 역할은 연구자에 따라 조금씩 상이하게 정의된다. 먼저 헵워스와 라슨(Hepworth & Larsen, 2006)은 사회복지사가 수행하는 역할을 ① 직접 서비스 제공자, ② 체계 연계 역할, ③ 체계 개발자, ④ 체계 유지 및 향상 역할, ⑤ 조사연구자로 구분하였고, 콤튼과 갤러웨이(Compton & Galaway, 1999)는 중개자, 조력자, 교사, 중재자, 옹호자로 구분하였으며 커스트-애쉬만과 헐(Kirst-Ashman & Hull, 2008)은 앞서 제시한 역할에 평가자와 사례관리자, 조장자를 포함하였다. 여기에서는 자스트로(Zastrow, 1995)가 제시한 12가지의 사회복지사의 역할 중 사회복지실천에서 중요한 10가지의 역할을 중심으로 살펴보고자 한다.

• **조력자(enabler)**

사회복지사는 개인이나 집단, 지역사회가 당면하고 있는 문제를 분명하게 하고 적합한 해결방안을 찾도록 도와주어 그들의 문제를 보다 효과적으로 다룰 수 있는 능력을 증진시켜 주는 역할을 수행한다.

• **중개자(broker)**

사회복지사는 클라이언트가 필요로 하는 지역사회 내의 자원이나 서비스를 활용할 수 있도록 안내 및 연결해 주는 역할을 수행한다. 많은 수의 클라이언트가 자신들에게 필요한 자원의 소재를 잘 알지 못하거나 자원에 접근하는 방법을 모르므로 사회복지사는 이에 대한 정보를 제공하거나 자원의 연결을 중개해야 한다.

• **옹호자(advocator)**

사회복지사는 클라이언트의 권익을 보호하기 위하여 그들을 대신하여 주장하고 사회 환경과 정책이 클라이언트에게 유리하도록 대변하는 역할을 수행한다. 특히 사회복지실천의 현장에서는 자신의 권리를 박탈당한 클라이언트를 위해 매우 직접적이고 적극적인 옹호자의 역할을 수행하는 경우가 많다.

• **권한부여자/역량강화자(empowerer)**

사회복지사는 클라이언트로 하여금 자신의 환경을 이해하고 자신에게 필요한 기회를 만들며 자신의 결정에 책임을 질 수 있도록 힘을 강화해 주는 역할을 수행한다. 이는 사회복지실천의 핵심 목적 중 하나인 클라이언트의 권한과 능력을 향상 및 신장시키는 것을 의미한다.

• **행동가(activist)**

사회복지사는 사회정의와 불평등, 사회적 박탈 등에 관심을 가지고 클라이언트의 욕구를 충족하기 위해 사회적 변화를 유도하는 역할을 수행한다. 이를 위해 사회복지사는 클라이언트의 욕구를 수집·분석하고 지역사회 주민들을 조직화하기도 하며 법적 행동과 입법 로비 등의 적극적인 법적 행동을 추진하여 사회 개혁을 위해 노력한다.

- **중재자**(mediator)

사회복지사는 상이한 의견이나 가치관을 가진 클라이언트와 집단에서 발생하는 갈등을 중재하고 협상하는 역할을 수행한다. 이들에게 무엇보다 중요한 것은 편향된 태도가 아닌 중립적인 위치에서 중재를 수행해야 한다는 것이다.

- **교육자**(educator)

사회복지사는 클라이언트가 필요로 하는 교육적 프로그램을 제공하는 역할을 수행한다. 이를 위해 사회복지사는 클라이언트에게 도움이 될 수 있는 정보를 확보하여야 하고 훌륭한 의사소통 기술과 효과적인 학습전략을 통해 효율적으로 교육하여야 한다.

- **조정자**(coordinator)

사회복지사는 조정하는 역할을 수행한다. 다양한 욕구를 가진 클라이언트의 문제를 해결하기 위해서는 다양한 기관이 함께 일을 하게 되는데, 이때 제공되는 서비스의 중복과 누락을 예방하고 기관 간의 갈등이나 논쟁을 해결하기 위하여 조정하는 역할을 수행하게 된다.

- **조사연구자**(researcher)

사회복지사는 자신의 분야를 조사하고 실천 활동의 효과를 측정 및 평가하며 지역사회의 욕구를 조사하는 연구자의 역할을 수행한다. 책무성이 강조되는 사회복지의 특성상, 엄격한 조사를 통한 효과성의 검증은 최근에 그 중요성이 더욱 부각되고 있다. 또한 실천학문인 사회복지는 현장에서 얻어진 지식을 끊임없이 검증하고 개발하여 개입활동의 당위성을 과학적으로 제시할 수 있어야 한다.

- **촉진자**(facilitator)

사회복지사는 클라이언트의 노력을 격려하고 지지하여 건설적인 방향으로 변화를 유도하는 역할을 수행한다. 특히 클라이언트 개인뿐 아니라 집단 활동에서도 사회복지사는 집단의 역동성과 집단 내 상호작용을 잘 활용하여 집단의 변화를 리드할 수 있도록 노력해야 한다.

한편 한국 내 사회복지사의 현황을 살펴보면 다음과 같다. 이를 확인하기 위해, 2000년도부터 2017년도까지의 사회복지사 자격증 교부 현황을 보면, 〈표 4-7〉과 같이 큰 폭으로 상승한 것을 알 수 있다. 우선 전체 사회복지사 자격증 발급 현황을 살펴보면, 2000년 52,593건에서 2013년 637, 617건으로 사회복지사 자격증 발급 건수(누계 기준)가 12배 이상 증가한 것으로 나타났다. 2017년에는 936,264건으로 100만 건을 앞두고 있다. 이는 사회복지사의 수가 큰 폭으로 증가한 것을 의미한다.

다음으로 사회복지사 급수별 교부 현황을 살펴보면, 1급 사회복지사 자격증 교부 비율은 지속적으로 감소한 반면, 2급 사회복지사의 자격증 교부 비율은 지속적으로 증가한 것으로 나타났다. 이는 대학 내 사회복지(학)과의 지속적인 개설과 더불어, 1급 사회복지사 시험이 2003년도부터 본격적으로 시행되면서 나타난 현상이라고 볼 수 있다. 반면 3급 사회복지사 자격증 교부 비율은 급격하게 감소한 것으로 나타났다. 3급 사회복지사 자격증 교부 비율의 감소 이유는 무엇보다 3급 자격증 자체의 실효성이 떨어지기 때문일 것이다.

〈표 4-7〉 사회복지사 자격증 교부 현황(2000~2017년)

연도	1급		2급		3급		합계(건)
	빈도(건)	퍼센트	빈도(건)	퍼센트	빈도(건)	퍼센트	
2000	23,748	56.2	9,447	22.3	9,273	17.6	52,593
2004	50,878	48.6	43,579	41.7	10,188	9.6	104,645
2008	73,969	27.5	183,314	68.1	11,790	4.4	269,073
2012	104,457	18.7	443,498	79.1	12,575	2.2	560,530
2016	133,205	15.4	717,782	83.0	13,282	1.6	864,269
2017	138,742	14.8	784,124	83.7	13,398	1.5	936,264

출처: 한국사회복지사협회(2017). 2017년 사회복지사 통계연감.

참고문헌

권오균·김지현·김충식·나용선·남화수(2011). 사회복지실천론. 공동체.

이경남·김인숙·김현주·박은주·서화정·이순영·이찬희·조윤득·허영숙(2011). 사회복지실천론. 학지사.

한국사회복지사협회(2017). 2017년 사회복지사 통계연감. 한국사회복지사협회.

법제처 국가법령센터. 「사회복지사업법」 등.

Bartlett, H. M.(1970). *The Common Base of Social Work Practice*. Washington, DC: National Association of Social Works, Inc.

Compton, B. R., & Galaway, B.(1999). *Social Work Processes*(6th ed). CA: Books/Cole.

Hepworth, D. H., & J. A. Larsen.(2006). *Direct social work practice: Theory and skill*(7th ed). Pacific Grove, Calif.: Books/Cole.

Kirst-Ashman, Karen K., & Hull, Grafton H., Jr.(2008). *Understanding Generalist Practice*(5th ed). Belmont, CA: Books/Cole Cengage Learning.

Minahan, A.(1981). Introduction to special issues: Purpose and Objectives of Social Work Revisited. *Social Work*. Jan., 5-6.

Zastrow, C.(1995). *The practice of Social Work*(5th ed.). Pacific Grove: Books/Cole.

SOCIAL WORK PRACTICE

SOCIAL WORK PRACTICE

CHAPTER 05 사회복지실천의 통합적 방법

01 사회복지실천의 통합적 방법

02 통합적 방법의 실천모델

03 통합적 방법의 과정

05

SOCIAL WORK PRACTICE

01 사회복지실천의 통합적 방법

사회복지실천론은 개별사회사업, 집단사회사업, 지역사회조직, 사회복지행정, 사회복지조사 등으로 나누어 각각 독자적인 이론적 배경과 이에 따른 기틀을 발전시켜 왔다. 하지만 이러한 전통적인 방법은 공통적 지식 기반을 토대로 이루어진 것이 아니어서 여러 가지 문제를 해결하는 데 어려움이 있었다.

사회복지실천의 전통적 접근방법은 클라이언트 전체적인 생활상의 문제에 개입하기보다는 사회복지사의 개입 가능한 문제에만 선별적으로 대응해왔다.

이러한 전통적 사회복지실천 방법의 한계를 극복하기 위하여 사회복지실천에 대한 통합적 방법의 필요성이 제기되었다. 미국에서 사회복지실천의 통합화는 사회복지사의 역할이 개별사회복지사, 집단사회복지사, 의료사회복지사 등 세분화됨에 따라 다양한 서비스를 받아야 할 복지대상자가 여러 종류의 사회복지사를 찾아가야 하는 불편을 해소하기 위해 논의되기 시작했다.

사회복지실천은 사람의 삶의 질을 향상시키기 위해 개인, 소집단, 가족, 지역사회의 문제 및 욕구에 권한부여적 문제해결 접근방법으로 개입하는 종합적인 전문활동(양옥경 외, 2003)을 말한다. 이러한 사회복지실천은 인간으로 인해 비롯되는 사회문제와 사회적 기능 수행상의 어려움을 개인, 집단, 조직, 지역사회를 대상으로 도움을 주어 문제를 해결하기 위한 통합방법 중의 하나이다(임은희, 2004).

그러므로 통합적 접근의 일반사회복지사(generalist in social worker)는 여러 상황에서 다양한 집단의 클라이언트, 즉 개인문제에서부터 사회문제에 이르기까지 원조하며, 개인 수준으로부터 지역사회 수준까지 개입하는 기술을 활용한다.

일반적으로 사회복지실천의 통합적 방법은 모든 사회복지사들이 개인, 집단, 지역사회에 제기되는 문제에 대처해 나가고자 할 때, 활용할 수 있는 공통된 하나의 원리나 개념을 제공할 수 있는 방법의 통합화를 말한다.

이에 사회복지실천의 통합적 방법은 사회복지실천의 목적을 달성하기 위한 현대적 접근방법으로 개별적 접근의 한계를 넘어 다양한 인간체계 개입이며 사회복지실천 영역의 확장이다(Miley, 1995).

1) 통합적 방법의 등장배경

프로이트(Freud)의 정신분석이론의 절대적 영향을 받고 있었던 전통적 사회복지실천 방법론은 인간의 병리적인 측면에 초점을 두고, 클라이언트의 과거 경험을 중요시하였으며, 단선적 인과관계이론을 강조하여 개인에게 영향을 미치는 환경적 측면을 도외시하는 경향이 있었다. 그러나 1960년대 후부터 전문가들이 의료모델의 효율성에 대한 의문을 갖게 되었고, 클라이언트의 문제 원인을 규명하는 데 있어 환경적 요인도 중요하다고 믿게 되었다(양정남 외, 2003).

1958년 미국사회복지사협회(NASW)가 제출한 '사회사업실천의 작업정의'라는 보고서 이후 사회복지실천의 통합적 방법에 관한 논의가 이루어졌으며, 1960년대부터 사회체계이론의 출현은 본격적으로 미시적 실천과 거시적 실천을 포괄하는 통합적 모델을 위한 준거틀을 제공하였다.

바틀렛(Bartlett, 1970)은 『사회사업실천의 공통기반(*The common base of social work practice*)』이라는 책에서 공통된 사회복지 방법의 지식과 가치가 각종 다양한 방법을 규정하고 있음을 강조하면서 공통된 기초를 만들고자 하였다. 그 후 골드스테인(Goldstein), 핀커스와 미나한(Pincus & Minahan), 콤튼과 갤러웨이(Compton & Galaway), 마이어(Mayer) 등에 의해 통합적 방법에 대한 이론 구축을 위한 노력이 진행되었다(전재일, 1981).

이와 같이 사회복지실천 방법론은 그 시대의 사회적 조건과 함께 변화되는 경향이 있다. 산업화·세계화되고 있는 현 시대에서는 클라이언트의 문제가 매우 다양하고 복잡하기 때문에 이것을 해결하는 데 전통적인 방법만으로는 어려움이 발생한다. 왜냐하면 전통적이 방법은 주로 제한된 특정 문제에만 개입을 하기 때문이다. 또한 사회복지실천 영역에는 다양한 요인이 복합적으로 작용하는데 하나의 방법이나 실천영역을 강조하는 사회복지전문직은 문제에 효과적으로 대처하지 못하는 어려움이 있다(임은희, 2004).

브라이어(Briar)는 이러한 전통적 방법의 한계를 다음과 같이 말하고 있다(김융일 외, 1995).

첫째, 전통적인 방법은 주로 제한된 특정 문제 중심의 개입을 하고 있어, 최근의 복잡한 문제 상황에 대해 적절히 개입하기 어려운 경우가 발생한다. 따라서 전통적인 방법은 이러한 외부적 환경에 의한 자체적 한계점에 도달해 있다.

둘째, 전통적 방법은 지나친 분화와 전문화로 서비스의 파편화 현상을 초래함으로써 다양한 문제와 욕구를 가지고 있는 클라이언트가 여러 기관이나 사회복지사를 찾아다녀야 하는 부담감을 야기한다.

셋째, 전문화 중심의 교육훈련은 사회복지사의 분야별 직장 이동에 도움을 주지 못한다.

넷째, 공통기반을 전제하지 않는 분화 및 전문화는 각각 별개의 사고와 언어 및 과정을 보여줌으로써 사회복지전문직인 정체성 확립에 장애가 된다.

이러한 전통적 방법의 한계를 보완하려고 분화 및 전문화되어 있는 사회복지실천 방법을 통합하려는 움직임이 나타나기 시작하였다.

그리고 사회복지 외부의 환경에서도 사회체계이론, 생태체계이론 등의 다양한 이론들이 사회복지실천이론으로 활용되면서 복잡한 문제에 대해 접근하게 되었다. 따라서 통합적 방법론은 사회복지 내외의 환경적 욕구에 의해서 사회복지전문직의 중요한 방법론으로 등장하게 되었다.

통합적 방법론은 이전까지의 개별사회사업, 집단사회사업, 지역사회조직 등으로 분화된 각각의 방법론적 접근의 한계를 극복할 수 있는 접근방식이다. 특히 현대와 같이 급격한 변화와 이에 따른 다양한 욕구에 대한 사회복지실천의 효율적 접근에 크게 기여할 수 있다.

그리고 통합적 방법론은 '상황 속의 인간'을 이해하는 데 유용한 일반체계이론이나 생태체계이론에 이르기까지 다양한 이론과 지식을 활용하고 있다. 실제로 사회복지실천 현장에서 이루어지는 각종 실천 활동은 개별, 집단, 지역사회 중 어떤 한 방법에 따라 이루어지기보다는 세 가지 방법들이 서로 보완적·복합적으로 사용되는 것이 현실이다.

그러므로 통합적 방법론은 일반체계이론과 생태체계이론에 기초하여 과거의 심리학적인 패러다임보다는 사회적 측면에서의 사회문제와 인간의 욕구에 초점을 두는 것을 강조한다. 즉, 인간과 환경의 관계의 중요성과 균형을 강조하고 있다.

2) 통합적 방법의 개념

전재일(1981)은 "통합적 방법이란 사회복지사가 개인, 집단, 지역사회에서 제기되는 사회문제에 활용할 수 있는 공통된 하나의 원리나 개념을 제공하는 방법의 통합화를 의미한다."라고 하였다. 즉, 통합적 방법이란 전통적 방법의 전부 또는 일부(적어도 두 종류 이상)를 조합하여 교육함으로써 한 명의 사회복지사가 복수의 방법을 통합적으로 사용하여 클라이언트에게 개입하는 것이라고 정의할 수 있다.

통합적 방법의 형태를 세 가지 측면에서 살펴보면 결합적 접근방법, 중복적 접근방법, 단일화 접근방법 등이 있다.

첫째, 결합적 접근방법은 클라이언트의 문제와 상황에 따라 전문적으로 나눈 각종 방법을 임기응변으로 단독 혹은 복수 형태로 사용하는 것이다. 그러나 사회복지사가 고도의 교육과 훈련을 받아야 가능하다.

둘째, 중복적 접근방법은 각 방법의 원리와 기술을 비교해 공통성, 차이성, 유사성, 다양성을 확인하고 이들 방법 간에 상호관련성을 조합하여 사용한다. 그러나 각 접근방법을 뒷받침하는 이론이 상이한 현실에서 어떻게 조합할 수 있을지 의문이다.

셋째, 단일화 접근방법은 전문직으로서 사회복지실천의 공통 기반을 재확립하고, 방법을 특징짓는 총체적 관점과 틀을 확정해 방법을 재편성하는 것이다. 일반적 접근방법이라 부르기도 하며, 실제로 통합적 접근과 혼용된 용어로 사용되고 있다.

이후 일반적 접근방법, 즉 단일화 접근방법은 1970년대에 통합적 방법을 지향하는 학자들에 의해 강조되어 세 측면의 통합적 방법 중에서 사회복지실천에 가장 실용적으로 활용되고 있다.

3) 통합적 방법의 특징

이러한 통합적 방법의 특징을 김융일 등(1995)은 다음의 다섯 가지로 제시하였다.

첫째, 사회복지실천의 본질적인 개념, 활동, 기술, 과업 등에 공통적인 기반이 있음을 전제로 한다.

둘째, 통합적 방법이 갖고 있는 가치관은 클라이언트의 잠재성을 인정하고, 계속적인 성장을 통하여 그의 잠재성을 계발할 수 있으며, 성장과 잠재성은 미래지향적임을 강조한다.

셋째, 공통적 기초로서 사회복지실천의 지식은 사회복지실천이론과 실제의 경험에서 나온 것으로 과거의 심리내적인 정신역동적 측면에 초점을 둔 것으로부터 사회와 문화, 즉 상황 속에 인간을 이해하고 설명하는 데까지 확대된 개념을 사용한다.

넷째, 통합적 방법은 인간과 환경의 상호작용에 초점을 둠으로써 인간과 환경의 공유영역, 즉 '사회적 기능 수행'영역에 사회복지사가 개입해야 함을 강조한다.

다섯째, 클라이언트의 존엄성을 인정하고 클라이언트의 참여와 자기결정 그리고 개별화를 극대화할 것을 강조하며 사회복지실천과정의 평가를 주장한다.

그리고 통합적 접근방법에서 강조하는 사회복지사의 주요 기능을 통해서도 통합적 접근방법의 특성을 이해할 수 있다. 통합적 접근방법에서 강조하는 사회복지사의 기능(Pincus & Minahan, 1973)은 다음과 같다.

첫째, 자신의 문제해결과 대처능력을 향상하고, 이를 보다 효과적으로 활용할 수 있도록 사람을 돕는다.

둘째, 사람과 자원체계 간의 연결망을 구축한다.

셋째, 사람과 사회의 자원체계 간의 새로운 관계를 형성하고 변화시키며, 이들 관계를 촉진시킨다.

넷째, 자원체계 내 사람들 간의 관계를 형성하고 변화시키며, 이들 관계를 촉진시킨다.

다섯째, 사회정책의 개발과 변화에 기여한다.

여섯째, 물적 자원을 적절하게 분배한다.

일곱째, 사회통제기관으로서의 역할을 수행한다.

4) 통합적 방법의 주요 관점

통합적 방법은 기존의 전통적 방법을 부인하는 것이 아니라 이들 안에서 발견할 수 있는 사회복지실천의 공통점을 묶어내고, 생태체계적 관점에 근거하여 클라이언트와 환경의 상호작용에 관련된 다양한 체계에 대한 사정과 개입을 통하여 궁극적으로 클라이언트의 삶의 질 향상을 돕고자 하는 사회복지실천의 기본 틀이라고 할 수 있다(양옥경 외, 2003).

사회복지실천의 전통적 방법론은 지나치게 개인적 측면에 초점을 두었고, 개인의 과거나 병리에 치우쳤으며, 지나치게 단순한 인과관계이론으로 사회 환경을 경시했다는 비판을 받았다. 따라서 새로운 방향으로의 이론적 관점과 실천방법이 절실히 요청되었다. 이러한 요구에 부합되어 개인과 환경을 동시에 고려하여 사회복지실천 영역을 통합해 주어야 할 새로운 이론적 관점으로, 환경 속의 인간, 일반체계이론, 생태체계적 관점 등에 관한 연구가 1970년 초부터 활발히 일어났다(임은희, 2004).

(1) 환경 속의 인간

환경 속의 인간(person in environment)이란 개념은 개인과 환경의 상호작용을 강조한다. 즉, 클라이언트 문제와 힘의 균형에 초점을 두고 있다. 따라서 사회복지사는 클라이언트의 대인관계 문제로 인한 장애정도와 그 문제를 다룰 수 있는 클라이언트의 힘을 점검할 수 있어야 한다.

인간이 경험하는 각종 사회복지적 문제의 원인을 개인 또는 환경 중 어느 한 쪽의 결함으로 보기보다는 개인적 요소와 환경적 요소의 상호작용에 따른 결과로 본다. 사회복지실천의 통합적 접근은 환경 속의 인간에 초점을 맞춘다.

핀커스와 미나한(Pincus & Minahan, 1973)에 의하면 사회복지실천은 사람들이 생활과업을 성취하고, 고통을 덜며, 소망과 가치를 실현할 수 있는 능력에 영향을 주는 인간과 사회환경 간의 상호작용에 관심을 둔다고 하였다.

이러한 사회복지실천의 목적은 사람들의 문제해결 및 대처능력을 향상시키고, 사람들을 자원, 서비스 그리고 기회를 제공하는 체계들과 연결시키며, 이런 체계들의 효과적이고 인도적인 운영을 증진시키고, 사회정책의 개발과 개선에 공헌하는 것이다.

환경 속의 인간이란 개인에 대한 환경적 요구, 개인의 내부적 요구, 환경적 지지, 극복능력 혹은 적응능력 등을 포함한다. 인간문제는 개인이 원하는 것이나 소망이 환경적 지지와 조화가 이루어지지 않을 경우 발생한다.

사회복지실천은 개인과 환경 간의 부적절한 조화로 인해 생기는 문제에 대한 개입이다. 따라서 사회복지실천 현장에서 변화를 위한 노력은 환경과 개인 혹은 이 둘 간의 상호작용을 향상시키는 방향으로 기울어야 한다.

그러므로 사회복지실천의 준거 틀은 사회적 상황에 초점을 두어야 한다. 첫째, 당면한 생활과업과 이 과업을 처리하게 하는 자원과 조건, 둘째, 사람들과 자원체계들 간의 상호작용, 자원체계 내부의 상호작용, 자원체계들 간의 상호작용, 셋째, 개인문제와 이와 관련된 공공문제와의 관계로 개인문제를 사회문제화하고 공공문제를 개인의 차원에서 이해하고 설명할 수 있어야 한다.

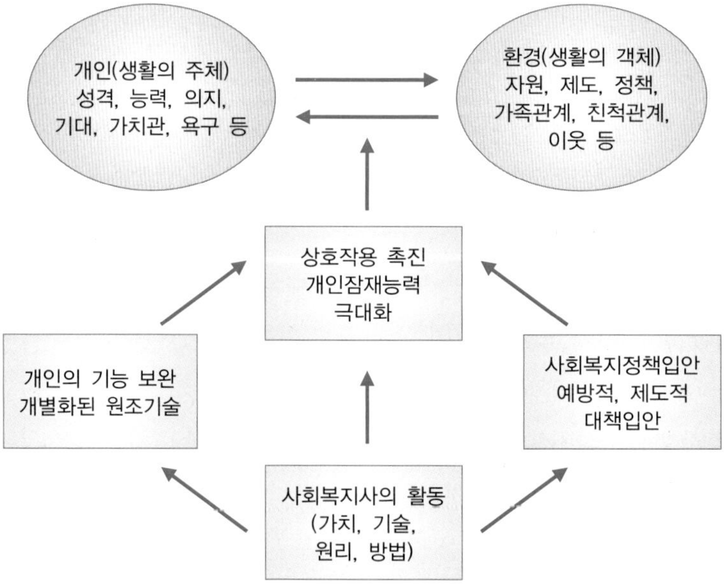

[그림 5-1] 환경 속의 인간

(2) 일반체계이론

일반체계이론(general system theory)은 '전체는 부분의 단순한 총합 그 이상이다'라는 말로 지칭되는 상호작용의 복합적 상황을 분석하는 방법으로, 이 이론은 1937년 베르탈란피(Bertalanffy)에 의해 개발되었다.

체계(system)란 상호작용하는 상호의존적인 각각의 부분들로 구성된 전체를 의미한다. 그러므로 체계의 속성은 '전체는 각 부분들의 합보다 크다'로 간략히 정의된다. 체계의 전체성으로 인하여 체계의 어느 한 부분의 변화는 전체로서의 체계와 체계의 모든 부분에 영향을 준다. 부분요소의 변화 때문에 전체, 즉 체계 자체의 존속이 위협받지 않도록 하기 위해서는 한 부분의 변화가 다른 부분의 변화로 발전됨으로서 평형을 유지하게 된다.

일반체계이론에서의 인간은 통합된 하나의 체계라고 본다. 각 전체로서의 체계의 의미는 인간을 구성하는 하위체계들이 분리된 존재가 아니라, 그러한 체계들의 끊임없는 역동적 상호작용이 통합된 전체라는 점을 강조한다.

일반체계이론의 기본적 가정은 인간의 행동은 개별적이거나 정신내적인 것이라기보다 상호작용하는 인간관계의 체계나 지속되는 역동과 욕구에 의해 결정, 유지된다는 것이다. 개인은 다양한 체계와 지속적인 상호작용을 하기 때문에 사회복지실천의 목표는 클라이언트와 체계와의 상호작용을 향상시키는 것이다.

따라서 주요 개념으로는 체계의 구조적 특성을 나타내는 개념인 경계, 개방체계, 폐쇄체계, 위계 등과 진화적 특성을 나타내는 안정 상태, 항상성, 그리고 체계의 행동적 특성과 관련된 개념인 투입, 산출, 환류 등이 있다.

구조적 특성이란 체계들 사이의 에너지 교환과정이 비교적 느리고 오랜 기간이 걸려 관찰자에게 정태적으로 보일 때를 말하며, 진화적 특성이란 일정 기간 동안 느리게 변화하지만 정태적이지 않은 과정(구조적 변화보다는 빠르지만 행동적 변화보다는 느린 속성)이며, 행동적 특성이란 에너지 교환과정이 비교적 빠르고 짧은 기간 동안에 이루어질 때를 말한다(최옥채 외, 2011).

❶ 체계의 구조적 특성

- **경계**: 체계를 외부 환경으로부터 구분하는 일종의 테두리를 말한다. 경계는 체계를 외부 환경으로부터 구별 짓고 독특한 정체성을 제공한다. 경계는 눈으로 볼 수 있는 것과 눈으로 볼 수 없는 것이 있다.
- **개방체계**: 개방체계는 다른 체계와 에너지, 정보 등을 상호 교류하는 체계를 말한다. 그러므로 개방체계는 성장과 발전에 필요한 에너지를 외부에서 자유롭게 받아들인다. 개방체계는 환경으로부터 투입을 받아들이며, 산출을 생산하여 환경으로 보낸다. 환경 및 그 환경과의 상호교류가 체계의 존립에 기본이 된다. 인간체계가 성장하고 발전하는 것은 이러한 개방성 때문이다.
- **폐쇄체계**: 폐쇄체계는 다른 체계들과 상호 교류하지 않는 체계를 말한다. 그러므로 폐쇄체계는 다른 체계들과 상호작용하지 않는다. 투입을 받아들이지 않으며 산출을 생산하지도 않는다.
- **위계**: 하위체계와 상위체계 사이의 관계를 말한다.

❷ 체계의 진화적 특성

체계는 계속적으로 변화하고, 때때로 보이는 것 이상으로 혼란스럽고 예측하기 어렵다. 그러나 체계는 역동적 평형 또는 안정상태를 유지하고자 하는 방향으로 기능한다. 그러므로 지속적인 변화 유형은 일정한 속도로 변화하기보다는 안정상태가 되고자 하는 경향이 있다. 빠르고 광범위한 변화에 대해 모든 체계들은 내재된 저항이 있다는 것을 사회복지사는 인식하여야 한다.

- **항상성**: 체계는 지속적으로 변화의 상태에 놓여 있는 동시에 또한 역동적인 균형상태를 유지하려는 경향이 있다. 체계가 갖는 변화와 유지의 기능 중에서 항상성은 체계의 일관성을 유지하려는 기능과 관련된다.
- **안정상태**: 부분들과의 관계를 유지시키고 쇠퇴해서 붕괴하지 않게 하려고 에너지가 계속적으로 사용되는 상태이다.

❸ 체계의 행동적 특성

체계의 기능은 상호 관련된 투입, 전환, 산출의 활동을 포함한다. 클라이언트체계를 이해하기 위하여 주요 과정들이 각각 어떻게 활동하는지에 대한 탐색이 필요하다.

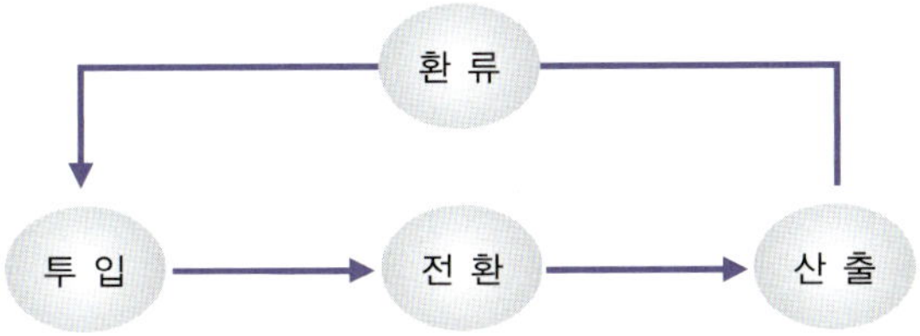

[그림 5-2] 체계의 투입-전환-산출 과정

- **투입**: 체계가 환경으로부터 에너지, 사물, 정보 등을 받아들이는 방법이다. 생물학적·심리학적 생존과 성장은 투입과정을 통해서 보장받는다.
- **전환**: 투입체계는 일단 체계 내부로 입수되고 나면 영향을 받고, 변형되며, 규제받고 체계의 기능수행을 위해 활용되어진다.
- **산출**: 환경에 직접적으로 영향을 미치며, 다른 체계에 대해 투입으로 작용하는 동시에 그 자체에 대해 환류를 통해 다시 투입으로 작용하게 된다.
- **환류**: 새로운 정보에 자신의 행동결과를 포함시켜, 그것에 의하여 다음의 행동을 수정하는 의사소통의 조직망을 의미한다. 환류는 체계의 평형을 유지시키거나 변화를 촉진함으로써 체계를 혼란시키는 작용을 하며 긍정적·부정적 환류로 구성되어 있다.

체계와 사회체계에 관련된 주요 개념을 살펴보면 다음과 같다. 사회체계(social system)는 가족, 소집단, 지역사회를 포함하여, 학교, 교회, 사회기관과 같은 다양한 사회단체들을 포함한다. 이러한 체계들은 각 개인의 환경의 일부가 되며, 사회복지사들은 이러한 체계의 요구를 환경적 요구라고 한다.

기본적으로 체계이론의 핵심은 사회체계 간의 상호작용과 상호의존성이다. 사회체계들의 일부 변화가 그 체계 내에 있어서와 마찬가지로 다른 체계에까지 파생적 변화의 영향을 미친다. 사회체계들의 상호의존성 때문에 어떤 체계에서 일어나는 변화는 다른 근접체계들에게 영향을 미친다.

이와 같은 사회체계가 존속하기 위해 반드시 수행되어야 할 기능적 요건은 다음과 같다.

- **적합성**: 체계는 환경으로부터 자원을 얻어 체계를 통하여 그 자원을 활용할 능력을 갖추어야 존속할 수 있다.
- **목표달성**: 체계는 목표를 설정하고, 목표들의 우선순위를 정하며, 구성부분을 동원하여 그 목표를 달성할 능력을 갖추어야 체계로서 존속할 수 있다.
- **통합성**: 체계는 부분들의 활동을 조정하고 효과적인 작업관계를 성립할 수 있는 능력을 갖추어야 한다.
- **잠재적 패턴 유지 및 긴장처리**: 체계는 부분요소가 적절한 행동모형을 유지할 수 있도록 하고, 부분 간에서 제기되는 어떤 긴장이라도 처리할 능력을 갖추어야 한다.

(3) 생태체계적 관점

생태체계적 관점(ecosystem perspective)은 생태학과 일반체계이론을 기반으로 하여 나타난 개념이며, 인간과 환경이 상호작용하는 방법을 중시한다. 즉, 유기체와 환경의 공유영역에서 일어나는 상호작용과 상호교류를 강조함으로써 환경 속의 인간에 대한 견해를 강조한다. 이런 생태체계적 관점을 사회복지실무에 적용하고 체계화시킨 사람은 저메인과 기터맨(Germain & Gitterman, 1980)이다.

생태학은 유기체와 환경과의 관계를 연구하는 생물학적인 개념에서 체계이론보다 덜 추상적이고, 인간의 공통적인 경험에 가까운 유기체-환경 관계의 개념을 제공하였다. 즉, 생태학은 유기체와 환경 간에 상호관계를 이해하고자 하는 데 기여하는 학문 분야이다.

종(species)들이 어떻게 환경을 활용하며 이것을 파괴하지 않고 자신의 요구에 맞게 변형시킴으로써 자신을 유지하는가 그리고 이러한 적응 과정이 환경의 다양성을 어떻게 증진시키며, 생명을 지지하는 환경의 속성을 어떻게 향상시키는가를 이해하려고 하는 이론이다.

생태학이론에서 적응과 적합성, 스트레스와 대처에 관한 개념은 인간의 일방적 변화가 아닌 인간에 상호영향을 미치는 환경체계가 함께 변화하여야 함을 내포한다. 이와 같은 생태학의 주요 개념은 체계이론의 경계, 전체성, 에너지의 흐름과 환류 등의 여러 개념과 함께 생태체계적 관점의 기초가 되었다.

생태체계적 관점의 특성은 클라이언트와 환경체계 둘 다의 변화와 유지를 위하여 인간행동에 관한 지식을 적용하는 것이다. 생태체계적 관점은 통합적인 특성 때문에 복잡한 인간행동을 설명하기 위해 많은 다른 유용한 이론들의 강점을 활용한다. 그리고 개인, 가족, 집단, 조직, 지역사회 및 그들의 상호관계성의 행동들을 고려하기 때문에 일반사회복지실천을 지원할 수 있는 이상적인 관점을 제공한다.

장인협(1989)은 생태체계적 관점에서 사회복지실천을 주도할 때 다음의 몇 가지 점에서 유용성을 갖는다고 보았다.

첫째, 생태체계적 관점은 과거의 어떤 실천모델보다도 넓은 관점과 관심영역을 포괄하여 문제에 대해 총체적인 이해를 할 수 있다. 문제를 사정할 때 문제와 관련된 거의 모든 체계들과 접촉하여 정보를 얻어 내기 때문에 개인의 정보에만 의존했던 과거의 방법보다는 훨씬 풍부하고 객관적 정보를 획득할 수 있다. 그러므로 보다 정확하고 깊이 있는 사정을 가능하게 해준다.

둘째, 생태체계적 관점은 개인, 집단, 지역사회 등에 관계없이 모두 적용할 수 있는 장점이 있다. 개입할 때 실천모델 사용에 있어서 어느 한 모델에 제한되지 않고 다양한 모델들을 절충적으로 선택하고 활용할 수 있다.

셋째, 생태체계적 관점은 사정(assessment)의 도구로서도 직접적으로 유용성을 갖는다.

넷째, 생태체계적 관점은 전체체계의 총체성 속에서 이해하므로 개입할 때도 어느 한 부분만이 아니라 전체 관련체계에 개입하여 체계적인 변화를 일으킨다.

생태체계적 관점의 인간관을 살펴보면 첫째, 환경 속의 인간으로 환경에 반응할 뿐만 아니라 스스로의 환경을 창조해 내는 주인으로 본다. 둘째, 상호교류에 초점을 두어 인간의 사회적, 물리적 환경과의 교류에 있어서 역동성과 상호관계성을 강조한다. 셋째, 인간발달과정을 진화론적인 것으로 본다. 이것은 개인과 다른 인간체계들이 내·외부적 힘들에 반응해서 어떻게 변화하고 안정을 하는가를 설명한다.

이와 같이 생태체계적 관점은 통합적 접근의 기초로 사회복지전문직의 공통적 인간과 환경의 상호작용에 대한 공통적 핵심요소를 제공하였다. 그러므로 생태체계이론은 특정 개입방법이나 기술보다 문제현상을 사정하고 평가하기 위한 관점, 즉 이론적 준거 틀로서 사정과 개입에 있어서 일반적으로 적용될 수 있는 통합적 관점을 제공해준다.

02 통합적 방법의 실천모델

전통적 방법을 통합하고자 하는 시도가 많은 학자에 의해 이루어졌다. 통합적 방법론의 대표적인 실천모델은 핀커스와 미나한(Pincus & Minahan)의 4체계모델, 골드스테인(Goldstein)의 단일화모델, 펄만(Perlman)에 의해 개발되고 콤튼과 갤러웨이(Compton & Galaway)에 의해 정교화된 문제해결모델, 저메인과 기터맨(Germain & Gittermann)의 생활모델 등이 있다.

1) 4체계모델

핀커스와 미나한(Pincus & Minahan, 1973)은 사회복지실천에 공통적으로 적용할 수 있는 중심기술과 개념이 요구된다고 주장하면서, 사회복지사에게 요구되는 공통된 핵심기술로 사정기술을 들었다(Zastrow, 1994). 인간은 만족한 삶을 위해 주변 환경 속에 있는 체계에 의존하므로 사회복지실천은 이러한 체계에 초점을 맞추어야 한다고 주장한다.

즉, 4체계모델은 포괄적이고 전체적인 관점에서 클라이언트체계를 사정할 수 있는 기초를 제공하고 사회복지사로 하여금 인간과 자원체계 간의 연결에 초점을 둔다. 이 모델은 복잡한 여러 수준의 체계들과 연결되어 있는 사람들과 일한다는 점을 강조하고 있으며 전통적인 이분법적 사고를 피한다.

이 모델에서의 사회복지실천의 초점은 사람의 문제나 자원체계가 아닌 사람과 자원체계, 그리고 자원체계 간의 상호작용에 있다. 핀커스와 미나한(Pincus & Minahan, 1973)이 제시한 4체계는 다음과 같다.

첫째, 변화매개체계는 사회복지사와 사회복지사를 고용하는 기관과 조직을 말한다. 계획된 변화를 향해 체계와의 활동을 계획하며, 사회적 서비스와 자원을 제공한다.

둘째, 클라이언트체계는 서비스나 도움을 필요로 하는 사람을 말한다. 클라이언트는 서비스의 혜택을 기대하는 사람들이고, 도움을 요청하여 변화매개인인 사회복지사의 서비스를 제공받는 개인, 가족, 집단, 기관, 지역사회를 포함시킨다. 또한 변화매개인의 서비스를 요청하거나 인정하고 변화 노력의 혜택을 받는 사람이며, 작업협정이나 계약을 했을 때 비로소 클라이언트가 된다고 보고 있다.

셋째, 표적체계는 변화매개자들이 그들의 목표를 달성하기 위해 영향을 주거나 변화시키는 것이 필요한 사람들로서 때로는 클라이언트와 중복되기도 한다. 즉, 목표로 정해진 것을 성취하기 위해 영향을 주거나 변화시킬 필요가 있다고 느끼는 사람들을 표적체계라고 한다.

넷째, 행동체계는 변화매개자들이 변화노력을 달성하기 위해 서로 상호작용하는 사람을 말하는데, 이웃·가족·전문가 등이 해당된다. 변화매개자들이 변화시키려고 혼자서 노력하는 것이 아니고 다른 사람들과 함께 일을 한다.

2) 단일화모델

단일화모델은 세 가지 중요한 준거틀, 즉 사회체계모델, 사회학습 또는 문제해결 모델, 과정모델을 결합한 모델이다. 이 중에서도 특히 과정모델의 내용을 강조한다. 골드스테인(Goldstein)은 과정모델을 조사와 평가, 의뢰와 중재, 평가적 전략 등에 의해 사회복지실천이 역할유도단계, 핵심단계 및 종결단계를 통하여 이루어지는 것으로 본다.

4체계모델이 클라이언트체계 및 자원체계와 사회복지사와의 상호기능을 중시한 데 비해, 단일화 모델은 사회학습에 관한 사회복지사의 기능에 더 많은 관심을 집중시킨다. 사회학습을 매우 광범위한 일반적인 의미로 제시하여 중요한 변화목표로서 개인이나 소집단체계에 한정시키지 않고 사회학습 과정을 통해 조직, 지역사회 등의 더 큰 체계들이 변화될 수 있다고 주장한 것이다. 또한 사회복지사의 자원 확보와 폭넓은 활용을 통해 사회 변화가 가능하다고 강조한다. 그러므로 단일화모델의 목표는 크게 두 가지로 사회화학습의 촉진 및 강화와 자원을 확보하고 활용하는 사회변화로 볼 수 있다.

3) 문제해결모델

문제해결모델은 펄만(1957)에 의해 개발되고, 콤튼과 갤러웨이에 의해 정교화된 모델이다. 펄만은 진단주의와 기능주의의 대립적 논쟁을 통해서 실용적이고 현재를 강조하는 문제해결모델을 발전시켰다. 펄만의 문제해결모델에서는 인간의 삶 자체를 하나의 지속적 문제해결의 과정으로 간주하고 있다.

문제해결의 과정을 크게 세 가지 과정으로 나누어 보면, 첫째, 클라이언트의 변화를 위한 동기의 방향을 제시해 주는 것, 둘째, 클라이언트의 능력을 반복해서 발휘하도록 하는 것, 셋째, 문제를 해결하는 데 필요한 원조, 자원에 접근하도록 하는 것이다.

펄만은 『사회적 개별사회사업: 문제해결과정(*Social Casework: A Problem-Solving Process*)』에서 "개별사회사업 과정은 체계적이고 정리된 방법으로 생각과 감정을 효율적으로 행동으로 옮기는 문제해결과정이다."라고 하였다(신성자 외, 2000). 그리고 개별사회사업의 목적은 치료가 아니고 현재의 문제에 대처하는 개인의 능력을 향상시키는 것이라고 하였다.

즉, 문제해결모델에서는 클라이언트의 문제를 해결하기 위한 문제해결 과정을 통하여 클라이언트의 동기에 대한 지지, 자아 기능의 강화, 문제해결에 대한 지지 등을 하고 있다. 또한 이 모델에서는 클라이언트가 외부의 도움 없이 문제를 처리하도록 돕고 있다. 클라이언트는 자극에 대해 단순히 반응하는 것뿐만 아니라 문제를 처리하며 역동적인 사회구조 속에서 어떤 목표를 달성하고자 노력하고 있다. 즉, 클라이언트 자신이 문제해결자로서 자신의 문제를 해결하는 것이다.

문제해결모델에서는 클라이언트를 지원하고 훈련하여 스스로 문제해결을 할 수 있는 능력이 있다는 것을 자각할 수 있도록 돕고 있다. 사회복지실천에서 사회복지사가 클라이언트와 상호작용을 하며, 클라이언트의 즉각적 문제에 대한 해결책을 원조하며 훈련하고, 클라이언트가 자아 기능을 강화할 수 있도록 지원하고, 원조한다.

문제해결모델은 문제를 가지고 있는 사람이 어떤 장소에 자신의 문제를 갖고 도움을 얻기 위해 찾아오면 이때 사회복지사는 클라이언트의 문제해결기능에 관여하고, 더 나아가서는 문제해결에 필요한 자원을 보완해 주는 것이다. 이 모델은 사회복지사가 질병을 치료하듯이 클라이언트의 문제를 해결해 주는 것이 아니라, 클라이언트체계의 성장과정에 참여하여 클라이언트를 도우면서 삶을 보다 효과적으로 대처해 갈 수 있도록 클라이언트의 능력을 강화시킬 것을 강조한다(Compton & Galaway, 1984).

콤튼과 갤러웨이는 사회복지실천체계를 구성하는 사회적 체계를 여섯 가지 체계유형으로 분류하고 있는데, 이는 핀커스와 미나한(1973)이 제시한 4체계에 2체계를 추가한 것이다.

첫째, 변화매개체계는 사회복지사와 사회복지사를 고용하는 기관과 조직을 말한다. 계획된 변화를 향해 체계와의 활동을 계획하며, 사회적 서비스와 자원을 제공한다.

둘째, 클라이언트체계는 서비스나 도움을 필요로 하는 사람을 말한다. 클라이언트는 서비스의 혜택을 기대하는 사람들이고, 도움을 요청하여 변화매개인인 사회복지사의 서비스를 제공받는 개인, 가족, 집단, 기관 또는 지역사회를 포함시킨다. 또한 변화매개인의 서비스를 요청하거나 인정하고 변화 노력의 혜택을 받는 사람이며, 작업협정이나 계약을 했을 때 비로소 클라이언트가 된다고 보고 있다.

셋째, 표적체계는 변화매개자들이 그들의 목표를 달성하기 위해 영향을 주거나 변화시키는 것이 필요한 사람들로서 때로는 클라이언트와 중복되기도 한다. 즉, 목표로 정해진 것을 성취하기 위해 영향을 주거나 변화시킬 필요가 있다고 느끼는 사람들을 표적체계라 한다.

넷째, 행동체계는 변화매개자들이 변화노력을 달성하기 위해 서로 상호작용하는 사람을 말하는데, 이웃·가족·전문가 등이 해당된다. 변화매개자들이 변화시키려고 혼자서 노력하는 것이 아니고 다른 사람들과 함께 일을 한다.

다섯째, 전문가체계는 사회복지사들로 구성되어 사회복지사의 권익과 전문성을 높이기 위하여 조직된 사회복지사협회나 사회복지기관과 시설들의 연합으로 구성된 사회복지협의회나 사회복지기관 및 시설협회 등이 포함된다. 전문가단체,

전문가를 육성하는 교육체계 등으로 구성된다.

여섯째, 의뢰-응답체계는 잠재적 클라이언트를 사회복지사의 관심 영역으로 끌어들이기 위해 행동하는 체계이다. 클라이언트가 다른 사람의 요청이나 법원, 경찰 등에 의해 강제로 오게 된 경우 일반 클라이언트체계와 구별하기 위해 사용된다. 서비스를 요청한 사람을 의뢰자, 강요에 의해 오게 된 사람을 응답자라고 한다.

문제해결모델의 특성은 자아개념을 중시하면서 클라이언트 자신이 문제해결자임을 강조하고, 인간은 누구나 안전을 유지·회복하며 문제해결에 의식적·무의식적으로 관여하는 존재라고 보는 것이다. 사회복지분야에서는 진단주의나 기능주의의 영향을 강하게 받고 있는 절충주의의 대표작이라 할 수 있다.

4) 생활모델

생활모델은 1970년 초기에 저메인과 기터맨이 생태체계학적 관점을 이론의 준거틀로 도입하여 개발한 모델이다. 클라이언트와 그 환경간의 양면에 초점을 맞추기 위해 환경적 상호관계를 사용하는 사회복지실천의 접근방법이다.

사회복지실천에서의 생활모델은 개인과 환경 간 상호 교류 속에서의 균형과 적응을 강조한다. 명칭은 생활모델로 불리지만 기술적인 의미에서의 모델을 의미하지는 않고 오히려 생활모델화 된 실천이라고 하는 게 바람직하다.

그리고 이 이론은 생태체계적 관점을 그 출발점으로 한다. 즉, 생활모델은 생태적 관점에서 나온 실천모델로서 사람과 환경을 통합적으로 보고 개인과 환경 또는 이 두 가지 모두를 변화시키는 데 필요한 이론과 실천 간의 격차를 줄이는 사회복지실천의 중요한 과제를 지금까지의 어떤 모델보다도 잘 수행한 모델이라고 볼 수 있다.

사회복지사와 클라이언트는 인간과 환경 간의 상호작용에 관련된 생활을 통해서 새로운 균형 상태를 창출하고자 하며, 더 나아가 적응능력과 자율성을 획득하게 된다(장인협, 1999).

생활모델은 문제를 병리적 상태의 반영이 아닌 전체의 부분들 간의 상호작용의 결과로 보고 있다. 그러므로 문제란 성격장애가 아닌 스트레스를 만들어 내고, 대처능력을 과중하게 부담시키는 생활상의 문제로 정의한다. 그래서 생활의 맥락에서 문제를 파악하는 데 관심을 두고 문제를 개인의 장애로만 파악하지 않는다.

이와 같이 생활모델은 문제를 개인의 장애로서만 파악하지 않고 생활환경 내에서 파악하며, 개인이 환경과의 적응적 교류와 균형이 깨어지면 스트레스(긴장)가 발생한다고 하였다. 따라서 생활모델은 생활 그 자체를 모델로 하고, 이것이 지니고 있는 성장과 발달 및 문제해결의 힘을 동원하고, 촉진시키기 위하여 넓은 범주의 접근을 모색하는 데 그 특징이 있다(양정남·최선령, 2003).

모든 스트레스 상황이 반드시 스트레스를 유발하는 것은 아니며, 스트레스 유발 여부는 개인적·환경적 상황 그리고 특정 사건에 대한 인지방법에 의해 결정된다. 생활모델에서는 외부세계를 통제할 수 있는 인지능력을 강조하며, 사회복지실천의 목적을 환경과 개인의 상호교류가 적응적으로 되기 위해 개인의 적응능력을 강화하고 환경에 영향을 주는 것으로 보고 있다(조휘일 외, 2000).

생활모델에서의 주요 목표는 인간 생활상의 문제를 해결하고, 인간의 적응능력을 지지 및 강화하며 스트레스를 경감시키고, 대처를 위한 사회자원을 동원하는 데 있다. 따라서 사회복지사는 클라이언트와 환경 간의 상호작용과 관련된 생활을 통해 새로운 균형을 창출하고 더 나아가 적응 능력과 자율성을 획득하도록 노력한다.

이상의 네 가지 대표적인 통합적 방법의 모델을 대표적 학자, 방법의 초점, 방법의 목적, 사회복지사의 기능 그리고 사회복지실천의 과정 등의 차원에서 각각 비교하여 정리한 것이 〈표 5-1〉이다.

〈표 5-1〉 통합적 방법론 모델

구분	4체계모델	단일화모델	문제해결모델	생활모델
대표 학자	Pincus와 Minahan	Goldstein	Compton과 Galaway	Germain과 Gitterman
방법의 초점	인간과 사회환경(자원 체계)과의 상호작용	유기체로서의 개인, 역동적 사회관계 및 양자 상호작용	개인과 상황의 상호작용의 전체	인간과 환경 간의 상호 교류 속의 적응 균형
방법의 목적	① 사람들의 문제해결과 대처능력 강화 ② 사람들과 자원체계의 결합 ③ 체계의 효과적·인도적 활용의 촉진 ④ 사회정책의 발전과 개선의 공헌	① 사회적 학습의 촉진·강화 ② 사회변화(자원의 확보, 활용)	① 문제해결 ② 클라이언트, 워커의 공동관계 형성 ③ 합리적 정의 수행	① 인간생활상의 문제해결 ② 인간의 적응 능력 지지, 강화 ③ 스트레스의 경감 ④ 대처를 위한 사회자원의 동원
사회복지사의기능	① 문제의 평가 ② 자료수집 ③ 최초의 접촉 ④ 계약 ⑤ 행동체계의 구성 ⑥ 행동체계의 유지·조성 ⑦ 영향력 행사 ⑧ 변화 노력의 종결	① 지식과 정보의 인식 ② 전략(조사, 개입, 평가)	① 자료의 수집과 평가 ② 개입전략의 제공	① 생활과업에 대한 원조 ② 사회적 조직망과 물리적인 장의 관여 ③ 시간적 배열 활용
사회복지실천의 과정	① 문제의 인식 ② 자료의 수집 ③ 진단 ④ 개입 ⑤ 평가와 종결	① 니드의 공식화 ② 정보의 탐색 ③ 해결방법의 공식화 ④ 결과의 비교 ⑤ 해결방법의 검증	① 접촉단계(문제의 명확화·목표의 명확화·예비계약, 탐색과 조사) ② 계약단계(평가, 활동계획의 공식화, 예후 예측) ③ 활동단계(계획의 실시, 종결, 평가)	① 초기단계(준비, 참가) ② 진행단계(생활변천, 환경의 문제, 대인과정 개입) ③ 종결단계(평가와 종결)

출처: 김만두·한혜경(1993). p. 264에서 재인용.

03 통합적 방법의 과정

여기서는 일반적인 통합적 방법의 과정으로 4단계 과정을 중심으로 설명하고자 한다. 사회복지실천과정은 초기접촉 단계, 사정계획 단계, 개입행동 단계 그리고 종결평가 단계로 구성되어 있다(장인협, 1989).

1) 초기접촉 단계

인테이크(intake) 또는 인테이크 면접이라고 하는 초기의 대인관계 과정이다. 최초로 클라이언트를 대면하여 서비스를 제공할 것인지 아니면 다른 기관에 위탁할 것인가를 결정하게 된다. 클라이언트의 경우 자신이 직접 기관을 찾아올 수도 있고, 가족이나 타인들로부터 위탁받아 오기도 한다. 경우에 따라서는 복지기관에서 전문가가 직접 클라이언트를 찾아나서는 아웃리치(out reach)방법도 있다.

초기접촉단계에서의 사회복지사의 활동은 다음과 같다. 첫째, 클라이언트에게 가능한 서비스를 접촉할 수 있게 해준다. 둘째, 클라이언트의 서비스 활용에 동기를 극대화시키고 그에 대한 초기 저항을 극소화시킨다. 셋째, 사회복지사와 클라이언트의 서비스 계약을 맺게 하는 초기 원조관계를 수립한다. 넷째, 계속 만날 상담시간과 빈도를 결정한다.

2) 사정계획 단계

초기단계에서 과제가 규명되면 사정(assessment)과 제공될 서비스 종류가 결정되는 단계로 들어서게 된다. 사정계획 단계에서는 문제에 대한 정보를 가능한 많이 수집해야 한다. 사정내용으로는 첫째, 클라이언트 문제의 성격 둘째, 클라이언트의 한계와 잠재능력 셋째, 문제에 관련되어 있는 가족, 친구, 이웃, 지역사회 등 여러 체계의 상황 등이다. 이와 같은 내용들이 충분히 사정되어야 적절한 과업에 대한 합의를 클라이언트로부터 얻어 낼 수 있다.

계약은 사회복지사와 클라이언트가 앞으로 다룰 문제를 정의하고 목표를 설정하여 개입 계획을 서로 협상하는 과정이다. 계획을 세울 때는 시간, 기술, 윤리, 기관 기능 등을 고려해야 한다.

사정계획 단계에서 사회복지사의 활동은 다음과 같다. 첫째, 수립된 원조계획을 유지한다. 둘째, 잠정적 욕구의 조건, 상황, 해결되어야 할 문제와 조건들을 규명한다. 셋째, 사정의 과정은 과제진행에 관한 구체적 목표에 명확한 초점을 둔다. 넷째, 과제수행을 위해 사회복지사가 어떻게 활동할 것인지에 대한 계획수립을 한다.

3) 개입행동 단계

사정과 서비스계약이 이루어진 직후부터 시작된다. 목표가 확인되고 개입이 진행되어 종결과정이 시작될 때까지 계속된다. 개입에 대한 원조일 경우에는 치료적 단계라 할 수 있다. 이 단계에서 사회복지사의 역할을 살펴보면 중개자(broker), 대변자(advocate), 가능하게 하는 자(enabler), 교사(teacher) 등이 있다.

개입행동 단계에서의 사회복지사의 활동은 다음과 같다. 첫째, 클라이언트의 장점을 활용한다. 둘째, 클라이언트와 직접 관련되는 주변의 가족, 친구, 지역사회의 자원을 활용한다. 셋째, 전문적 사회복지사의 자아와 기술을 활용하며, 다양한 사회복지사의 개입역할을 수행한다.

4) 종결평가 단계

서비스에 관한 효과성, 효율성에 대한 평가를 하고, 해결되지 않은 문제가 있을 때에는 다른 기관에 의뢰(referral)하거나 동일한 기관 내에 있는 다른 사회복지사에게 이전(transfer)해야 하고, 종결된 후에는 사후지도(follow-up)가 일정 기간 동안 이루어져야 한다.

종결평가 단계에서의 사회복지사의 활동은 다음과 같다. 첫째, 사회복지사와 클라이언트와의 관계를 종결한다. 둘째, 가능한 다른 원조 자원을 얻을 수 있도록 의뢰하거나 이전시켜 준다. 셋째, 결과를 평가하는데, 평가는 종결단계뿐만 아니라 모든 단계에서 이루어지는 지속적 과정이다. 평가과정을 통해 투입을 위한 환류가 일어나므로 지속적 과정으로서의 평가가 중요하다.

참고문헌

권구영·고은숙·김용민·박봉정·진혜경·최은정(2009). 사회복지실천론. 창지사.

김만두·한혜경(1993). 현대사회복지개론. 홍익재.

김융일·조홍식·김연옥(1995). 사회사업실천론. 나남출판.

김혜란·홍선미·공계순(2004). 사회복지실천기술론. 나남출판.

문인숙·조성경·김선심·김융일·조홍식·윤현숙(1994). 사회사업방법론: 통합적 접근. 보진제.

박석돈(2004). 사회복지학개론. 삼우사.

배창진·박정희·장세철·이영실·이재모·이용환·황성하(2003). 사회복지실천론. 대학출판사.

사회복지사 1급 시험연구회(2004). 1급 사회복지사 사회복지실천론. 나눔의 집.

신성자·홍금자·라동석·김진이(2000). 사회복지실천론. 고헌출판부.

양옥경·김정진·서미경·김미옥·김소희(2003). 사회복지실천론. 나남출판.

양정남·최선령(2003). 사회복지실천론. 양서원.

임은희(2004). 사회복지실천론. 학지사.

장인협(1989). 사회사업실천방법론. 서울대학교 출판부.

장인협(1998). 사회사업실천방법론(상) 기초이론. 서울대학교 출판부.

장인협(1999). 사회복지학. 서울대학교 출판부.

장인협(1999). 사회사업실천방법론(하) 응용이론. 서울대학교 출판부.

전재일·이종복·조운희·이준상·이애재(2003). 사회복지실천론. 형설출판사.

전재일(1981). 사회사업실제의 통합적 접근방법에 관한 연구. 사회복지연구 10호. pp.141-237.

전재일(1998). 사회복지실천의 이해. 사회복지개발연구원.

정민숙·이형하·박일연·양정남·김혜선(2009). 사회복지개론. 공동체.

조휘일·이윤로(1999). 사회복지실천론. 학지사.

최옥채·박미은·서미경·전석균(2002). 인간행동과 사회환경. 양서원.

최옥채(2002). 사회복지실천론. 양서원.

허남순·한인영·김기환·김용석(2004). 사회복지실천이론과 기술. 나눔의 집.

Bartlett, H. M.(1970). *The Common Base of Social Work Practice*. NY: National Association of Social Workers.

Bertalanffy, L.(1968). *General system theory and human relations*. NY: Braziller.

Briar, S., & Miller, H.(1971). *Problems and Issues in Social Casework*. NY: Columbia University Press.

Buckley, W.(1967). *System and Entities*. NJ: Prentice-Hall.

Compton, B. R., & Galaway, B.(1984). Social work process. Homewood III. The Dorsy Press.

Compton, B. R., & Galaway, B.(1994). *Social work processes*(5th ed.). Belmont: Wadsworth.

Dorfman, R. A.(1991). *Paradigms of clinical social work*. 임상사회사업연구회 역(1993). 임상사회사업기술론. 홍익제.

Epstein, L.,(1980). *Helping People: The Task-centered Approach*. St. Louis: C. V. Mosby.

Germain, C. B.(1976). An Ecologial Variable in Social Work Practice. *Social Casework, 57*(7).

Germain, C., & Gitterman, A.(1980). *The life model of Social Work Practice*. NY: Colmbia University press.

Goldstein, H.(1973). *Social work practice: A unitary approach*. Columbia: University of South Carolina Press.

Mattaini, M. A., Lowery, C. T., & Meyer, C. H.(Eds.).(1998). *The foundations of social work practice*(2nd ed). Washington D. C.: NASW Press. 이팔환 외 공역(2000). 사회복지실천이론의 토대. 나눔의 집.

Miley, K. K., O'melia, & Dubois, B. L.(1995). *Generalist social work practice: An empowering approach*. Boston: Allyn and Bacon.

NASW(1973). *Standard for social service manpower*. Washington D. C.: The Association.

Perlman(1957). *Social Casework: A Problem-Solving Process*. Chicago: The University of Chicago Press.

Perlman, H., H.(1974). *Perspectives on Social Casework*. Philadelphia: Temple Univ. of Chicago Press.

Pincus, A., & Minahan, A.(1973). *Social work practice: Model and Method*. Itasca, IL: Peacock. 문인숙 외 역.(1988). 사회사업방법론: 통합적 접근. 보진제.

Sheafor, Bradford, W. Horejsi, Charles, R., & Horejsi, Gloria, A.(1991). *Techniques and Guidelines for Social Work Pratice*. Boston: Allyn and Bacon. 서울대 사회복지실천연구회 역(2001). 사회복지실천기법과 지침. 나남출판.

Skidmore, R. A., Thackeray. M. G., & O. William Farley(1991). *Introduction to Social Work*. NJ: Prentice Hall.

Tolson, E. R., Reid, W. J., & Garvin, C. D.(1994). *Generalist Practice: A task centered approach*. NY: Colimbia University Press.

Zastrow, C.(1992; 1994). *The Practice of Social Work*(4th ed.). Belmont. Ca.: Wadsworth. pub.

SOCIAL WORK PRACTICE

CHAPTER 06

사회복지실천의 과정

01 접수
02 자료수집
03 사정
04 계획수립
05 개입
06 평가와 종결, 사후관리

06

SOCIAL WORK PRACTICE

01 접수

원조과정의 가장 초기에 이루어지는 접수(intake)란 문제를 가진 사람이 전문적 도움을 얻기 위해 사회사업기관에 찾아왔을 때, 그의 문제와 욕구를 확인하여 그것이 기관의 정책과 서비스에 부합되는지의 여부를 판단하는 과정을 뜻한다. 도움을 원하여 기관에 온 사람이 클라이언트가 되는 것은 이 접수과정을 통해서이다. 즉, 접수를 통해 이 기관에서 원조를 받는 것으로 결정되었을 때 비로소 클라이언트의 위치에 놓이게 되는 것이다.

이러한 목적을 위해 필요한 기술은 클라이언트의 감정과 기분을 미리 짐작해 보는 것, 즉 예비감정 이입의 단계로, 슐만(Shulman, 1979)은 이 과정을 '동조하기(tuning in)'라고 명명하였으며, 특별히 이 단계를 중시하여 사회복지실천과정의 한 단계로 구별하여 예비단계(preliminary phase)라고 하였다. 사회복지사가 클라이언트의 감정뿐만 아니라, 클라이언트와의 만남에 대한 자신의 감정에 대해서도 미리 생각해 보는 것이 이 단계의 과제이다.

접수단계의 주된 목표는 잠재적 클라이언트의 욕구가 기관의 목적과 서비스 내용에 적합한지 아닌지를 판단하여 접수 여부를 결정하고 접수된 사례의 개입과정에 클라이언트가 최대한 참여하도록 유도하는 것이며, 이 두 가지 활동은 서로 긴밀히 관련되어 있다.

접수를 하는 동안 사회복지사는 다음과 같은 활동을 해야 한다(Sheafor et al., 1988; 김기태 외, 2010: 231).

① 사회복지사는 클라이언트가 편안하게 느끼도록 도움을 주는 방법으로 인사하고 이야기한다.
② 기관과 사회복지사에 대한 클라이언트의 기대가 어떠한 것인지를 알아야 한다.
③ 클라이언트에 대한 존중을 표시하며 그들이 제시하는 문제에 관심을 보여야 한다.

④ 기관이 클라이언트에게 무엇을 제공할 수 있는지와 서비스를 받는 기본 절차에 대하여 설명한다.
⑤ 클라이언트가 낯선 사람과 이야기하는 것과 기관의 서비스를 받는 것에 대하여 느낄 수 있는 양가감정을 설명해 주어야 한다.
⑥ 클라이언트가 원조과정을 조정하는 데 어떤 방식으로 또는 어느 정도로 행사할 수 있는지에 대해 설명한다.
⑦ 원조과정 동안에 사회복지사와 클라이언트 양자가 지게 될 책임을 설명한다.
⑧ 클라이언트의 긴박한 욕구나 현재 문제, 위기 혹은 긴박한 상황이 있다면 그것에 대해 사정한다.
⑨ 필요한 경우, 기관이 클라이언트의 비밀 정보를 공개해야 된다는 서명을 받아야 한다.
⑩ 접수와 관련된 기관의 기록양식에 기록을 완성하고 정리해야 한다.
⑪ 다음 면접에 대한 사항을 정한다.

이 단계에서 실행해야 할 과제는 클라이언트의 문제 확인, 그에 따른 의뢰 결정, 원조관계의 수립, 클라이언트의 동기화 등으로, 이러한 과제는 상호 밀접히 관련되어 함께 이루어지는 활동이다(김융일 외, 2000; 조흥식 외, 2009).

1) 문제 확인

문제 확인은 문제를 여러 각도로 이해하고 상호 관련성을 파악하기 전에 이루어지는 과제이다. 클라이언트가 놓여 있는 체계에 대한 심층적 분석보다는 현재 명백하게 드러나는 문제를 확인하는 정도가 접수단계에서 수행될 과제이다. 문제 확인은 클라이언트의 감정 상태와 그가 분명하게 언급하는 문제에서 출발하여 점차 그를 둘러싼 환경과 문제의 심층 부분으로 확대해 나간다. 사회복지사는 이러한 과정을 통해 드러나는 클라이언트의 장점을 문제해결과정에 활용할 줄 알아야 한다.

2) 의뢰

의뢰(referral)란 클라이언트의 문제와 욕구를 확인해 본 결과, 그 기관에서 해결할 수 없을 때 다른 적합한 기관으로 클라이언트를 보내는 것을 의미한다. 의뢰를 하게 되는 이유는 다음과 같다: ① 기관의 인력 부족, ② 필요한 전문기술을 가진 인력 부재, ③ 클라이언트의 문제가 기관의 목적과 기능에 부합되지 않을 때, ④ 그 기관보다 다른 기관이 클라이언트의 문제해결에 더 적합하다고 판단될 때, ⑤ 클라이언트의 문제에 우선적 책임을 지는 기관이 있을 때 등(Epstein, 1980).

그러므로 적절한 의뢰를 하기 위해 사회복지사는 자신의 기관은 물론, 다른 기관의 정책과 자원, 지역사회의 여타 자원에 대해 소상히 파악하고 있어야 한다.

3) 관계 형성

관계 형성은 기관을 찾는 클라이언트들이 일반적으로 경험하는 두려움과 양가감정을 해소하도록 클라이언트와 상호 긍정적인 친화관계, 즉 라포(Rapport)를 형성하는 것이다. 라포를 통해 클라이언트는 사회복지사가 자신을 이해하고 자신의 복지에 진심으로 관심이 있다고 느끼는 것이다(Hepworth & Larson, 1997). 이러한 라포를 기반으로 클라이언트와 사회복지사는 원조과정에 필요한 효과적 의사소통을 할 수 있다.

4) 개입활동계약의 성립

개입활동관계, 원조관계 등으로 다양한 개념을 사용하여 단순히 '정서적' 관계 이상의 '전문적'인 관계 형성이 클라이언트를 원조관계로 참여시키는 데에 효과적임을 강조하는 학자들이 있다(Shulman, 1979, 1991; Sheafor et al., 1991, 1997). 즉,

'좋은' 관계를 위한 클라이언트의 긍정적 감정이 사회복지사의 의도대로 유발되는 것은 아니라는 것이다. 오히려 클라이언트가 사회복지사를 도움을 줄 수 있는 사람으로 신뢰할 수 있을 때, 긍정적 관계는 자연적으로 발생한다고 하여 전문적인 원조관계 혹은 작업관계를 강조하기도 한다.

5) 클라이언트의 동기화

원조활동의 성패는 바로 변화에 대한 클라이언트의 동기에 달려 있으며, 따라서 클라이언트를 변화과정에 적극적으로 참여시키기 위해서 동기를 유발시키는 것이 원조 초기과정의 주요 과제 중 하나이다. 동기란 고정된 것이 아니라 유동적인 것이므로 사회복지사는 동기부여에 필요한 기술을 습득하고 있어야 한다.

한편, 사회복지사가 명심하여야 할 것은 클라이언트가 원조관계에 협조할 것인지 아닌지는 전적으로 그들이 결정할 문제라는 것이다. 클라이언트를 원조관계에 참여시키기 위해 최선의 노력을 다한 뒤에 마지막 결정은 그들이 하는 것이며 그 결과에 대해 감수하는 것도 클라이언트이다. 다만 사회복지사는 클라이언트의 결정에 수반되는 긍정적, 부정적 결과에 대해 알려 주어야 한다.

6) 클라이언트의 저항감과 양가감정 해소

사회복지실천과정의 첫 번째 단계에서 수행해야 하는 가장 중요한 과제 중의 하나는 원조에 대한 클라이언트의 저항감과 양가감정을 해결하는 것이다. 이러한 감정은 사회복지사와의 만남과 의사소통, 원조과정에의 참여를 방해하여 결과적으로 더 이상 원조과정이 진행될 수 없는 상황을 불러오기 때문이다. 즉, 원조과정의 진행 여부는 저항감과 양가감정을 어떻게 해소하는가에 달려 있다고 해도 과언이 아니다.

02 자료수집

자료수집이란 정보를 모으는 일로서, 클라이언트의 문제를 이해, 분석, 해결하는 데 필요한 클라이언트 개인과 그 환경에 관한 객관적 자료를 확보하려는 활동이다(양옥경 외, 2010; 엄명용 외, 2011).

자료수집은 행동을 계획할 때 필수적인 것으로 실천상황을 이해하는 데 필요한 정보를 획득하는 과정이다. 또한 사회복지사는 클라이언트와 가족 구성원, 교사, 고용주, 의뢰기관(법원, 학교, 배우자 등)에 의한 상황을 고려하여 주관적 지각, 가정, 신념 등을 명확히 해야 한다(Sheafor & Horejsi, 2008; 남기철 외 역, 2010).

자료수집의 정보원은 매우 다양한데 가장 많이 의존하는 출처는 다음과 같다(Hepworth & Larsen, 1986, 1990).

① 클라이언트가 작성하는 가정환경서와 같은 서류
② 문제, 기분, 의견, 생각, 사건 등에 관한 클라이언트의 이야기
③ 클라이언트의 비언어적 행동에 관한 사회복지사의 관찰
④ 부부, 가족구성원 간의 상호작용에 관한 사회복지사의 관찰
⑤ 친척, 친구, 선생님 등 관련된 사람들에게서 수집되는 정보
⑥ 심리검사 결과
⑦ 클라이언트에 대한 사회복지사의 개인적 경험

자료수집과 평가에서 사회복지사가 명심해야 할 원칙은 다음과 같다(Ashman & Hull, Jr., 1993; 양옥경 외, 2010). 첫째, 가장 중요한 점은 이 과정에서 클라이언트의 참여가 절대적으로 필요하다는 것이다. 원조를 성공적으로 이끌기 위해 클라이언트의 문제를 정의하는 것에서부터 개입방법의 우선순위를 평가하는 데에 이르기까지 클라이언트의 참여는 중요하다. 둘째, 클라이언트의 강점을 평가한다. 사회복지사는 자칫 클라이언트의 문제에만 관심을 가지기 쉬우나 클라이언트의

강점을 확인하는 것은 문제해결 방안의 하나로 확보하는 것일 정도로 중요한 과제이다. 셋째, 한 가지 문제만 있는 클라이언트는 거의 없다. 따라서 사회복지사는 클라이언트의 문제를 다양하게 규명할 줄 알아야 하며, 동시에 문제의 심각도에 따른 우선순위를 정해야 한다. 넷째, 문제정의가 다양해야 하는 것과 마찬가지로 개입방법도 다양하게 설정하여야 하며, 실현 가능성, 효과성의 기준에서 우선순위를 결정해야 한다.

03 사정

자료수집이 끝나면 여기에 기초한 사정작업이 시작된다. 자료수집이 클라이언트와 그의 문제를 이해하는 데 도움이 될 만한 많은 자료를 모으는 것이라면 사정(assessment)은 수집·정리된 자료를 분석하고 해석하여 문제를 규정해 내는 작업이다. 문제가 규정되면 문제의 중요성과 변화의 시급성을 기준으로 표적문제(target problem)를 찾아내어 개입 목표를 정하고 계약하는 계획으로 이어진다.

1) 사정의 목적

사정과정의 과업은 첫째, 문제를 발견하고 둘째, 정보를 수집하고 셋째, 문제를 형성해서 개입계획수립의 '무엇을 어떻게'에서 '무엇을'에 해당하는 질문에 대답하고자 하는 것이다. 즉, 충족되지 않은 욕구를 인지하고 장애물을 규명하여 제거하는 방법을 설정하는 과정이라는 것이다(Johnson, 1989).

사회복지실천과정의 초기에는 '사정'이라는 용어 대신 사용된 리치몬드(Richmond, 1917)의 '사회적 진단(social diagnosis)'이라는 명칭에서 보여 주듯이, 의료모델에서 빌려 온 용어이다. 의사가 환자의 상태를 진단하고 나서 이 진단에 의해 치료하듯이 사회복지사도 초기에는 환자나 클라이언트가 가진 문제의 원인을 진단하고 치료해왔다. 그러나 의료모델에 대해 의문을 갖기 시작하면서, 환경적 요인들도 클라이언트의 문제의 원인에서 내면적 요인만큼이나 중요하다고 여기게 되어 사회복지실천은 개인의 병리적 현상으로부터 클라이언트의 환경의 문제로 관심을 돌렸다.

통합적 관점의 사회복지실천과정에서 사정단계는 문제-인간-환경이라는 3중 구조와 개입계획을 평가하는 시기이다. 이 단계에서 통합방법론의 주요 특징은 협력적 판단 및 의사결정이다. 사회복지사와 접촉체계는 이전 단계에서 수집된 정보에 근거하여 공식적 계획단계로 넘어간다. 환경 속의 인간이라는 맥락에 기초하여 문제의 본질이 명확히 사정된 후에 어디서 시작하고 어떻게 진행해 나갈지에 관한 결정이 내려진다.

통합적 관점의 사정단계는 사정진술, 문제의 우선순위 그리고 계약된 계획의 세 가지 요소로 구성된다. 이 세 요소는 모두 개입에 앞서 다뤄질 필요가 있다. 사회복지사가 사정 및 계획에 시간을 할애하지 않고 변화단계로 곧바로 넘어간다면, 곧 그런 개입이 무고하고 부적절한 것임을 인식하게 되어 행동을 되돌리고 싶어질 것이다(McMahon, 1996).

체계론적 사정(systems assessment)은 표준화된 자료의 수집과 클라이언트의 사회지지체계, 가족, 지역사회 및 관련 사회영역에 대한 자료를 부가해야 한다. 클라이언트의 사회체계를 기술할 때 흔히 세 가지 구조화된 사정도구가 활용된다. 이 중 생태도(ecomap; Hartman, 1978)와 가계도(genogram; Bowen & Kerr, 1988)는 가족체계적 접근(Zastrow, 1999)에서 발달되었고, 사회적 망 도표(social network diagram; Maguire, 1991)는 일반체계이론에 의해 개발되었다(Mcguire, 2002; 배태순 외, 2007).

일반주의 사회복지실천과정에서 첫 번째 단계인 사정단계는 문제에 대한 이해를 얻고, 문제의 원인이 무엇이며, 그 문제를 완화하고 해소하기 위해서 무엇이 변화될 수 있는지를 알아보는 과정이다. 일반주의 사회복지사들은 환경적 관점에서 문제 상황을 평가한다. 여기서의 문제는 개인이나 가족만을 포함하는 것이 아니라, 사람들이 생활하는 보다 큰 집단, 조직, 그리고 지역사회 등 각종 체계를 포함한다. 문제해결과정의 초기부터 일반주의 사회복지사들은 개인이나 가족 등과 같은 미시적 수준(micro level)부터 중간적 수준(mezzo level), 거시적 수준(macro level)에 이르기까지 다양한 문제에 초점을 둔다.

사정과정에서 사회복지사는 개인에 대한 이해를 높이기 위해서 클라이언트와 그들의 환경체계 내에 있는 사람들의 느낌과 생각과 행동을 이해해야 한다. 또한 다양한 생태체계 내에서 어떻게 영향을 미치고 영향을 받는가에 대해 이해하려고 노력해야 한다. 또한 사회복지실천과정의 다른 모든 요소들과 더불어 다양성도 고려되어야 한다.

사정은 클라이언트가 가진 강점과 자원, 클라이언트의 환경을 보완해 주는 생태체계, 그리고 생태체계 내에서의 상호 교류를 포함한다(김융일, 1999; Johnson & Yanca, 2004; 한인영 외, 2006).

한편, 사정에서는 표적이 클라이언트의 문제에만 있는 것이 아니라 강점에도 있다. 강점을 강조한다는 것은 사회복지사로 하여금 클라이언트의 성장을 위한 잠재력을 발휘하게 하고, 그들의 자긍심을 제고시키도록 돕는 것이다. 사정은 광범위하게 보면 자료수집에서 자료분석의 결과까지를 포함한다고 할 수 있다.

사정이 종결되었을 때, 사회복지사는 문제를 정확히 묘사할 수 있고 클라이언트의 상황을 개선하기 위해 변화가 필요한 것을 분명히 규명할 수 있다. 가장 바람직한 사정은 다차원적인 것(다양한 관점과 인식을 반영하도록 여러 자료원으로부터 얻어진 것)이다.

해당 상황에 관련된 사회복지사, 클라이언트와 다른 사람들의 인식이나 결론이 너무 다르고 다양하다면, 자료수집과정으로 되돌아가서 개입계획에 의미를 줄 수 있는 분석을 위해 좀 더 많은 정보를 수집해야 한다(Sheafor & Horejsi, 2008; 남기철 외 역, 2010).

사회복지사가 사정을 수행할 때 우선 클라이언트의 모든 상황에서 세 가지 이슈가 사정되어야 한다.

첫째, 클라이언트가 문제나 관심사라고 생각하는 것은 무엇인가?

둘째, (만약) 현재 진행 중이거나 임박한 법원명령이 있다면 클라이언트와 사회복지사는 무엇을 고려해야만 하는가?

셋째, (만약) 잠재적으로 심각한 건강이나 안전문제가 있다면 클라이언트와 사회복지사에게 무엇을 고려하도록 요구하는가?(Hepworth et al., 2010)

사회복지실천과정에서 강점과 문제사정의 초점은 문제와 도전들, 발전적 욕구와 생활의 변화, 잠재적인 클라이언트가 보는 문제, 강점과 자원들로 맞추어지는데 구체적인 내용은 [그림 6-1]과 같다.

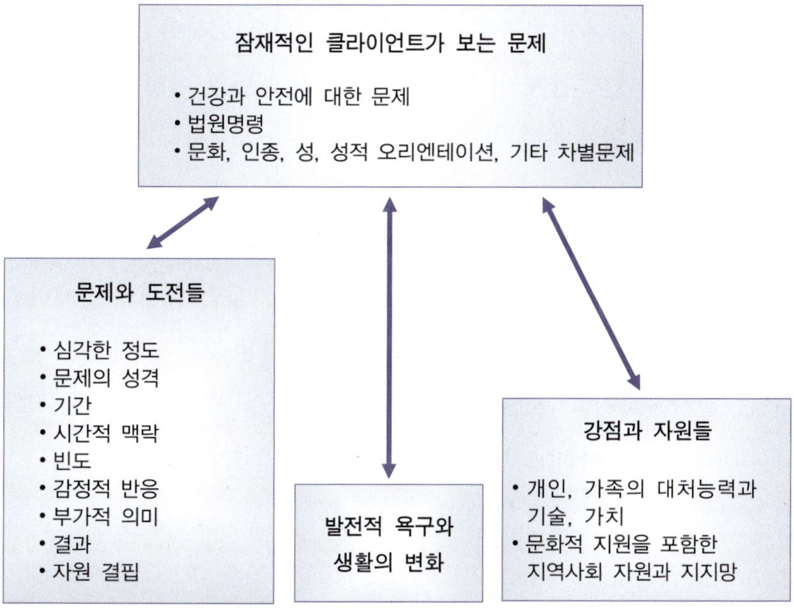

출처: Hepworth et al.(2010).

[그림 6-1] 강점과 문제사정의 초점

2) 사정에 유용한 도구

사회복지실천과정에서 사정에 빈번하게 쓰이거나 유용한 사정도구로서 여기서는 가계도, 생태도, 사회도, 사회적 관계망 지도, 사회적 관계망 도표, 생활력 도표, PIE사정분류체계에 대해 알아보기로 한다.

(1) 가계도(genogram)

가계도는 클라이언트와 클라이언트의 가족들이 제시하고 있는 문제의 근원을 그림을 통해 조사하는 방법으로 적어도 3세대 이상의 가족 구성원과 가족관계에 대한 정보를 기록한다. 가계도는 복잡한 가족 패턴을 한눈에 볼 수 있도록 가족 정보를 도식화하여 보여 준다(김기태 외, 2007; 이영분 외, 2010). 따라서 시간의 경과에 따라 증상이 가족 맥락과 연관되어 어떻게 발달되었는지에 대한 가설을 세울 수 있도록 풍부한 자원을 제공해준다.

가계도는 사회복지사가 가족관계나 기능의 패턴을 도식화함으로써 클라이언트의 생활사건이나 인간관계가 기능적·역기능적 패턴과 어떻게 관련되는지 체계적으로 생각할 수 있게 해준다(McGoldrick, Gerson & Petry, 2008; 이영분 외 역, 2011).

가계도는 가족 구성원에게 역사 속의 비밀로 감추어져 있던 가족의 어떤 부분을 드러나게 해준다. 가족은 비밀이 드러남으로써 그들의 현재의 딜레마를 이해하고 미래의 해결책을 준비한다. 가계도의 가장 놀라운 부분 중 하나는 증상에 초점을 두는 일차원적이고 단선적인 관점에서 가족을 벗어나게 하는 방식이다(McGoldrick, Gerson & Petry, 2008; 이영분 외 역, 2011).

가계도는 가족에 대한 정보를 도식화시켜 보여 주기 때문에 복잡한 가족유형의 형태를 쉽게 알아볼 수 있게 한다. 또한 기존의 사례기록에서 가족에 대한 기술이 긴 것에 비하여 가계도는 동일한 정보를 훨씬 짧게 간결화시켰다. 이것은 종이와 필기도구를 사용하는 평가도구로서 상징적 기호들로 구성되며 가족에 대한 정보는 짧게 기술되는 것이 기본이다.

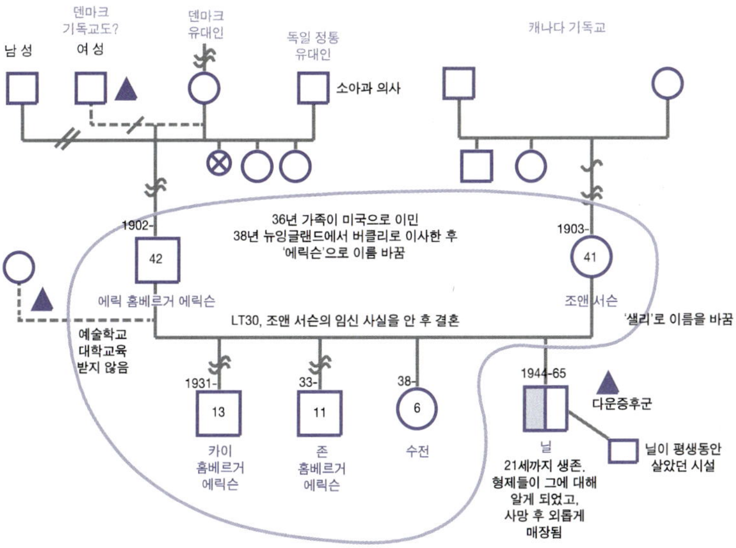

출처: McGoldrick et al.(2008); 이영분 외 역(2011).

[그림 6-2] 에릭 에릭슨의 가계도

가계도 작성에 사용되는 기호들은 학자 및 시기에 따라 다양하게 제시되고 있으나, 맥골드릭 외(McGoldrick et al.)가 제시한 가계도의 표준기호를 살펴보면, [그림 6-3]과 같다(McGoldrick et al., 2008; 이영분 외 역, 2011).

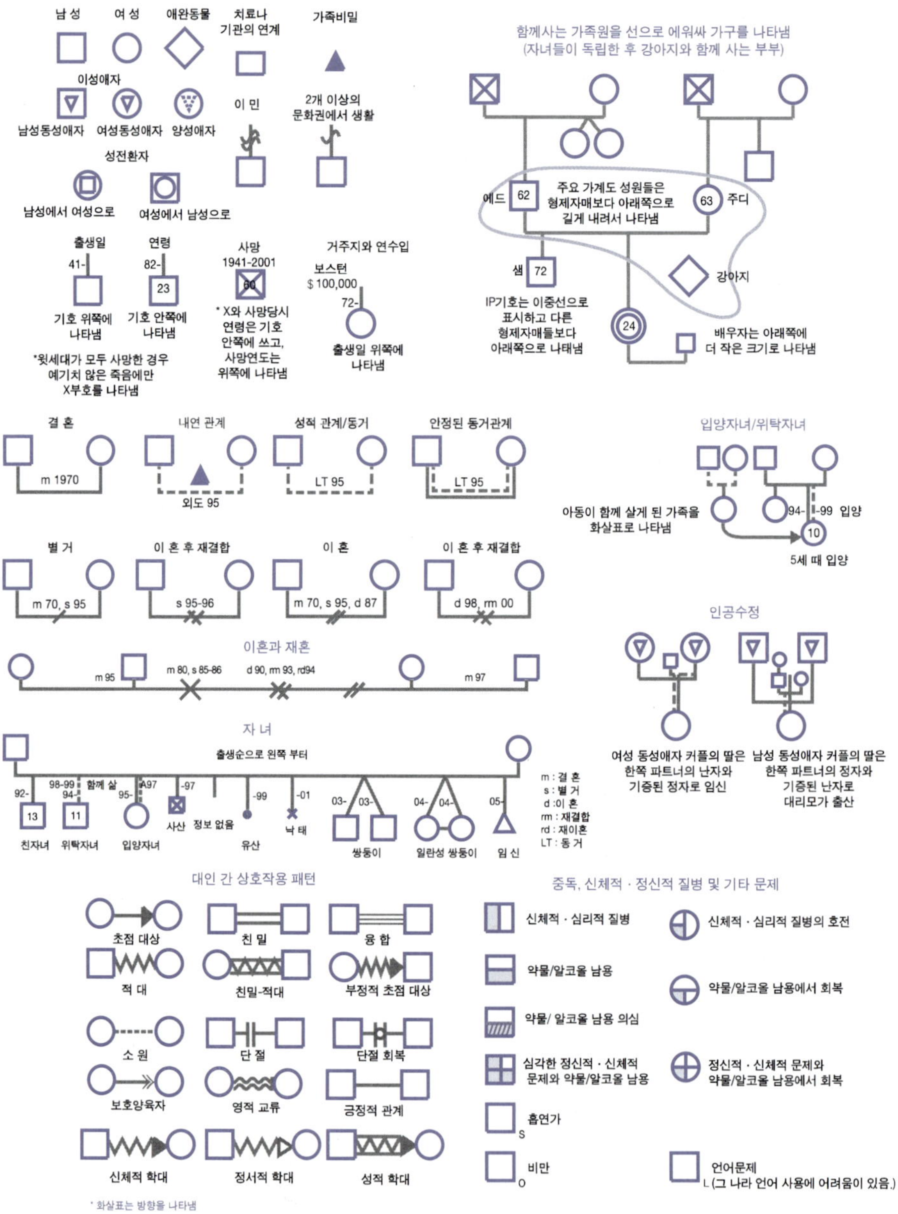

출처: McGoldrick et al.(2008); 이영분 외 역(2011).

[그림 6-3] 가계도(genogram)의 표준기호

(2) 생태도(eco-map)

하트만과 레어드(Hartman & Laird, 1983)가 개발한 생태도는 가족에 대해 사회적 맥락에 초점을 두고, 가족과 좀 더 큰 사회체계와의 상호작용을 파악할 수 있게 해준다(Hepworth et al., 2010).

생태도는 체계적이고 생태학적 관점에서 가족을 보는 데 도움이 된다. 또한 클라이언트의 양육환경·유지환경의 종류와 관계의 질, 그리고 체계 사이의 에너지의 흐름을 보여 줌으로써 가족에 대한 현재 지역사회 자원이나 체계의 영향과 상호작용의 변화를 보여주는데 구체적인 내용은 [그림 6-4]와 같다(엄명용 외, 2011).

생태도는 클라이언트의 상황에서 의미 있는 체계와의 관계를 그림으로 표현함으로써 특정 문제에 대한 개입계획을 세우는 데 매우 유용한 도구이다. 가계도와 마찬가지로 클라이언트와 사회복지사가 함께 그리는 것으로(Zastrow, 1995: 226), 그리는 방법은 우선 클라이언트의 상황에 초점이 되는 가족 도표를 원 안에 표시한다. 그리고 다른 의미 있는 체계와의 관계를 선으로 표시한다. 생태도는 환경 속의 클라이언트에 초점을 두므로 그들을 생태학적 관점에서 이해하는 데 도움을 준다(서울대사회복지실천연구회 역, 1998: 394).

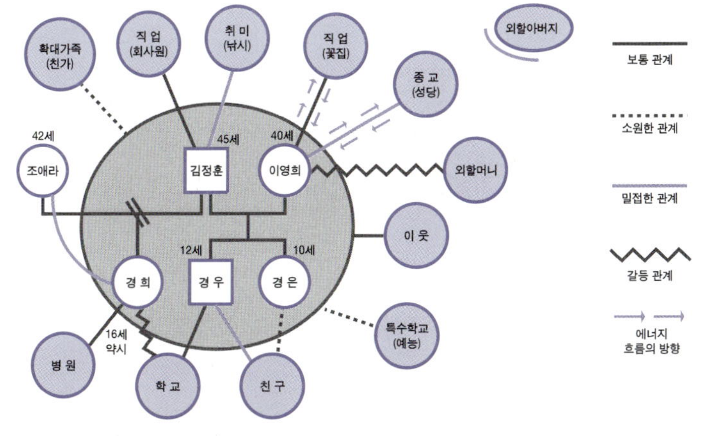

출처: 엄명용 외(2011: 319).

[그림 6-4] 생태도(eco-map)

생태도를 작성할 때 기본적인 질문을 고려해 볼 수 있다. 즉, "가족 구성원들이 음식, 주거, 교통수단, 건강관리와 같은 기본적인 욕구를 충족시킬 수 있는 소득이 있는가? 가족들은 각각 취업이 되었는가? 또한 자신의 직업을 즐기는가? 가족은 안전한 지역에 거주하는가? 가족은 친척, 친구, 그리고 이웃과 상호작용을 하는가? 가족은 사회적, 문화적, 종교적, 지역적 활동에 참여하는가? 가족의 가치, 신념이나 생활스타일 등과 갈등관계에 있는가? 아동들은 필요한 교육을 받고 있는가? 아동들은 자신의 학교생활을 즐거워하는가? 가족 구성원 중 일부는 높은 스트레스를 경험하는가?" 이상과 같은 질문에 대한 답변이 사정과 개입을 위해 중요한 정보를 제공한다(Sheafor & Horejisi, 2008; 남기철 외 역, 2010: 273).

(3) 사회도(socio-gram)

사회도는 집단의 구성원이 다른 집단이나 조직의 구성원들에 대해 어떻게 느끼는지, 어떻게 제휴하는지, 어떻게 저항하는지를 집단사회복지사나 다른 전문가들이 사용하는 그림이나 도식으로 나타낸 것을 의미한다(Barker, 2003).

모레노(Moreno)와 제닝스(Jennings)에 의해 개발된 사회도는 사람과 상호작용에 대한 상징을 사용하여 집단 구성원들 간에 형성된 제휴와 관계를 도식화하여 나타낸다(Hepworth et al., 2010).

사회도는 주로 사회복지사가 집단 내 소외자, 하위집단, 연합 등을 파악할 때 많이 사용한다. 도표는 [그림 6-5]와 같이 상단과 하단으로 구분하여, 지도 윗부분은 지위가 높음을, 아랫부분은 지위가 낮음을 의미하고, 서로 가까운 성원은 가까이, 서로 관계가 소원한 성원은 멀리 띄어서 그림으로써 결속의 강도를 나타내게 된다(엄명용 외, 2011; 조휘일 외, 2008).

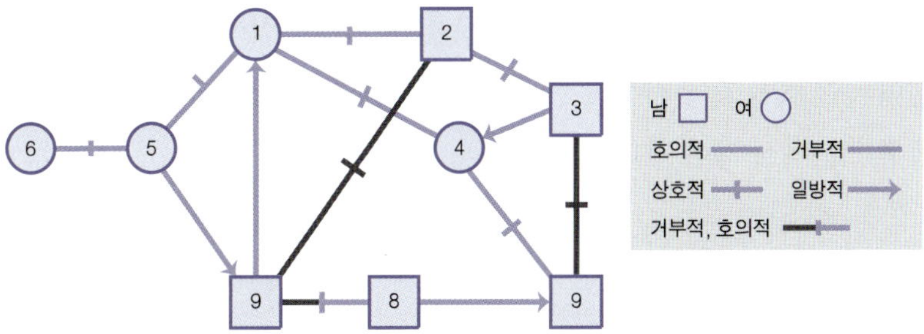

출처: 엄명용 외(2011: 320).

[그림 6-5] 사회도(sociogram)

(4) 사회적 관계망 지도(social network map)

사회적 관계망 지도는 한 개인이 지속적으로 관계를 맺고 있는 사람들이나 집단을 의미하는데, 클라이언트와 사회복지사와의 상호작용에 의해 필요한 정보를 수집하여 작성한다. 사회복지사는 클라이언트에게 지난 한 달 동안에 중요했던 사람들이 누구였는지 생각해 보도록 하여 클라이언트의 생활에 직접적·간접적으로 영향을 준 가족, 다른 가족 구성원, 직장이나 학교, 사회적 모임이나 종교모임, 친구, 이웃 사람, 동사무소와 같은 공식적 조직들을 조직별로 기록한다[그림 6-6].

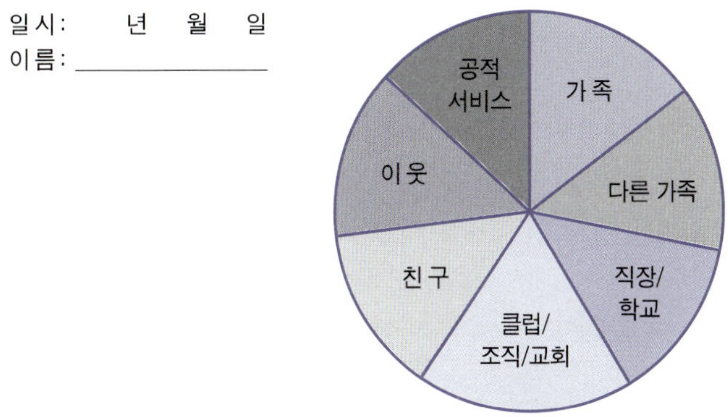

출처: 엄명용 외(2011); 조흥식 외(2009).

[그림 6-6] 사회적 관계망 지도(social network map)

사회적 지지에 대한 사정은 클라이언트의 주관적 인식에 근거한 것이므로 객관성이 결여되어 있음을 주시해야 한다. 사회적 관계망 지도가 완성된 후 사회적 지지의 활용방안에 대하여 클라이언트와 논의해야 한다.

(5) 사회적 관계망 도표(social network grid)

트레이시(Tracy)가 개발한 사회적 관계망 도표는 클라이언트의 주변 사람들 중 의미가 큰 사람을 선정하여 이들을 중심으로 작성한다. 사회복지사는 클라이언트에게 사회적 지지를 해 주는 사람을 확인하여 〈표 6-1〉과 같이 사회적 관계망 도표에 기록한다.

사회적 관계망 도표에서 첫 번째 칸은 사회적 관계망과 클라이언트와의 관계를 가리키는데, 이것은 사회적 관계망 지도에 드러난 바를 다시 한 번 기록하는 것이다.

둘째 칸부터는 각각의 사회적 관계망과의 관계 내용에 관한 것이다. 관계 내용은 예를 들면, 김치를 담글 때 도움을 받은 정도를 의미하는 구체적인 지원 정도, 상심할 때 위로받는 것과 같은 정서적 지원, 정보나 조언 제공, 클라이언트의 기분을 상하게 하는 등의 비판적 태도, 협조의 관계, 친밀함의 정도, 만나는 정도, 얼마나 오래 알고 있었는지의 관계 지속 정도 등으로 구성되어 있다(조홍식 외, 2009).

사회적 관계망 도표는 〈표 6-1〉과 같이 각 사람들을 관계 내용별로 절대적으로 평가하는 것이 아니라 사회적 관계망 도표에 드러난 사람 간의 상대적 평가를 하는 것이다.

클라이언트에 의해 지지의 내용이 과장되거나 과소평가될 수도 있고, 중요한 사람이 누락될 가능성도 있으므로 작성 시 유념해야 한다.

〈표 6-1〉 사회적 관계망 도표(social network grid)

• 클라이언트 성명: ______ • 조사일시: ___년 ___월 ___일 ______시										
사회적 관계망에서 중요한 인물 (지지 제공자)		생활 영역	물질적 지원	정서적 지원	정보/조언	비판	원조 방향	친밀도	접촉 횟수	알고 지낸 기간
		a. 가족 b. 다른 가족 c. 직장/학교 d. 조직 e. 친구 f. 이웃 g. 전문 서비스 h. 기타	a. 전혀 받지 않는다. b. 가끔 받는다. c. 거의 항상 받는다.	a. 전혀 받지 않는다. b. 가끔 받는다. c. 거의 항상 받는다.	a. 전혀 받지 않는다. b. 가끔 받는다. c. 거의 항상 받는다.	a. 전혀 받지 않는다. b. 가끔 받는다. c. 거의 항상 받는다.	a. 상호 주고 받는다. b. 내가 도움을 주는 사람 c. 내가 도움을 받는 사람	a. 가깝지 않다. b. 가까운 편이다. c. 매우 가깝다.	a. 안 만난다. b. 1년에 한두 번 정도 c. 한 달에 몇 번 정도 d. 일주일에 몇 번 정도 e. 거의 매일	a. 1년 미만 b. 1년 이상 5년 미만 c. 5년 이상
번호	관계									
1	어머니									
2	아버지									
3	누나									
4	형									
5	친구1									
6	친구2									
7	후배									

출처: 조흥식 외(2009), 조휘일 외(2008).

(6) 생활력 도표(life history grid)

생활력 도표는 클라이언트의 문제를 파악하기 위해 클라이언트의 생애 동안 발생한 사건이나 문제의 발전과정을 사정하는 데 쓰이는 사정도구이다.

과거에는 사회복지실천과정에서 클라이언트의 생활력에 대한 정보는 이야기체 서술방식으로 기록했었으나, 앤더슨과 브라운에 의해 간결한 도표로 생활력을 작성하는 생활력 도표(life history grid)가 〈표 6-2〉와 같이 개발되었다.

이 도표는 가족 구성원 삶의 중요한 사건을 시계열적으로 나열하여 기록한다. 특히, 클라이언트가 아동이나 청소년일 경우에 더욱 효과적으로 적용되는데, 그것은 이들 집단이 성인집단보다 성장과정에서의 사건이 사회심리적 기능에 더욱 크게 영향을 미치기 때문이다(조흥식 외, 2009).

〈표 6-2〉 생활력 도표(life history grid)

연도	연령	지역	가족	학교	건강	활동	문제
1980	출생일자 1980.5.18	광주	부 29 모 27		조산 (8개월)		
1981	2						
1982	3		어머니 취업				
1983	4						분리불안
1984	5			유치원 입학	천식발작 입원1		
1985	6	서울	부 음주 심해짐	초등학교 입학	교통사고 다리부상		등교거부
1986	7						
1990	11	대전	부모별거	성적불량	맹장수술		도벽
1995	16	부와 서울로 이주	부모이혼	전학	천식발작 입원2		
2000	21						자살기도, 흡연, 음주
2010	31		교통 사고로 모 사망				도벽, 흡연, 음주

출처: 엄명용 외(2011); 조흥식 외(2009).

사회복지사는 사회적 관계망 지도와 사회적 관계망 도표 등을 완성한 후, 클라이언트와 이러한 사회적 지지에 대한 활용방안을 협의해야 한다.

04 계획수립

1) 목표선정

클라이언트와 사회복지사가 상황에 대한 사정을 하고 나면, 활동계획을 수립하고 계획을 실행하기 위한 공식·비공식 계약을 맺게 된다. 이 과정에서 사람들과 조직은 클라이언트와 사회복지사가 함께 목표를 달성하기 위한 일들을 구체화하고 필요한 변화를 달성하기 위해 행해야 할 활동에 대해 합의한다. 즉, 계획수립은 사회복지사와 클라이언트가 합의를 통해 개입을 위한 목표를 설정하고 계약을 하는 과정을 의미한다.

헵워스와 라슨(Hepworth & Larson, 1986)은 목표의 선정 지침으로 몇 가지를 제안하였는데 그 내용을 살펴보면, 첫째, 목표는 클라이언트가 희망하는 결과와 관련이 있어야 동기부여가 가능하다. 둘째, 목표는 명시적이며 측정 가능한 형태여야 하고 달성 가능한 것이어서 클라이언트가 성취감을 느낄 수 있어야 한다. 셋째, 사회복지사의 지식과 기술에 상응해야 하고 사회복지사의 가치나 권리를 크게 위배하지 않아야 한다. 넷째, 성장을 강조하는 긍정적 형태로 기술되어야 하고 다섯째, 기관의 기능과 일치해야 한다. 이는 SMART 형식으로 축약되어 설명되기도 한다. 즉, 다음 다섯 가지가 고려되어야 한다는 것이다.

① 구체성(Specific) ② 측정 가능성(Measurable)
③ 성취 가능성(Achievable) ④ 현실성(Realistic)
⑤ 시기 적절성(Timely)

목표가 정해지면 이에 도달하기 위해 개입활동이 구성되고 수행되지만 목표가 불변하는 것은 아니다. 개입과정에서 클라이언트의 문제나 상황이 변하면 목표도 변할 수 있기 때문이다. 초기에 정한 목표가 상황의 변화로 더 이상 의미가 없다고 생각될 때에는 목표를 과감히 수정하는 융통성이 필요하다.

2) 계약

일단 계획이 세워지면, 사회복지사와 클라이언트는 계약을 맺는 것이 중요하다. 계약이란 목표달성과 그것을 달성하기 위한 전략, 역할, 개입, 평가, 방법 등을 구체적인 활동 용어로 기술한 계획에 대해 사회복지사와 클라이언트가 서로 동의하는 것을 말한다(양옥경 외, 2004). 즉, 계약은 사회복지사와 클라이언트 각자가 수행해야 하는 활동을 명확하게 하고, 개입단계에서 활동의 시간계획에 대해 둘 사이에 합의를 하는 것이다. 계약이 구체적일수록 오해를 예방할 수 있다고 할지라도 계약은 문서만이 아니라 구두 또는 암묵적 합의도 포함하여 이루어진다(Sheafor & Horejsi, 2008; 남기철 외 역, 2010).

계약이 중요한 이유는 사회복지실천과정에서 개입활동의 성공 여부에 대하여 클라이언트가 자신이 해야 할 역할과 업무를 분명히 인식하고, 적극적인 참여가 요구된다는 사실을 인정하는 데 달려 있기 때문이다.

05 개입

개입 단계는 설정된 목표를 달성하기 위해 클라이언트와 주변 환경에 변화를 가져오기 위한 구체적인 개입활동이 수행되는 시기이다. 클라이언트는 해결 가능성이 있다고 생각할 때에만 움직이며 자기 나름의 독특한 방식으로 접근한다. 따라서 개입은 클라이언트의 가치와 신념체계, 평소 일상생활에서의 대처방법 등을 잘 파악하고 있어야 효과가 있다. 이 단계에서 사회복지사의 개입활동의 핵심은 문제를 해결하려는 클라이언트의 변화노력을 지원하기 위해 구체적인 변화전략을 수립하는 것이다. 그 내용은 상담, 지역사회와의 자원연계, 새로운 자원의 개발, 사회적 지지집단의 활용, 교육, 역할극 등 다양한 전략으로 구성할 수 있다. 이 단계에서 사회복지사는 계획대로 문제해결과정이 진행되고 있는지를 끊임없이 점검(monitoring)하면서 인도하고 도와주며 지지와 환류를 제공해야 한다.

일반적으로 사회복지실천과정에서의 개입은 직접적 개입과 간접적 개입으로 분류될 수 있다. 직접적 개입은 주로 클라이언트와 함께 만나서 개인, 가족, 소집단 등의 체계 내에서 일어나는 상호작용상의 변화를 추구하는 데 초점을 두는 반면, 간접적 개입은 클라이언트를 돕기 위해 클라이언트 이외의 다른 체계에 취해지는 활동이라고 할 수 있는데, 개인, 가족, 소집단, 지역사회 등이 모두 관심의 단위가 될 수 있다.

1) 직접적 개입

개인, 가족과 소집단에 개입할 때, 사회복지사의 책임은 사람들의 독특성에 맞게 개입접근을 적용하는 것이고, 클라이언트가 계획된 변화를 일으키기 위해 필요한 행동을 수행할 때 이들을 원조하는 것이다. 사회복지사는 변화과정에 대한 클라이언트의 반응을 지속적으로 점검해야 하고 동의한 목표들에 대한 진전을 정기적으로 사정해야 한다(Sheafor & Horejsi, 2008; 남기철 외 역, 2010: 386).

사회복지실천과정에서 개입단계에 사회복지사가 수행하는 직접적인 실천활동은 다음과 같다. ① 관계를 발전시키기 위한 활동, ② 환경에 대해 이해를 발전시키기 위한 행동, ③ 계획과정에서 취하는 행동, ④ 클라이언트가 가용자원을 알고 사용할 수 있게 하는 행동, ⑤ 클라이언트에게 임파워먼트 또는 가능성 증진을 위해 취하는 활동, ⑥ 위기상황에서 취하는 활동, ⑦ 클라이언트의 사회적 기능을 지원하기 위한 활동, ⑧ 원조활동의 기본인 클라이언트와 함께 하는 활동을 위한 활동, ⑨ 클라이언트와 그들의 환경 내 체계 간의 중재를 위해 취하는 활동, ⑩ 사회복지의 임상 모델을 사용하는 데 있어 취하는 활동(Johnson & Yanca, 2004; 한인영 외, 2006)이다.

직접적 개입은 기본적으로 개인, 가족이나 소집단 체계 자체의 변화를 가져오는 활동들이다. 개인에 대한 개입활동에서 주로 사용하게 되는 기술들은 개인의 문제가 내·외부로부터 스트레스에 대한 능력의 부족에서 비롯된다는 시각에서 출발하여 이것을 수정하는 데 필요한 기술로서 의사소통기술, 행동변화기술 등이 주로 활용된다. 이러한 기술들과 관련하여 클라이언트의 사고와 감정 및 행동을 변화시키기 위해 개인과 가족을 대상으로 주로 활용되는 직접적인 개입기술은 다음과 같다.

(1) 환기(ventilation)

환기는 남에게 말하지 못한 문제를 감싸 주는 분위기에서 클라이언트가 말할 수 있도록 도와주는 기법이다. 클라이언트의 억압되어 있는 감정, 특히 부정적인 감정인 분노, 증오, 슬픔, 죄의식, 불안 등이 문제해결을 방해하거나 감정 자체가 문제가 되는 경우 이를 표출하도록 함으로써 감정의 강도를 약화시키거나 해소시키려고 하는 기법이다.

(2) 정보 제공

정보 제공이란 클라이언트의 문제해결능력을 향상시키기 위해 클라이언트에게 의사결정이나 과업수행에 필요한 정보와 지침을 제공하는 것이다. 정보를 제공할 때에는 클라이언트의 현재 심리상태를 주의 깊게 고려해야 하며, 정보나 지식을 논리적, 단계적으로 제공해야 한다.

(3) 일반화(universalization)

클라이언트의 생각, 감정 또는 행동이 다른 사람들과 비슷하다는 것을 설명하는 진술로 이루어진 재확신의 한 형태로 클라이언트가 자기만이 이런 문제가 있다고 괴로워하는 것에 대해 비슷한 상황에 있는 사람들이 일반적으로 그런 경험을 겪는다든지 또는 특별하게 자신만이 가지고 있다고 생각하는 사고, 감정, 행동이 다른 사람들이 공통적으로 겪는 일임을 지적해 줌으로써 클라이언트가 자기 자신을 다른 사람들로부터 소외시키거나 일탈감을 갖지 않도록 하는 기법이다.

(4) 재보증(reassurance)

자신의 능력이나 자질에 대해 회의하고 있는 클라이언트에게 사회복지사가 신뢰를 표현해 줌으로써 클라이언트의 자신감을 향상시키는 기법이다.

사실상 합리적이고 현실적인 생각과 결정에 대해서 클라이언트가 의구심을 갖고 있을 때 사용된다. 재보증은 현실에 기초해야 하며, 그렇지 않을 경우 클라이언트는 사회복지사가 상황이나 문제가 무엇인지를 충분히 이해하지 못한다고 결론을 내리게 될 것이다.

(5) 초점화(focusing)

초점화란 클라이언트가 자기문제를 언어로 표현할 때 느끼는 혼란과 산만성을 점검해 줌으로써 클라이언트의 말 속에 숨겨진 선입관, 가정, 혼란을 드러내 주어 자신의 사고과정을 명확히 볼 수 있도록 해주는 기법이다. 초점화를 잘 하려면 사회복지사가 적절한 시기에 질문을 함으로써 클라이언트가 자신의 정보, 감정, 경험을 분류하여 명료하게 하고 정리할 수 있게 해주어야 한다(엄명용 외, 2011: 336).

(6) 명료화(clarification)

명료화는 클라이언트의 사고, 감정, 행동이 현재의 사건과 연관되어 있는지 탐색하고 연결하여 분명하게 하는 것이다.

적극적인 경청의 기술 중 하나로 클라이언트가 좀 더 명시적으로 말하도록 격려하고 클라이언트가 말한 것에 대해 사회복지사가 이해했음을 입증하기 위하여 질문하는 것이다. 클라이언트의 말을 반복하거나 요약해 주는 방법을 사용할 수 있다.

(7) 직면(confrontation)

직면이란 주로 클라이언트가 자신의 문제를 보증하거나 회피하고 합리화하여 변화를 거부할 때 사용하는 기법이다. 주로 클라이언트가 자신에게 도움이 되지 않으면서 타인에게 위협이 될 때 이를 재인식하도록 하기 위해 쓰인다.

도전이라고도 불리는 직면은 클라이언트가 자멸적이고 바람직한 변화에 방해가 되는 왜곡, 속임수, 부정, 조정 등을 사용하고 있음을 스스로가 인식하도록 돕는 관대하고 존중할 만한 기법이다.

(8) 조언

조언하기는 클라이언트가 해야 할 것을 추천하는 사회복지사의 진술을 의미한다. 즉, 클라이언트가 이렇게 하는 것이 어떻겠느냐고 행동을 제안하는 것이다. 사회복지사는 전통적으로 충고하기를 주저한다. 충고는 클라이언트의 자기결정이라는 원칙에 위배된다고 여겨지기 때문이다. 조언을 하는 데에는 많은 함정이 있으므로 매우 신중해야 한다.

(9) 모델링(modeling)

대부분의 학습, 특히 사회적·상호작용적 학습은 다른 사람을 관찰하고 그 행동을 모방함으로써 학습되며 이러한 학습과정을 모델링이라고 한다.

모델링은 타인이 바람직한 행동을 하는 것을 보고 그대로 모방함으로써 행동을 변화시키려는 것으로 클라이언트가 모방할 수 있는 행동의 예를 제시하는 것이다.

이것은 다른 사람의 반응을 관찰하는 것만으로 그 반응을 학습하는 것인데 조건화나 강화가 필요 없다는 것이 독특하다.

(10) 행동시연(behavioral rehearsal)

행동시연은 클라이언트가 보호된 환경 안에서 실패의 위험 없이 새로운 행동을 시도해 보는 기회를 제공한다.

행동시연에서는 사회복지사가 적절한 주장행동에 대한 시범을 보이고 클라이언트에게 점진적으로 유사한 행위순서를 반복적으로 수행하도록 요구한다. 초기에는 표현되는 행동(신체 자세, 발성 훈련, 시선 접촉)에 중점을 두고, 다음에는 클라이언트가 현실세계에서 주장활동을 수행하도록 격려한다.

(11) 재구성(reframing)

재구성은 클라이언트의 행동이나 경험을 다른 관점으로 그리고 더 긍정적인 시각으로 볼 수 있도록 어떤 문제에 대해 클라이언트가 부여하는 의미를 수정해 줌으로써 클라이언트의 시각을 긍정적인 방향으로 변화시키려는 기법을 말하는 것으로서 재명명(relabeling), 재정의(redefining)와 유사한 개념으로 사용된다.

(12) 탈삼각화(detriangulation)

보웬(Bowen)의 세대 간 접근기법으로서 가족 내 두 사람 간 갈등해결방식으로 제3자를 끌어들이는 것에서 벗어나게 하는 것을 말한다. 즉, 두 성원의 감정영역에서 제3자의 가족 구성원을 분리시키는 과정으로 보웬(Bowen)에 따르면 성원의 분화가 이루어지지 않은 가족일수록 두 성원 간 불안수준이 높아지면 다른 성원을 끌어들여 삼각관계를 형성하려고 한다. 예를 들어 부부 갈등 시 부부 중 한편이

자녀가 자신의 편을 들어 자신의 정당성을 확보하려는 태도를 취할 때 자녀를 끌어들이지 않고, 부부가 직접 문제를 해결하도록 함으로써 자녀가 부모의 갈등에서 벗어나도록 하는 것을 말한다(장수미 외, 2010: 216-217).

(13) 가족조각(family sculpture)

가족조각은 가족 성원으로 하여금 가족관계를 표현하는 조각을 만들어 보게 하여 가족관계에 대한 성원의 인식을 파악하는 기법이다.

한 가족 성원에게 다른 성원을 배치하게 하여 표현된 가족 성원의 위치, 몸짓, 자세를 통해 가족관계에 대한 가족 성원의 인식을 알아보고 참여한 성원이 각자의 느낌을 이야기하거나 질문하도록 하여 가족관계에 대한 성원의 생각이나 느낌을 서로 이해하도록 한다(장수미 외, 2010: 218).

(14) 경계 만들기(boundary making)

경계 만들기는 구조적 기법으로 가족 내 성원이 지나치게 밀착되거나 분리되어 있는 경우, 적절한 경계를 만드는 것을 말한다. 지나치게 밀착된 관계를 맺고 있는 가족은 어느 정도 거리를 두어 개인의 독립성과 자율성이 확보될 수 있도록 하고, 지나치게 분리되어 있는 가족은 상호작용이 더욱 활발해질 수 있도록 지원한다. 세대 간 경계를 명확히 하고 부모하위체계나 자녀하위체계가 분리될 수 있도록 면담상황에서 부모끼리, 자녀끼리의 자리 재배치하기, 취약한 하위체계와 번갈아 가며 일시적 동맹 맺기 등의 방법을 사용할 수 있다(장수미 외, 2010: 217).

2) 간접적 개입

간접적 개입은 클라이언트체계의 목적을 달성하기 위해 표적체계 및 외부기관과 접촉하는 것을 의미한다. 클라이언트 개인의 변화만으로 문제해결이나 목표달성이 어려울 때, 개인보다 환경의 변화를 통해서 목표에 도달하게 되는데 이를 환경에 대한 개입활동 또는 클라이언트체계에 간접적으로 영향을 준다고 해서 간접적 개입이라고 한다(엄명용 외, 2011).

간접적 개입의 방법에는 환경변화를 위한 개입, 영향력 있는 인사들과의 관여활동, 서비스 조정, 조직체 내부활동을 위한 활동, 옹호활동 등이 있고(김기태 외, 2007), 클라이언트의 변화를 위해 사회복지사가 개입하는 활동에는 서비스 조정에 관련된 활동, 프로그램 계획과 개발을 위한 활동, 환경조작, 옹호활동 등이 있다.

(1) 조정(coordination)

조정은 두 가지 이상의 서비스 제공자들과 함께 일하는 것을 의미하며, 환경조정이란 클라이언트의 독특한 동기, 능력 및 욕구, 그리고 환경에 대한 진단적 평가를 한 후에 취해지는 목표지향적 문제해결의 개입, 즉 개인과 환경 간의 중간영역에 작용하는 다각적인 개입이다. 여기서는 새로운 자원과 기회를 제공하여 환경을 풍부하게 하는 것과 개인과 환경 내에 부정적인 물리적, 심리적, 사회적 압력을 감소시키는 것이 포함된다.

환경조정의 일차적인 기능은 개인과 환경 간의 조화를 회복, 유지, 증진시키기 위해 자원과 기회를 제공하며 환경 내의 유의미한 사람과 클라이언트의 개인적 대인관계능력을 증진시키는 것이다(김기태 외, 2007: 270).

❶ 환경조정

환경조정이란 클라이언트의 사회적 기능을 강화하기 위한 한 가지 수단으로 클라이언트의 환경에 변화를 가져오는 전략이다. 환경조정은 리치먼드로부터 내려오는 전통적인 개입방법으로 환경은 그 안에 살고 있는 개인의 행동, 감정, 자아상(self-image)에 심오한 영향을 끼치는데 시포린(Siporin, 1975)은 환경적 개입을 '구조적, 문화적, 기능적 유형을 변화시키기 위한 활동들'이라고 했다.

❷ 사회적 지지체계의 개발

사회적 지지체계의 개발은 사회복지사가 클라이언트의 사회적 지지망을 활성화시키거나 새로운 지지망을 개발해 주는 것을 의미한다.

인간이 누구나 타인으로부터 자신의 행동과 판단, 그리고 사고 등에 대해서 지지받기를 원하는 것을 사회적 지지라고 하는데, 이것은 주관적 지지와 객관적 지지로 구분할 수 있다.

주관적 지지는 개인이 사회로부터 지지받고 있다고 스스로 생각하는 것이고, 객관적 지지는 사회적 관계를 통해 타인들로부터 구체적으로 주어지는 객관적인 지지행동을 의미한다(Vaux, 1986; 양옥경 외, 2010).

사회적 지지가 부족한 상황에서 많은 신체, 심리사회적 문제가 발생하므로 사회복지사는 클라이언트가 가지고 있는 기존의 사회적 지지체계를 활성화시키거나 적절한 지지체계가 없다면 새로운 지지체계를 개발해 주는 것이 필요하다.

사회적 지지체계를 개발하는 방법은 자연적 지지체계의 활성화, 공식적 지지체계의 활용, 자원봉사자의 활용 등이 있다.

자연적 지지체계를 활성화하는 것은 산업화, 도시화, 핵가족화로 인해 줄어들고 있는 클라이언트의 자연적 지지체계를 의도적 개입으로 활성화하는 것이고, 공식적 지지체계의 활용은 클라이언트의 욕구에 환경이 반응할 수 있도록 기존의 다양한 사회복지기관 및 프로그램을 활용하는 것이며, 자원봉사자의 활용은 클라이언트의 욕구를 만족시키기 위해 사회복지사가 자원봉사자를 활용하는 지지체계의 한 형태라고 할 수 있다.

❸ 프로그램의 개발

지역사회에 클라이언트의 욕구와 문제를 해결할 수 있는 서비스가 없을 경우, 사회복지사는 클라이언트의 욕구를 만족시킬 수 있는 새로운 프로그램 및 자원을 개발해야 한다.

프로그램의 개발단계(양옥경 외, 2010)는 문제의 확인, 욕구의 파악, 목적 및 하위목적의 설정과 우선순위 결정, 성취목표의 구체화, 제공서비스 예측, 대안의 선택, 세부프로그램의 설계, 예산, 집행, 평가, 피드백의 순서로 진행된다.

❹ 클라이언트를 위한 옹호활동

옹호(advocacy)서비스는 사회복지사를 다른 전문직과 차별화해 주는 것으로, 전통적으로 매우 중요한 활동이다. 옹호는 지식이나 사회적 자원 등의 부족으로 자기의 권리를 주장하지 못하는 클라이언트를 대신하여 설득이나 강제력을 동원해 영향력을 행사하는 것이다. 즉, 의사결정의 유형을 변화시킴으로써 클라이언트의 권익을 보호하는 특정한 결정이 내려질 수 있도록 하려는 것이다(엄명용 외, 2011).

사회복지사는 부적절하거나 불평등한 사회적, 법률적, 제도적 기능 및 사회복지 기관의 기능으로 인해 욕구를 충족할 수 없는 클라이언트 개인이나 집단을 위해 옹호활동을 하게 되는데, 개인에 대한 옹호는 특정 개인에게 서비스와 사회복지혜택이 제공되도록 노력하거나, 이미 제공되고 있는 서비스가 클라이언트의 존엄성을 인정하도록 영향을 미치는 것이고, 집단을 위한 옹호는 특정 불이익 집단을 위해 제도적, 법률적 체계를 변화시키도록 노력하는 것이다(양옥경 외, 2010).

클라이언트를 위한 옹호활동의 방식에는 정치적 과정에 영향력을 행사하는 것과 사회행동이 있다(Johnson, 1989; 양옥경 외, 2010). 정치적 과정에 영향력을 행사하는 것은 대부분의 공공정책이 입법행동의 결과로 나타나고, 입법행동은 정치영역에서 이루어지므로 정치과정에서 영향력을 행사하여 정책결정과정이 클라이언트 집단의 욕구에 적절히 반응하도록 노력하는 것이다. 사회행동은 기본적인 제도변화를 위해 권력구조, 제도, 정치적 구조에 압력을 행사하는 것을 의미한다.

3) 점검

개입단계에서 해야 할 또 다른 활동은 개입활동의 전개과정이 설정된 목표에 비추어 볼 때 올바른 것인지 여부를 점검(monitoring)하는 것이다. 개입의 초기 단계에서 맺은 계약은 문제의 우선순위와 목표, 그리고 사회복지사와 클라이언트의 개입활동의 구체적 내용을 포함하고 있다.

점검을 하는 목적에 대해 헵워스와 라슨(Hepworth & Larson, 1990)은 다음과 같이 이야기 하고 있다.

첫째, 점검은 개입전략의 효과성을 평가하기 위한 것으로, 만약 개입 결과 예상한 효과가 나타나지 않는다면 사회복지사는 그 원인을 찾아내어 제거하거나 대안을 강구해야 한다.

둘째, 점검은 개입전략의 효율성을 평가하기 위한 것으로 목표를 달성하려는 클라이언트의 노력을 평가하여 개입활동의 초점을 지속시켜야 한다.

셋째, 점검은 개입의 진전 과정에 있을 수 있는 장애요인을 발견하여 대처하기 위한 것으로 점검을 통해 클라이언트의 반응을 평가하여 진전이 부진할 때 클라이언트가 보이는 부정적인 태도와 정서에 즉각적으로 대처해야 한다.

넷째, 점검을 통해 개입의 효과를 지속적으로 평가하여 원조과정에 대한 클라이언트의 동기와 자신감을 고양시킨다.

결론적으로 점검은 이미 수립된 개입계획이 차질 없이 수행되도록 하는 것인 동시에 변화나 문제가 생기면 이를 클라이언트의 최선의 이익이라는 원칙하에 계획을 수정할 수 있는 융통성을 발휘하기 위한 것이라고 할 수 있다.

06 평가와 종결, 사후관리

1) 평가

평가란 사회복지실천과정에서 개입이 성공적으로 달성되었는지, 그리고 그 변화가 개입에 의한 것인지를 구체적으로 확인하기 위해 효과성과 효율성을 측정하는 과정이다. 여기서 효과성은 목표달성 여부를 말하고, 효율성은 투입된 비용과 산출된 성과 간의 비율을 말한다.

사회복지실천과정에서의 변화과정이 끝나는 시점에서 최종적인 평가가 이루어져야 하며, 이때 사회복지사는 클라이언트가 변화한 정도를 측정하고, 개입의 성공 여부를 사정해야 한다. 최근 사회복지실천의 영향 증가는 클라이언트, 기관, 지역사회에 대한 책임성과 책무성과 맞물려 반드시 자신의 실천에 대한 평가에 대해서도 능숙한 역량이 요구되고 있다.

이처럼 평가를 통해 얻은 자료를 바탕으로 프로그램을 중단, 축소 혹은 수정, 계속, 보완 혹은 확대할 것이냐를 결정하는 중요한 행정적 결정을 내릴 수 있다. 프로그램이 당초 의도했던 효과를 발생하지 못한다든가, 나타나는 효과와 비교해서 비용이 더 클 때는 이를 즉각 수정 혹은 축소, 중단하여야 할 것이다(성규탁, 1994).

(1) 사회복지사의 책임성

사회복지사는 클라이언트에게 그들의 어떤 동의나 계약을 유지하고, 동의한 서비스를 제공할 책임과 함께 사회복지실천 가치를 유지하고 서비스 전달에서 윤리강령을 지킬 전문직에 대한 책임이 있다. 또한, 사회복지사는 기관의 지침과 프로그램, 기관이 개발한 정책 안에서 서비스를 전달할 사회복지사를 고용한 기관에 대한 책임이 있다. 바꾸어 말하면, 기관은 기관에 대한 지지와 승인을 제공하는 사람들에 대한 책임이 있다(Johnson & Yanca, 2001, 전재일·이성희, 2003, 재인용).

책임성은 사회복지기관의 다수 후원자와 상황 속 인간의 체계적 특성 때문에 복잡하지만, 효과성과 효율성이라는 두 가지 구성요소를 가진다. 먼저, 효과성은 서비스가 처음 의도한 목표에 도달했는가에 관련된다.

효율성은 서비스의 비용을 가리킨다. 인간 서비스의 특성 때문에 책임성은 클라이언트 수, 클라이언트와 보낸 시간, 서비스 비용을 결정하는 것 이상을 의미한다. 서비스가 클라이언트의 능력에 영향을 미친 정도를 포함하는 사회비용도 고려되어야만 한다. 사회비용은 서비스가 클라이언트의 직접적인 환경 안의 체계 기능 수행에 얼마나 영향을 미치는지 혹은 클라이언트, 중요한 다른 사람, 그리고 지역사회가 얼마나 영향을 받았는지를 포함한다(Johnson & Yanca, 2001, 전재일·이성희, 2003, 재인용).

(2) 평가의 유형과 방법

❶ 과정평가와 총괄평가

과정평가는 원조과정 동안 시행한 사정과 관련된 것이다. 이 평가는 사회복지사가 진행을 검토하고, 필요하다면 개입계획을 수정하도록 한다. 이러한 의미에서 과정평가는 실천을 점검하는 것이다. 그렇지만 진행의 종결까지 계속될 때 그것은 최종결과에서 성공과 실패에 관련된 요인을 사정할 수 있는 총괄평가의 형식을 취하게 된다. 평가의 모든 접근은 이 두 가지 범주에 해당한다(Ginsberg, 2001).

• **과정평가**

형성평가라고도 하는 과정평가는 프로그램이 어떠한 경로를 거쳐서 효과를 발생하였는지를 파악하는 평가를 말한다. 프로그램이 끝났는데도 효과가 나타나지 않을 때가 있다. 이런 때에는 서비스를 전달한 과정을 추적해 올라가서 살펴보고, 그 원인을 파악할 필요가 있다. 효과가 있을 때에도 역시 그 전달과정을 추적해 올라가 효과가 나타나게 된 이유를 사후 조사해 본다. 즉, 프로그램의 효과는 어떠한 과정을 거쳐 발생하였는지, 그것이 발생하지 않았을 때 어떤 과정상의 잘못이 있는지, 더욱 큰 효과를 발생하는 과정은 없는지를 알아보는 작업이다.

• **총괄평가**

앞서 살펴본 과정평가(형성평가)가 활동과정을 고찰하고, 서비스를 제공하는 여러 단계 동안의 활동이 최종결과에 얼마나 영향을 미쳤는가에 관심을 둔다면, 총괄평가는 결과와 효과성에 관심을 두고 있다. 이러한 평가는 관계의 성질, 세션의 내용, 활동이 이루어진 장면과 같은 것을 고찰한다. 두 가지 형태 모두 사회복지실천에서 중요하고 평가과정에 포함되어야 할 것이다. 사회복지사가 이용하는 평가의 종류는 부분적으로 사회복지실천과정의 단계나 책임성에 관련되며, 자료를 필요로 하는 기관에 따라 다르다(Johnson & Yanca, 2001).

총괄평가는 프로그램의 최종적 효과를 파악하는 작업이다. 즉, 프로그램이 집행되고 난 후에 그 프로그램이 고객과 사회에 미친 영향을 추정하는 조사활동이다. 총괄평가는 흔히 결과 혹은 산출평가라고 한다. 이처럼 총괄평가에서는 효과성과 효율성을 다 같이 평가해야만 한다.

❷ 실천평가와 프로그램 평가

사회복지사와 사회복지기관에서는 실천평가와 프로그램 평가 모두에 관심을 두어야만 한다. 일부 사회복지사와 사회복지대학에서는 실천평가와 프로그램 평가를 엄격히 구분하고 있다.

• 실천평가

실천평가는 구체적인 클라이언트의 문제와 목적과 관련하여 사회복지사와 클라이언트가 개입계획의 효과성과 효율성을 측정하는 것이다(Compton & Galaway, 1994, 1999). 사회복지사는 서비스를 개인, 가족, 집단, 조직 혹은 지역사회에 제공하여 기대한 만큼 변화를 가져왔는가를 평가한다. 따라서 실천평가는 과정평가나 총괄평가일 수 있다.

• 프로그램 평가

프로그램 평가는 가족상담, 사례관리, 가정위탁보호 등과 같은 많은 클라이언트나 전체 지역사회에 제공하는 프로그램의 효과성과 효율성을 평가하는 것이다(Compton & Galaway, 1994, 1999).

그렇다면 프로그램 평가를 유용하게 하는 데 도움이 되는 지침은 없을까? 바로 다음과 같은 지침이 평가를 유용하게 하는 데 도움이 될 것이다(전재일·이성희, 2003).

첫째, 평가자료와 보고서의 사용자(행정가, 실천가, 프로그램 기획가, 입법가, 재정 모금자 등)를 명확히 한다. 그들은 이 평가에서 진정으로 무엇을 원하고 필요로 하고 있는가? 또한 그들은 어떠한 유형의 정보를 이해하고 사용할 수 있는가? 평가결과 프로그램의 지속, 조정, 종결에 영향을 줄 것이라는 믿음이 합리적인 것인가? 프로그램 평가의 결과가 프로그램의 운영이나 서비스 제공에 실제적인 차이를 줄 수 없다면 프로그램 평가를 시도할 필요가 없다.

둘째, 평가가 가능한지 결정한다. 평가에 필요한 시간, 자금, 기술이 사용 가능한가? 프로그램 평가 전문가에게 접근할 수 있는가? 필요한 자료가 실제로 사용 가능한가? 모든 핵심 직원이 평가의 계획에 동조하는가? 프로그램이 면밀한 조사를 수행할 만큼 충분히 안정적인가? 평가할 수 있을 만큼 프로그램이 충분히 오랫동안 진행됐는가?

셋째, 프로그램의 목적과 목표를 진술한다. 이것은 일단 평가를 하는 데 가장 어렵고 중요한 단계이다. 프로그램이 무엇을 달성하려고 하는지 정확히 알지 못하면 평가할 수가 없다.

넷째, 평가될 프로그램의 개입을 서술한다. 개입활동은 논리적으로 프로그램의 목적, 목표와 관련되어야 하고 프로그램이 통제하는 요소나 힘에 초점을 두어야 한다. 개입이나 서비스의 단위를 명확히 기술한다. 예를 들면, 개입활동이 일어나는 때를 기술하기 위해 다음의 것들을 질문할 수 있다. 언제 시작하고 끝나는가? 사회복지사가 개입이 시작되는 때를 결정하는가? 아니면 클라이언트나 다른 사람이 결정하는가? 개입과 그 외의 클라이언트와 직원과의 상호작용을 구별할 수 있는가? 언제 서비스를 제공받았는지 판단할 수 있는가?

다섯째, 변화에 대한 측정 가능한 지표를 선정한다. 일단 프로그램에서 변화시키고자 하는 특정 태도, 행동, 조건에 대해, 즉 프로그램의 목적에 대해 명확히 알게 하고, 이 변화를 유발하는 데 사용될 개입에 관해서도 명확히 안다면, 추적하여 측정할 수 있는 변화의 지표를 선정해야 한다. 이 지표는 논리적으로 프로그램 개입으로 발생한 것이어야 한다. 또한, 개입으로 나타나는 효과가 일정한 시간 틀 내에 일어난 것으로 생각하는 것이 합리적인지를 판단해야 한다.

여섯째, 적절하고 사용 가능한 자료수집과 측정의 도구를 선정한다. 타당성 있고 신뢰성 있는 도구를 개발하는 것은 복잡하고 시간이 오래 걸리며 비용이 드는 과정이다. 그러므로 사용 가능한 도구를 선택하도록 해야 하고, 비슷한 프로그램에서 사용된 평가도구를 검토하여 다른 사람들이 유용한 것으로 인정한 도구를 사용해야 한다.

일곱째, 자료를 어떻게 수집하여 도표화하고 분석할지 계획한다. 사용하고 관리할 수 있는 것 이상의 자료를 모으지 말아야 한다. 원하는 자료는 실제로 사용 가능한 것이어야 한다. 예를 들어 다양한 사례파일에서 자료를 모으려고 한다면, 파일 모두가 필요한 정보를 담고 있는지 확신할 수 있는가? 자료가 컴퓨터 시스템 안에 저장되어 있다면, 그것을 이용할 수 있는가? 원하는 정보를 클라이언트의 양해 없이 얻을 수 있는가?

여덟째, 평가결과를 해석한다. 평가노력의 마지막 산물은 결과의 보고이다. 이 해석에서 각별한 주의가 필요하다. 프로그램의 성공과 실패를 설명하는 것이 개입의 성격 이외에 다른 요소에 의한 것일 수도 있다. 예를 들면, 성공적인 프로그램에서는 매우 헌신적이고 동기화된 사람이 지도적 위치에 있을 수 있다. 이러한 사람이 여러 장애에도 프로그램이 제대로 작동하도록 열심히 노력했을 수 있고, 그러한 지도력 요인이 프로그램 설계나 개입기법만큼 성공적인 결과와 관련이 있을 수 있다. 이와 반대로 좋은 착안의 프로그램일지라도 사회복지사의 사기가 낮아서 좋지 않은 결과가 나왔을 수도 있다.

2) 종결

종결은 일종의 사회복지사와 클라이언트 사이의 분리 경험이며, 그에 따르는 다양한 감정이 개입되어 있다. 또한 사회복지실천과정에서 사회복지사와 클라이언트 간의 개입활동을 마치는 것으로 클라이언트와의 업무적 관계를 끝맺는 체계적인 절차를 말한다(Baker, 2003). 일반적으로 종결은 계획된 개입기간이 종료되었거나, 목적이 달성되었을 때 일어난다.

따라서 원조과정에서 종결단계는 세 가지 중요한 측면을 포함한다(Hepworth et al., 2010).

첫째, 클라이언트의 목적이 만족스럽게 달성된 시점을 사정하는 것

둘째, 클라이언트가 종결 후에도 변화를 유지하고 성장을 지속할 수 있도록 전략을 발전시키는 것을 돕는 것

셋째, 성공적으로 원조관계를 종료하는 것이다.

종결과정에서 사회복지사의 과업은 ① 적절한 종결시기의 결정, ② 클라이언트와 사회복지사의 정서적 반응의 처리, ③ 개입을 통해 획득한 효과의 유지와 강화, ④ 필요한 경우 클라이언트를 다른 자원으로 의뢰하는 것이라고 할 수 있다.

종결이 적합한지를 결정할 때에는 다음과 같은 기준을 고려하여야 한다(Sheafor et al., 2006; 최혜경, 2009: 371-372).

① 개입목표가 달성되었는가?

② 서비스 제공이 합의된 시간 내에 달성되었는가?

③ 클라이언트가 기관에 가지고 온 문제나 상황이 충분히 해결되어 클라이언트가 현재 만족스러운 수준으로 기능하고 자신이나 타인을 해칠 위험이 없는가?

④ 사회복지사와 기관이 만족할 만한 성과 없이 시간, 에너지, 기술을 투입하고 있는가?

⑤ 클라이언트와 사회복지사는 모두 앞으로의 접촉에서 더 이상의 이득을 기대할 수 없다는 결론에 도달했는가?
⑥ 클라이언트가 사회복지사나 기관에 부적절하게 의존하게 되었는가?
⑦ 클라이언트를 다른 기관이나 다른 전문가에게 의뢰하는 것이 더 적합한가?

(1) 종결의 유형

종결은 언제 해야 하는가? 종결은 다음과 같은 다섯 가지 유형에 의해서 이루어진다(Hepworth & Larsen, 1986, 1990).

첫째, 클라이언트에 의한 일방적이고 미숙한 종결, 둘째, 시간적 구속요인에 의한 계획된 종결, 셋째, 시간제한적 개입모델에 의한 계획된 종결, 넷째, 시간제한이 없는 개입모델에서의 계획된 종결, 다섯째, 사회복지사의 개인적 사정으로 말미암은 종결이다.

❶ 클라이언트에 의한 일방적이고 미숙한 종결

클라이언트가 갑자기 약속을 어기거나, 이런저런 이유로 올 수 없음을 핑계대거나, 자신의 문제에 대하여 더 이상 논의를 거부할 때 미숙한 상태의 종결이 이루어진다. 클라이언트에 의한 일방적 종결은 대부분 미해결된 저항 때문이다. 이럴 때는 시간을 갖고 적절하게 대화하면 해결될 수도 있다. 만약 사회복지사에 대한 부정적 감정 때문이라면, 사회복지사가 이에 대하여 관심을 가지고 함께 깊이 논의하는 것이 도움이 될 수 있다.

클라이언트의 종결 시 사회복지사의 메시지는 솔직하고, 존중심과 관심을 가지고 전달되어야 한다. 그들이 원하면 언제든지 어려움이 있을 때 찾아와서 도움을 요청할 수 있다는 사실을 알려 준다.

❷ 시간적 구속요인에 의한 계획된 종결

기관이나 조직의 기능이 정해진 기간만 서비스를 제공할 때, 종결은 그에 따라

이루어져야 한다는 한계가 있다. 예를 들어 학교 프로그램은 방학이 되면 종결이 되고, 병원 서비스는 환자가 퇴원하게 되면 종결할 수밖에 없다.

종결 시 사회복지사는 클라이언트의 분리에 대한 감정을 다루어 주어야 한다. 또한 필요하면 지속해서 서비스를 위해 의뢰를 고려해야 한다.

❸ 시간 제한적 개입모델에 의한 계획된 종결

종결 시점을 시작 시점부터 미리 알고 있게 되면 정서적 애착과 의존심은 물론 종결에 따른 상실감의 정도도 감소시켜 준다. 하지만 이 유형의 종결에서도 나름대로 종결에 대한 정서적 반응이 나타나므로, 사회복지사는 이에 민감하게 대처해야 한다. 따라서 사회복지사는 마지막 종결시간 전 공식적으로 종결에 대비한 시간을 갖도록 하여 이를 공식화하고, 종결과업을 제시하도록 하여야 한다.

❹ 시간제한이 없는 개입모델에서의 계획된 종결

시간제한이 없는 개입모델에서는 종결 시점을 결정하는 것이 중요한 과제가 된다. 서비스 기간을 6개월 이상 지속할 때, 클라이언트는 장기적 서비스에서 오는 의존성과 원조관계에서 얻는 만족을 중단하는 일에 익숙하지 않음으로 말미암아 변화에 대한 두려움을 표시하고, 원조관계에 매달리려고 한다.

사회복지사는 클라이언트에게 충분한 진전이 있다고 판단되면, 그들에게 종결에 대한 사전 언급을 해야 한다. 이에 대한 클라이언트의 동의가 있거나 그들이 목표달성에 대한 만족감을 표현하면 사회복지사는 종결계획을 함께 논의하여야 한다.

❺ 사회복지사의 개인적 사정으로 말미암은 종결

사회복지사가 이동이 있거나 전직을 하게 되는 때와 같은 개인 사정으로 말미암은 종결은 클라이언트와 사회복지사 모두에게 힘든 상황이다. 특히 이전에 중요한 다른 사람과의 관계에서 거부당한 적이 있는 클라이언트는 더욱 상처받기 쉽고, 자존감이 저하되고, 자기가치감이 상실된다.

이러한 상황에서 클라이언트의 감정적 반응에 대응하여 사회복지사도 죄책감에서 오는 과잉보상을 하거나, 종결에 대한 이야기를 지연하거나, 지나친 변명이나 열정을 보이게 된다. 사회복지사의 이런 행동은 오히려 클라이언트에게 종결에 대한 상황을 어렵게 만들 수 있다. 따라서 이럴 때 사회복지사는 시간이 허락하는 한 클라이언트에게 감정표현을 할 수 있는 시간을 갖도록 해주고, 다른 사회복지사에게 의뢰되어 원조를 받을 수 있는 준비를 할 수 있게 해주어야 한다.

(2) 종결에서 사회복지사의 역할

종결에 대해 긍정적인 태도를 보이는 클라이언트는 실천과정을 통해 성취감과 자신감을 갖게 된 것에 대해 만족스러워 한다. 또한 대처기술을 익힌 것에 대해 기뻐하고, 종결 이후에는 사회복지사의 도움 없이 생활해 나갈 수 있다는 것에 대해 흡족하게 생각한다.

반면, 종결에 대해 부정적인 정서반응으로 이별에 대한 상실감, 분노, 슬픔 등이 있을 수 있다.

사회복지사는 클라이언트가 부정적인 감정을 직접적으로 표현할 수 있도록 돕고 이에 대해 함께 참여해야 한다. 종결에 대해 저항을 보이는 클라이언트의 경우, 전형적으로 다음과 같은 종결반응을(Levinson, 1977) 보이며, 이때 사회복지사의 역할은 다음과 같다.

① 사회복지사에게 계속 만나 달라고 매달린다. 이럴 경우 사회복지사는 클라이언트에게 독립적으로 문제를 해결하는 것이 목표였음을 강조한다.
② 과거의 문제가 재발했음을 보고한다. 이때 사회복지사는 문제에 초점을 두지 말고, 종결 이후 삶에 대한 불확실성·두려움에 초점을 두어 회기를 진행하며, 감정보다는 클라이언트가 회기를 통해 획득한 역량을 강조해 자기효율성을 높여 준다.
③ 종결단계에 들어와 새로운 문제가 발생했다면 그 문제를 다루기 전에 먼저 종결에 대한 감정을 탐색해야 한다.

④ 현재의 사회복지사를 대체할 새로운 대상을 찾는다. 이 경우는 의존심을 지속시키고자 하는 클라이언트의 욕구 때문에 발생하므로, 사회복지사는 클라이언트로 하여금 그 역할을 인식하도록 돕고 그 결과가 어떻게 될지 생각해 보도록 해야 한다(양옥경 외, 2010: 226-227; 김혜영 외, 2009: 235).

3) 사후관리

사후관리는 클라이언트나 사회복지사 모두에게 이익이 된다. 많은 클라이언트가 종결 이후에 계속 발전한다. 사회복지사는 이러한 이득에 대한 확신을 갖고 클라이언트로 하여금 계속 변화하도록 지지하여야 하며, 사후관리는 개입 이후 어려움을 경험하고 있는 클라이언트에게 필요로 하는 도움을 제공하기 위한 것이다.

따라서 사후관리란 클라이언트와 사회복지사의 공식적인 원조관계가 종료되어 개입이 더 이상 시행되지 않거나, 모든 개입이 종결된 후 개입목적과 관련하여 클라이언트의 기능 수준에 관한 정보를 획득하는 것이라고 할 수 있으며(Kirst-Ashman, & Hull, 1999: 336; 이영분 외, 2001: 260), 사후관리가 반드시 이루어져야 하는 이유는 다음과 같이 정리할 수 있다.

첫째, 클라이언트가 개입이 없이도 잘 기능하고 있는지를 파악할 수 있다.
둘째, 개입의 효과성을 알아볼 수 있다.
셋째, 사회복지사가 클라이언트의 변화 노력에 관심이 있음을 기억한다.
넷째, 클라이언트에게 아직 해결되지 않은 문제가 있음을 발견하면 필요한 도움을 제공하거나 또는 다른 사회복지사나 다른 기관에 의뢰할 수 있다.

참고문헌

김경호(2010). 사회복지실천론. 양서원.

김기태·김수환·김영호·박지영(2010). 사회복지실천론. 공동체.

김기태 외(2002). 사회복지실천론. 양서원.

김기태 외(2007). 사회복지실천론. 양서원.

김융일 외(1995, 1999). 사회사업실천론. 나남출판.

김융일 외(2000, 2006). 사회복지실천론. 나남출판.

김창곤(2003). 정신장애환자의 심리사회적 사정도구 개발에 관한 연구. 숭실대학교 박사학위논문.

김창곤(2008). 정신장애환자의 심리사회적 문제사정 도구개발. 신경정신의학, 47(4).

박세정·손명희(2008). 사회복지실천론. 창지사.

배태순·최명민·김영미 공역(2007). 전문사회복지실천 기술. 시그마프레스.

서울대사회복지실천연구회(1998). 사회복지실천 기법과 지침(Sheafor, B.W., Horejsi, C. R., & Horejsi, G. A. 원저자). 나남출판.

성규탁(1994). 사회복지프로그램의 평가. 계간 사회복지, 122, 3-26.

신성자 외(2002). 사회복지실천론. 고헌출판사.

양옥경·김정진·서비경·김미옥·김소희(2010). 사회복지실천론(개정 4판). 나남출판.

양옥경 외(2004). 사회복지 윤리와 철학. 나눔의 집.

양옥경 외(2005). 사회복지실천론. 나남출판.

엄명용·김성천·오혜경 · 윤혜미(2011). 사회복지실천의 이해(3판). 학지사.

이상호 · 최경화 · 김재열 · 안성의 · 유인애 · 황성식 · 석재은(2010). 사회복지실천론. 신정.

이영분 · 김기환 · 윤현숙 · 이은주 · 이원숙 · 최현미 · 홍금자(2001). 사회복지실천론. 동인.

이영분 외(2010). 가족치료 모델과 사례. 학지사.

이영실 외(2010). 가족치료. 양서원.

이종복 · 전남련(2011). 사회복지실천론(제3판). 학현사.

장수미 외(2010). 사회복지실천기술론. 학지사.

전남련 외(2011). 사회복지실천론. 오래.

전재일 · 조운희 · 이준상 · 이성희(2009). 사회복지실천. 형설출판사.

전재일 외(2003, 2004). 사회복지실천론. 형설출판사.

조휘일 · 강정숙 · 권순미 · 권현진 · 김경희(2005). 사회복지실천기술론(제너럴리스트 접근). 학현사.

조휘일 · 이윤로(2008). 사회복지실천론. 학지사.

조홍식 · 김인숙 · 김혜란 · 김혜련 · 신은주(2010). 가족복지학. 학지사.

조홍식 · 김연옥 · 황숙연 · 김융일(2009). 사회복지실천론(개정 3판). 나남출판.

최옥채(2005). 사회복지사를 위한 조직화 기술. 학현사.

한인영 · 장수미 · 최정숙 · 박형원 역(2006). 사회복지실천론(일반주의 관점), 하나의학사.

한인영 · 홍순혜 · 김혜란 · 김기환(1997). 학교와 사회복지. 학문사.

Barker, R. L.(2003). *The Social Work Dictionary*(5th ed.). Washington DC: NASW.

Bowen, M., Keer, M.(1988). *Family Therapy in Clinical Practice*. NY: Jason Aronson.

Compton, B. R., & Galaway, B.(1994). *Social Work Processes*(5th ed.). Belmont: CA: Wadsworth.

Compton, B. R., & Galaway, B.(1999). *Social Work Process*(6th ed.). Pacific Grove, CA: Brooks/Cole Publishing Company.

Epstein, L.(1980). *Brief Treatment and a New Look at the Task Centered Approach*. NY: Macmillan.

Epstein, L., & Brown, L. B.(2002). *Brief Treatement and a New Look at the Task-Centered Approach*. Boston: Allyn and Bacon.

Ginsberg, L. H.(2001). *Social work evaluation, principles and methods*. Boston: Alln & Bacon.

Hartman, A.(1978). *"Diagrammatic assessment of family relationships". Social Casework, 59*, 465-476.

Hartman, A.(1981). The family: A central focus for practice. *Social Work, 26*, 7-13.

Hepworth, D. H., & Larson, J. A.(1986, 1990). *Direct Social Work Practice*. Pacific Grove, CA: Brooks/Cole Publishing.

________________________(1993). *Direct Social Work Practice: Theory and skills*(4th ed.). Pacific grove, CA: Brooks/Cole.

Hepworth, D. H., Rooney, R. H., & Larson, J. A.(2006). *Direct Social Work Practice-Theory and Skills*. Wadsworth Publishing, a division of thomson learning, Inc.

Hepworth, D. H., Rooney, R. H., Rooney, G. D., Strom-Gottfried, K., & Larsen, J. A.(2010). *Direct Social Work Practice: Theory and Skills*(8th ed.). Belmont: Brooks/Cole.

Johnson, L. C.(1989). *Social Work Practice*(3rd ed.). Massachusetts: Allyn and Bacon.

___________(2001). *Social Work Practice-a General Approach*. Boston: Allyn & Bacon.

Johnson, L. C., and Yanca, S. J.(2001). *Social Work Practice: A Generalist Approach*(8th eds.). Boston: Pearson Education, Inc.

______________________(2007). *Social Work Practice: A Generalist Approach*(8th ed.). 하나의학사.

Kirst-Ashman, K. K., & Hull, Jr., G. H.(1999). *Understanding generalist practice*(Ed.). Chicago: Nelson-Hall Publishers.

Levinson, H.(1977). Termination of psychotherapy: Some salient issues, *Social casework, 58*, 480-489.

Maguire, L.(1991). *Social Support Systems in Practice*. Silver Spring, MD, NASW Press.

_________(2002). Clinical Social Work: Beyond Generalist Practice with Individuals, Groups and Families(1st ed.).

McGoldrick, Gerson, & Petry.(2008). 가계도-사정과 개입(이영분 외 역, 2011). 학지사.

McMahon, Maria O'Neil(1996). *The General Method of Social Work Practice, A Generalist Perspective*. 사회복지실천론 -통합적 관점(오창순 · 윤경아 · 김근식 역, 2001). 아시아미디어리서치.

Richmond, M. E.(1917). *Social diagnosis*. NY: Russell Sage Foundation.

_____________(1922). *What is Social Casework?*. NY: Russell sage Foundation.

Sheafor, & Horejsi(2008). 사회복지실천 기법과 지침(남기철 외 역, 2010). 나남출판.

Sheafor, B. W., Horejsi, C. R., & Horejsi, G. A.(2006). *Techniques and guidelines for social work practice*(4th ed). Boston: Allyn and Bacon.

Sheafor, B., Horejsi, C., & Horejsi, H.(1988, 1997). *Techniques and Guidelines for Social Work Practice*. Boston: Allyn & Bacon.

Shulman, L.(1979).*The Skills of Helping Individuals, Families, groups, and Communities*(5th ed.). Thomson Brooks/Cole.

_________(1984). *The skills Helping: Individuals, families and Groups*(3rd ed.). Itasca: F. E. Peacock Publishers, Inc.

_________(1991). *Interactional Social Work Practice: Toward an Empirical Theory*. Itasca: F. E. Peacock Publishers, Inc.

Siporin, M.(1975). *Introduction to Social Work Practice*. NY: MacMiillan.

Vaux, A. J., Phillips, L., Holly, B., Thompson, D. W., & Stewart, D.(1986). "The Social SupportAppraisal(SS-A) Scale: Studies of Rehability and Validity", *American ournal of Community Psychology, 14*.

Zastrow, C.(1995, 1999), *The Practice of Social work*. California: Brooks/Cole Publishing Co.

_________(2007). *The Practice of Social Work*(8th ed.). California: Thompson Brooke/Cole Publishing Co.

Zastrrow, C., and Kist-Ashman, K. K.(1997). *Understanding Human Behavior and the Social Environment*(4th ed.). Nelson-Hall, Inc.

S O C I A L W O R K P R A C T I C E

SOCIAL WORK PRACTICE

CHAPTER 07

사회복지실천의 면접론

01 면접의 이해

02 면접의 목적과 특성

03 면접의 종류

04 면접의 조건

05 면접과정

06 면접기술

07 면접에서 의사소통 방법

08 면접에서의 기록

07

SOCIAL WORK PRACTICE

01 면접의 이해

사회복지실천 현장에서 가장 기본적이고 구체적인 실천방법은 면접이다. 면접을 통한 의사소통이 잘 이루어져야 사회복지사는 클라이언트와 그의 욕구를 이해할 수 있고, 개입방법을 의논하고 실행과정을 모니터하며 실천기술을 전달할 수 있다(엄명용 외, 2000). 즉, 면접을 통하여 정보를 얻고 클라이언트의 문제가 무엇인지 파악하며 문제 상황에 처한 사람과 그 상황을 이해하고 개입하여 원조를 제공하는 것이다. 그러므로 면접은 사회복지실천 현장에서 직접적 실천의 가장 중요한 도구이며 가장 많이 사용되는 기법으로 매우 중요한 기능을 하고 있다고 볼 수 있다.

특히 면접은 기본적인 사회복지실천기술로서 개입결정을 하기 위한 자료수집이나 서비스 이용인의 문제파악과 해결을 위한 주요 도구라고 할 수 있다. 많은 사회복지실천 전략이 면접에 의존하고 있기 때문에 사회복지실천기술에서 매우 중요한 기능을 하고 있으며 사회복지사는 클라이언트와의 대면관계에 있어 대부분의 시간을 면접으로 보낸다고 할 수 있다(김익균 외, 2006).

사회복지실천의 면접에 대해 개럿(Garrett, 1942; 엄명용 외, 2000, 재인용)은 면접이 전문적인 대화로서 사람들 사이에서 이루어지지만 인간이란 너무나 개별적이어서 일정한 공식의 틀로 묶는 것은 불가능하다고 지적하였다. 그럼에도 불구하고 능숙하고 효과적인 면접이 가능한 것은 노련한 사회복지사일수록 사람이 가지고 있는 공통적인 심리적 특징에 대한 이해와 다양한 상황에 대한 많은 경험이 있기 때문이라고 설명하고 있다. 사회복지실천 면접의 또 다른 설명으로 정원철(2005)은 사회복지실천에서 면접이란 직접적인 서비스를 제공하는 사회복지사들이 가장 많이 사용하는 기술로서 사회복지사와 클라이언트 간의 의식적이고 수용적인 상호작용을 통해 이루어지는 공식적인 상호작용을 말하는 것으로 정의하였고, 김혜영 외(2010)는 사회복지실천과 서비스 제공과정에서 면접은 전문적 관계에 바탕을 두고 자료수집, 클라이언트의 문제나 욕구 해결 등과 같은 목적을 수행하는 시간제한적인 대화라고 설명하고 있다. 이와 같이 면접은 사회복지사와 클라이언트 간의 일방적인 활동이 아니라 상호작용이 충분하게 이루어져야 하는 활동이다. 이러한 상호 호혜적 관계를 추구하는 관점은 사회복지실천 면접에서 중요한 의미를 지닌다(이준우·임원선, 2011)

02 면접의 목적과 특성

1) 면접의 목적

사회복지실천에 있어서 면접의 목적은 사회복지실천의 기능에 따라 다르다. 대부분의 일반적인 목적은 사회조사를 하기 위한 정보적인 것과 평가에 도달하기 위한 조정적인 것과 변화를 가져오기 위한 치료적인 것 등이 있다(김익균 외, 2006). 이러한 분류는 분석하기 위한 구분이며 실제로는 면접에서도 여러 가지 목적을 동시에 가지게 되는 것이 일반적이다.

헵워스 등(Hepworth & Larsen, 1990)은 면접의 궁극적 목적을 삶의 질적인 향상과 성장으로, 문제를 해결하고 이에 필요한 전략이나 행동을 모색하기 위해 정보를 주고받는 것이라고 하였다. 사회복지실천의 면접은 대개 문제 상황에 처한 클라이언트에 대한 정보를 수집하고 도움을 제공하는 것이 주목적이다. 즉, 사회복지실천의 면접의 궁극적인 목적은 문제를 파악하고 문제 상황에 처한 개인과 그 상황을 이해하고 적합한 원조방법을 제공하여 문제를 효과적으로 해결하려는 데 있다(엄명용 외, 2000).

특히 사회복지실천 면접의 목적은 사회복지사가 전문적 지식과 가치를 바탕으로 클라이언트와 그 상황을 충분히 이해함으로써 그 문제를 효과적으로 해결해 나가는 데 있다. 그러나 면접에서 주의해서 생각해야 할 것은 치료나 상담을 목적으로 면접을 진행할 수는 있지만 면접이 이루어졌다고 해서 그것을 모두 치료나 상담이라고 하지는 않는다는 점이다(정원철, 2005). 그러므로 대부분의 사회복지실천 면접의 일반적인 목적은 앞에서도 언급했듯이 사회조사를 위한 정보차원, 평가에 도달하기 위한 진단차원, 변화를 위해 치료적 차원으로 광범위하게 설정할 수 있다.

2) 면접의 특성

사회복지실천에서의 면접의 특성은 두 사람 이상이 어떠한 목적을 가지고 대화로 이루어진다는 점에서 다른 면접과 큰 차이는 없지만 특별한 주제를 가지고 사회복지사에 의해 의도적, 전문적으로 이루어진다는 점이 특징이다(김융일 외, 1995). 즉, 사회복지실천에서의 면접은 인간의 행동과 반응에 대한 전문적 지식과 정교한 인간관계 기술을 갖춘 사회복지사가 클라이언트와 그의 문제를 이해하고 원조한다는 목적을 가지고 의도적으로 이끌어 나가는 전문적인 대화라고 할 수 있다(엄명용 외, 2000).

이와 같이 사회복지실천과정에서의 면접의 특성은 사회복지사가 클라이언트와 함께 특정한 원조 목적을 결정하고 계약한 후 그 목적을 달성하기 위해 면접을 효과적으로 활용하는 데 있다. 이에 대해 콤튼 등(Compton & Galaway, 1999)은 사회복지실천에서의 면접의 특성을 다음과 같이 설명하고 있다(이준우·임원선, 2011, 재인용).

첫째, 면접의 특성으로는 면접을 하기 위한 전후 관계(context)나 장(setting)이 있다. 즉, 서비스를 제공하는 기관이 있고 그 기관의 상황적 특성이 있다.

둘째, 면접의 특성으로는 면접의 구체적 목적을 당성하기 위한 과정으로 면접의 일정한 목표와 방향이 있다. 즉, 목적 지향적·의도적으로 이루어지며 목적에 관련된 내용으로 의사소통이 제한된다.

셋째, 면접의 특성으로는 면접에는 계약에 의한 것으로 목적 당성을 위한 일련의 과정을 상화 합의한 상태에서 집행된다.

넷째, 면접의 특성으로는 사회복지사와 클라이언트는 각각 특정한 역할 관계를 가지며 그 역할에 따라 상호작용한다.

또한 카두신(kadushin, 1972)은 면접을 대화와 구별하는 결정적인 특징으로 면접이 의식적으로 선택한 목적을 성취하려고 계획된 상호작용이라는 것이다. 상호작용이 있더라도 목적이 없다면 그것은 대화이지 면접은 아니다. 면접을 보다 명백히 정의하기 위하여 대화와 비교하면 다음과 같다(이종복 외, 2006)

① 면접의 내용은 목적의 달성을 촉진시키는 것이다. 면접은 명백한 목적을 가지기 때문에 그 내용은 단일성, 진보성, 주제의 계속성을 가진다. 그러나 대화의 지향성은 연상적이며 중심 주체가 없다.

② 면접에서는 누군가가 목표를 향한 상호작용을 지도할 책임을 맡아야 한다. 면접 참여자들이 목적을 달성하기 위해서는 각기 다른 역할을 분담해야만 한다. 한 사람은 면접자로서 면접과정에 대한 책임을 맡고, 다른 한 사람은 피면접자로서 역할관계가 구조화된다. 그러나 대화에는 이러한 역할 담당에 관한 선택적인 역할행동이 없다.

③ 면접은 비상호적 관계이다. 면접은 면접하는 방법을 알고 주제에 관한 보다 전문적인 지식과 지도력을 가진 전문가가 주로 클라이언트에게 이익을 제공하도록 계획되어 있다. 그러나 대화에서 기대되는 상호작용은 면접에서처럼 클라이언트의 문제를 해결하는 데 도움이 되지 않는다.

④ 면집자의 행동은 계획적이고 심사숙고된 것이며 의식적으로 선택된 것이다. 그러나 대화에 참여하는 행동은 자발적이고 비계획적이다.

⑤ 면접은 전문가가 클라이언트의 욕구를 수용할 의무를 가지므로 면접은 면접자의 개인적인 이유로 종결할 수 없다. 즉, 면접자는 면접의 목적이 달성되

거나 달성될 수 없다는 것이 명백해질 때까지 계속해야 할 의무가 있다. 그러나 대화는 중단하기가 쉽다.

⑥ 면접은 공식적으로 준비된 만남이다. 대화와는 달리 면접을 위해서는 시간, 장소, 지속기간이 설정된다.

⑦ 면접은 불쾌한 사실과 감정을 피하지 못한다. 즉, 대화에 있어서는 은연중에 불쾌한 것을 피하는 데 동의하지만, 면접에서는 도움이 된다면 불쾌한 감정이나 사실을 나타내도록 자극할 의무가 있다.

03 면접의 종류

자스트로(Zastrow, 1999)는 면접의 종류에 대해 면접은 면접의 목적에 따라 정보수집을 위한 면접, 정보제공을 위한 면접, 사정을 위한 면접, 치료 혹은 변화를 위한 면접으로 구분하여 설명하였다(이종복 외, 2006; 이준우·임원선, 2011, 재인용).

1) 정보수집을 위한 면접

정보 수집을 위한 면접은 개인 혹은 집단, 또는 지역사회에 대한 중요한 정보를 얻기 위해 시행된다. 이 면접의 목적은 클라이언트의 배경을 잘 파악함으로써 문제를 잘 이해하여 효과적인 개입을 하기 위한 것으로 클라이언트의 개인적 또는 사회적 문제와 관련된 배경이나 성장 발달사에 관한 정보를 얻게 된다.

정보 수집을 위한 면접은 클라이언트의 유형, 문제 영역, 기관의 성격에 따라 초점이 달라질 수 있으나 일반적으로 일반적 사항(나이, 성별, 학력, 직업, 결혼상태 등), 문제 상황과 문제와 관련된 과거력, 가족력(원가족과의 관계, 부모형제관계,

부부관계, 자녀관계 등), 개인력(아동기의 성장 과정, 발달 단계, 학교생활, 교우관계, 직장생활, 결혼생활 등) 사회적·직업적 기능 등을 파악하게 된다.

2) 정보제공을 위한 면접

때로는 클라이언트에게 정보를 제공해 주는 것만으로도 문제해결에 큰 도움이 되는 경우가 있다. 이렇게 정보를 제공해 주는 것을 목적으로 진행되는 면접을 정보 제공을 위한 면접이라고 한다.

3) 사정을 위한 면접

사정을 위한 면접은 서비스의 적격 여부를 평가하고 결정하기 위한 것으로 진단 면접이라고도 할 수 있다. 즉, 어떤 서비스를 제공할지 구체적 서비스에 대한 의사를 결정하는 면접이다. 예를 들어, 아동복지 담당 사회복지사는 위탁보호 신청자나 입양 신청자와 함께 기관이 그에게 아동을 맡겨도 좋은지 결정하기 위해 면담을 하고, 공공부조 담당 사회복지사는 신청자가 부조를 받을 자격이 있는지를 결정하기 위해 신청자와 면담한다. 이 면접은 정보 수집보다 목적 지향적 특징이 있으며, 사정면접의 목적은 어떤 결정을 내리는 데 도움이 될 만한 필요한 정보만을 선택적으로 얻는 것이다.

4) 치료적 면접

치료적 면접은 클라이언트 또는 그들의 사회적 상황이 변화할 수 있도록 돕기 위한 것이다. 이 면접에서는 클라이언트의 감정, 태도, 행동들을 효과적으로 변화시키기 위해 클라이언트에게 자신감, 자기 효율성을 강화하고 필요한 기술을 훈련하고 문제를 해결할 수 있는 능력을 키운다. 그 치료적 변화의 결과로 클라이언트가 보다 나은 사회적 기능을 수행하도록 하는 것이다. 클라이언트의 상황을 변화시킬 목적으로 클라이언트와 관련이 있는 중요한 사람들과 또는 클라이언트의 이익과 권리를 옹호하고 대변할 수 있는 중요한 사람들과 또는 클라이언트의 이익과 권리를 옹호하고 대변할 수 있는 사회복지기관, 지역사회, 공공기관, 관련 공무원 등과 면접한다.

물론 모든 면접이 반드시 이러한 분류로 구분될 수 있는 것은 아니며 서로 중복되는 면접이 많다. 그러나 무엇에 초점을 더 두는가에 따라 면접의 목적이 달라질 수 있으므로 이에 대한 사전 고려가 필요하다. 예들 들어 사회복지사의 클라이언트의 심리적 고통을 감소시키기 위한 것인지, 생계수단의 강구를 위한 것인지, 이혼을 위한 법률적 조언을 구하러 온 것인지, 가정폭력의 피해자로서 재발방지책을 모색하기 위한 것인지, 아니면 자신의 성격변화 및 자아성장을 위한 것인지 등에 따라 면접의 방향은 달라진다(이준우·임원선, 2011).

04 면접의 조건

면접의 효과성을 높이기 위해서는 면접 시 물리적 환경이나 조건 등을 적절히 잘 구성하고 환경을 갖추는 것이 중요하다. 이는 면접 참여자들의 태도, 감정, 반응 등에 중요한 영향을 미칠 수 있기 때문이다(조휘일·이윤로, 1999; 이종복 외, 2006; 양옥경 외, 2011).

1) 면접장소(물리적 환경)

면접은 면접이 이루어지는 장소에 의해 전체적 인상이 큰 영향을 받게 된다. 따라서 분위기가 너무 산만하지 않도록 하고 가능하면 개인 사생활이 보장되면서, 안락하고, 조용하며, 전화 소리, 노크 소리 등으로 면접에 갑작스런 방해를 받지 않도록 하는 것이 좋다. 즉, 클라이언트가 마음속에 있는 이야기를 하기 쉽고 사회복지사가 면접시간 동안만큼은 온전히 클라이언트에게 집중할 수 있는 환경과 분위기가 필요하다(조휘일·이윤로, 1999; 이종복 외, 2006; 양옥경 외, 2011).

면접실은 가능하면 권위적 느낌이 들지 않고 편안하고 마음의 여유를 느낄 수 있도록 구성하는 것이 좋으며, 그러기 위해서는 불편을 느끼지 않는 편안한 의자, 조명은 간접 조명이 좋고 간단한 그림 등이 있으면 도움이 될 것이다. 헵워스와 라센(Hepworth & Larsen, 1993)은 생산적 면접의 물리적 조건으로 적절한 채광과 조명, 안락한 온도, 어울리는 가구와 실내 장식, 등을 편안히 받쳐 주는 의자, 비밀을 이야기할 수 있을 정도의 독립적 공간, 방해받지 않는 분위기, 참여자 사이의 개방적 공간을 들고 있다(이종복 외, 2006, 재인용).

2) 면접시간

면접은 시간적으로 제한을 두는 것이 클라이언트가 하고 싶은 이야기를 사전에 생각하고 정리할 수 있도록 해준다. 또한 면접이 목적에 부합하고 초점에 집중하여 이루어지도록 하여 면접이 더 신속히 진행하도록 도와준다. 면접 시간은 상황과 면접의 목적에 따라 다르기 때문에 어느 정도가 가장 적합한 시간인지를 제시하기는 어렵지만 일반적으로 50분 정도가 적당하다. 더 길어질 경우 지루해하고 집중력이 떨어져 효과가 낮아지기 때문이다. 그러나 이것도 클라이언트의 주의 집중 능력과 의사소통 능력에 따라 조정되어야 할 것이다.

면접을 너무 오래하기보다는 클라이언트가 말한 것과 들은 것을 소화하고 생각할 시간을 가지도록 하는 것이 현명하다. 클라이언트가 실천을 통하여 반영할 여유를 가지게 한 후에 다음 면접을 계속하는 것이 더욱 효과적이다. 이것은 클라이언트뿐만 아니라 사회복지사에게도 도움이 되며, 면접 사이나 면접 중에 시간적 여유를 가짐으로써 각 면접을 조용히 생각하고 면접의 주요한 면에 주의를 기울일 수 있게 한다(조휘일·이윤로, 1999; 이종복 외, 2006; 양옥경 외, 2011).

3) 면접자의 예비지식

사회복지사는 효과적인 면접을 위하여 일정한 지식체계가 필요하다. 사회복지사가 명백히 인식해야 할 것은 일반성을 기초로 하는 이론과 구체적인 실제를 기초로 하는 특수성에 관한 지식을 갖고 있어야 한다는 것이다. 일반성을 기초로 하는 이론은 사회복지사의 모든 분야에 공통적으로 적용될 수 있는 것으로 일반성을 지니고 있는 것이다. 사회복지사가 어떤 클라이언트를 도와주는 데 일반성을 지닌 이론만 가지고는 충분하다고 할 수 없다. 따라서 구체적인 실제를 취급하는 데 따른 특수한 지식이 요구되는 것이다. 다시 말하면, 사회복지사는 일반적인 이론을 구체적인 실천에 활용하기 위한 자신의 창의력을 필요로 하게 된다는 것이다(이종복 외, 2006).

05 면접과정

면접과정은 일반적으로 도입, 중기, 종결 과정으로 나누어지는데 각 과정은 각각의 다른 목적과 목표를 가지고 있다. 도입부분에서는 무엇보다도 서로 신뢰 관계를 형성하는 데 초점을 맞추어야 하며, 그다음 중간 단계에서는 유용한 정보를 얻는 것이 중요하다. 그리고 마지막 종결부분에서는 면접을 통한 문제해결과 감정의 표현을 통한 치료적 효과에 목적을 두고 종결에 초점을 맞추게 된다. 이러한 단계가 연속적으로 이루어지는 경향이 있으나 반드시 명백하게 단계별로 구분되지 않는 측면도 있다. 각 과정을 구분하여 살펴보면 다음과 같다(Kadushin, 1983; 이윤로, 2006).

1) 도입과정

면접의 도입단계는 인사를 나누고 친분을 맺으면서 면접과정을 개시하며 상호간에 받아들일 수 있는 면접 목적을 결정하는 단계이다.

면접의 시작은 사회복지사가 클라이언트의 이름을 부르면서 맞이하는 것이 클라이언트에게 충분한 관심을 가지고 있음을 알려 주는 것으로 친밀감을 느끼게 되어 면접에 도움이 된다. 클라이언트로 하여금 최대한 편안한 분위기를 느끼도록 관심과 배려(옷을 받아 걸어 준다든지, 의자에 앉을 것을 권한다든지 등)를 해주고, 안심감을 가질 수 있도록 약간의 시간을 제공한다. 이때 클라이언트가 어떻게 인사하고, 어떤 옷을 입었는가, 어떻게 걷고, 어떻게 움직이는가 등 클라이언트의 비언어적인 것을 관찰할 수도 있다.

접촉 초기에는 긴장감이나 불안감을 느끼지 않도록 하는 사교적 의사소통이 도움이 된다. 대체로 날씨에 대한 이야기는 공유된 체험을 대표하는 화제를 제공하고, 일체감을 주는 화제로 대화에 있어 함께한다는 통합감을 자극한다. 그 외에 주차문제, 교통문제, 식사, 스포츠 등에 관해 이야기 할 수 있다. 그러나 비공식적인 사교적 대화라도 클라이언트의 경험에 두고 하는 것이 좋다. 예를 들어, "이렇게 추운 날씨에 차를 운전하는데 어려움은 없으셨나요?", "사무실을 찾는 데 힘드셨지요?" 등이다.

이 시기는 클라이언트가 가장 불안정하고 불안해하는 시기이므로 안정감을 갖도록 배려하면서 클라이언트가 면접에 적극적으로 참여하도록 격려하고 긴장과 불안감이 해소되도록 노력한다. 면접의 개시는 상호작용의 상호성을 발전시키는 데 도움이 되면서 클라이언트가 쉽게 응답할 수 있는 비지시적이고 비위협적이며 개방적인 일반 질문을 한다.

면접의 초기 단계는 면접 기간 동안 관여할 클라이언트에게 목적을 명백히 하고 사회복지사는 그들이 가지고 있는 욕구나 문제에 대해 표현하도록 격려하며, 관심과 공감을 보여 줌으로써 신뢰 관계를 형성한다.

2) 중간과정(면접의 핵심)

면접의 중심부로서 서로 동의한 면접 목적을 달성하는 데 관심을 기울이는 단계로 내용에 초점이 맞춰지면 그 목표를 향하여 이루어지게 된다. 더 많은 유용한 정보를 얻는 것과 도움을 주기 위해 노력하는 일로 이루어지며 사회복지사와 클라이언트가 문제해결과정에 적극적으로 참여한다. 사회복지사는 면접 목적의 달성에 필요한 상호작용을 능숙하게 할 수 있는 전문 기술이 있어야 하며, 감정적으로 편안하고 만족스런 상호작용을 지속해 나가야 하며, 또 긍정적 관계를 유지해 나가야만 한다.

중간단계에서 사회복지사는 면접과정 동안 다음의 사항을 수행하는 데 있어 세심한 균형을 기울여야 한다. ① 면담을 일방적으로 이끌어 나가는 데만 치중하지 말고, 클라이언트가 자신의 이야기를 하도록 한다. ② 정보의 도출뿐만 아니라 감정의 반영에도 신경을 쓴다. ③ 사회복지사에 의한 행동계획의 형성에만 신경 쓰지 말고 사회복지사가 스스로 자신의 행동 대안을 개발하도록 유도한다(이윤로, 2006).

3) 종결과정

면접의 최종과정은 종결이며, 이 종결을 위한 준비는 면접의 초기 단계부터 가시화된 것이다. 사회복지사는 면접에 할당한 제한 시간을 면접 초기에 클라이언트에게 명확히 알려 주었기 때문에 종결에 대해 공동의 인식을 가지고 있다. 따라서 목적이 달성되고 시간이 마감되었을 때 사회복지사는 종결하기 위해 준비해야 한다. 내용에 있어서 뿐만 아니라 감정의 수준에 있어서도 종결의 준비가 되어 있어서 면접이 종결될 때 클라이언트의 마음이 정서적으로 편안해야 한다.

종결에 대한 결정을 상호 받아들일 수 있으면 가장 바람직하나 종결이 이처럼 쉬운 것이 아니다. 예를 들어, 복잡하면서 힘든 문제 상황, 뿌리 깊은 의존의 욕구 등으로 종결이 어려워질 수 있다. 클라이언트가 면접의 종결 시간을 의식하지 못하고 있으면 사회복지사는 종결에 이르고 있음을 구체적으로 언급함으로써 또는 비언어적 자세를 취함으로써 종결시간을 상기시킨다. 예를 들어, "이제 면접이 종결에 이르고 있습니다." 또는 "지금 우리가 이것을 충분히 다루고 싶지만 주어진 시간 때문에 제한해야 할 것 같습니다." 등으로 언급할 수도 있고, 면접 중에 사용한 서류들을 정리한다든지, 시계를 자세히 들여다본다든지, 의자를 움직이며 일어날 준비를 한다든지 하는 비언어적 표현으로 면접이 종결되고 있음을 알려 준다. 할당된 시간 내에 면접이 끝나지 않았고 면접을 연장해야 할 이유가 있는 경우에도 다음으로 미루는 것이 좋다. 종결 단계에서 사회복지사는 서로 수용할 수 있는 관계를 유지하면서 면접에서 다루어졌던 내용을 간략히 요약한다.

06 면접기술

사회복지사는 클라이언트에 대해 인식하고 해석한 것에 근거하여 원조해야 한다. 따라서 사회복지사는 클라이언트가 이야기를 하도록 격려하고 또 의사소통의 흐름을 유지하기 위한 다양한 기술들이 있어야 한다. 존슨(Johnson, 1989)은 면접의 기술로 관찰기술, 경청기술, 질문기술, 해석 및 요약 기술 등을 강조하였으며,

카두신(Kadushin, 1972)은 사회복지실천에서 사용되는 면접 기술을 관심의 표현, 명료화와 해석, 요약, 허용과 일반화, 면담 내용의 변화, 재초점화, 관찰과 경청으로 보았다(이종복 외, 2006, 재인용). 여기에서는 경청기술, 관찰기술, 질문기술, 요약과 해석 기술을 중심으로 설명하고자 한다.

1) 경청기술

면접의 가장 기본적이면서 가장 중요한 기술로써 경청이란 단순히 듣는 것(hearing)이 아니라 마음으로 전달하는 말 안에 포함하고 있는 상대방의 생각과 감정을 이해하기 위한 적극적 청취(active listening)를 말한다. 상대방에게 관심을 집중하고 그가 전달하려고 하는 것에 주의를 기울여 상대의 어려움에 공감하고 필요한 반응을 하면서 듣는 것이다. 경청 기술은 모든 유형의 대화에 있어 기본적 기술이다(김유숙, 2002). 클라이언트는 경청을 함으로써 마음을 열게 되고 감정적으로 후련하게 되어 감정의 정화와 안정을 얻게 된다. 또한 사회복지사는 클라이언트의 준거 틀에 맞출 수 있게 되고 클라이언트에 대해 성급한 판단이나 평가 경향을 차단해 주고 성급하게 문제를 해결하려는 것을 막아 주는 데 도움이 된다. 경청을 잘하기 위해서는 첫째, 클라이언트의 비언어적 반응에 대하여 민감하게 지각할 수 있어야 하고, 둘째, 사회복지사도 언어적 반응과 비언어적 반응에서 관심을 기울이고 있음을 나타내야 한다. 경청에는 언어적 경청과 비언어적 경청으로 나눌 수 있다. 비언어적 경청이란 긴장하지 않는 상태에서 클라이언트와 의사소통으로 하고 있다는 것을 알리는 것이다. 비언어적 행동은 의사소통에서 매우 중요한 역할을 담당하므로 지속적으로 클라이언트와 시선을 맞추거나 지금 하고 있는 말을 이해하고 있다는 것을 알리기 위해 고개를 끄덕이는 것 등이 이에 해당한다. 언어적 경청이란 클라이언트가 가져온 주제를 사회복지사가 임의로 바꾸지 않고 클라이언트의 주제 속에 머물러 주는 것을 의미한다(이윤로, 2006). 즉, 사회복지사의 질문은 클라이언트를 통제하기 위한 것이 아니라 클라이언트의 메시지를 명확히 이해하기 위하여 사용되는 것이다.

또한, 경청하기 위해서 사회복지사는 자기가 말하고 싶은 욕구를 통제해야 하며, 클라이언트가 말하고 싶은 것이 무엇인지를 파악하기 위한 노력을 해야 한다. 오쿤(Okun, 1992)에 따르면 클라이언트는 사회복지사가 자신의 이야기를 경청하고 자신을 존중하는지를 다음과 같은 비언어적 행동에 의지한다고 한다(노혜련 외, 2002, 재인용).

- 클라이언트와 일치하는 어조
- 눈 맞춤
- 사회복지사가 클라이언트의 말을 잘 따라가고 있음을 보여 주기 위해 이따금 고개를 끄덕이는 것
- 클라이언트의 말에 대한 반응으로서 다양한 얼굴 표정
- 온정과 이해를 나타내기 위한 적절한 시점에서의 미소
- 이따금 하는 손동작
- 클라이언트와 신체적으로 가까운 거리에 앉는 것
- 적당한 속도의 언어 구사
- 관심과 집중을 보여 주기 위해 클라이언트 쪽으로 몸을 약간 기울이는 것
- 이따금 하는 신체적 접촉

효과적인 비언어적 태도는 전문적 면접 시에 주의 깊고 존중하는 분위기를 만드는 데 기여할 수 있다. 따라서 경청하는 것도 중요하지만 클라이언트는 사회복지사가 자기 말을 경청하고 있다는 것을 알고 싶어 하므로 클라이언트에게 경청하고 있다는 사실을 시각적으로 전달하는 경청 태도를 보여줄 필요가 있다. 주의를 기울이는 자세, 눈의 접촉, 상체를 앞으로 기울이는 자세 등 외형적이면서 주의 깊은 태도는 사회복지사가 경청하고 있음을 보여 주는 것이다.

경청에 있어서 침묵은 어떻게 다룰 것인가? 대부분 초기 단계의 사회복지사들은 면접 중의 침묵을 불안해하고 부담스러워한다. 벤자민(Benjamin, 1987)에 의하면 면접에서의 침묵은 클라이언트가 자신의 생각을 정리하고 있거나 단지 그가 이야기했던 상황에 대해 혼란스럽거나 화가 나 있거나 혹은 단순히 지금 곧 해야 할 작업을 앞두고 잠깐 쉬고 있다는 것을 의미할 수 있으므로 클라이언트의 침묵을 존중하는 것이 중요하다고 조언하면서 침묵을 존중해 줌으로써 클라이언트가 질문에 대답하기 위해 노력할 기회를 주는 것이라고 한다(노혜련 외, 2002, 재인용). 그러나 침묵을 계속하는 것이 생산적이지 못한 경우도 있으므로 침묵이 의미하는 경우에 따라 사회복지사의 반응이 달라져야 할 것이다.

2) 관찰기술

관찰은 사회복지실천의 전 과정 동안 사용하는 기술로써 클라이언트의 비언어적 행동(얼굴 표정, 몸동작, 손놀림, 눈 맞춤, 억양, 얼굴 붉힘, 발과 다리의 움직임 등)에 주의를 기울이는 것을 말한다. 비언어적 행동은 언어적 의사소통의 내용과 상반된 메시지를 전달하기도 하고 더 많은 진실된 정보를 주는 기능을 갖고 있어 비언어적 메시지를 관찰하는 것은 클라이언트의 감정과 표현의 차이를 분명히 알고 클라이언트를 이해하는 데 매우 중요하다. 의사소통은 언어적 표현보다 비언어적 표현을 더 적극적으로 활용하여 이루어진다. 신체적 행동, 얼굴표정, 몸동작, 눈 맞춤, 목소리의 높고 낮음, 생리적 반응, 옷차림 등으로 쉴 새 없이 의사소통을 한다. 사회복지사의 말에 웃거나, 눈동자를 굴리거나, 시선을 돌리거나, 의자에 푹 늘어져 있거나 한숨 쉬거나, 팔짱을 끼거나, 다리를 꼬거나, 어조를 바꾸거나 하는 비언어적 표현을 통해 마치 말을 하는 것과 같은 의사소통을 하고 있는 것이다. 그러므로 클라이언트의 비언어적 표현을 관찰하는 것은 면접에서 매우 중요한 정보의 근원이 되므로 사회복지사의 주의가 필요하다(양옥경 외, 2011).

또한 사회복지사의 비언어적 행동도 클라이언트의 상호작용에 영향을 주게 되므로 사회복지사의 비언어적 기술도 중요하다. 눈 맞춤, 말을 잘 따라가고 있음을 보여 주기 위해 적절한 시점에서 미소 짓기, 관심과 집중을 보여 주기 위해 클라이언트 쪽으로 약간 몸을 기울이는 것 등 효과적인 비언어적 표현은 면접에서 클라이언트를 주의 깊고 존중하는 분위기를 만드는 데 기여할 수 있고 클라이언트를 더욱 집중하게 하고 언어적 메시지가 전달하고자 하는 바를 더욱 확실하게 해준다(조휘일·이윤로, 1999).

3) 질문기술

클라이언트에게서 정보를 이끌어내기 위해 가장 많이 사용하는 기술은 질문하기이다. 질문을 통해 문제해결에 필요한 정보를 얻을 수도 있고 클라이언트의 내면, 즉 마음을 탐색하는 데 도움을 받는다. 사회복지사는 클라이언트를 이해하기 위해서 다양한 정보를 필요로 하고 주로 이런 정보는 질문을 통하여 얻는다. 질문은 너무 많이 하거나 너무 적게 해도 혼란을 주거나 클라이언트에게 부담을 지우게 되므로 클라이언트의 속도에 맞춰 적절한 시점에 이루어져야 한다. 질문에는 개방형 질문과 폐쇄형 질문이 있는데 폐쇄형 질문은 클라이언트의 초점을 제한하는 반면에 개방형 질문은 클라이언트의 지각 영역을 넓혀 주고 더 많은 이야기를 할 기회를 제공한다(Benjamin, 1987).

개방형 질문은 클라이언트가 자신의 문제에 대해 자신의 방법으로 이야기할 수 있도록 하며 광범위한 표현을 하도록 질문을 하는 것으로 다양한 정보를 필요로 할 때 유용하다. 예를 들어, "가족과 어떤 관계인지 말씀해 주시겠어요?" 또는 "어떤 도움이 필요하신지 말씀해 주시겠어요?", "그때 당신 기분은 어떠했습니까?" 라고 질문을 하는 것이다. 개방형 질문은 클라이언트 상황에 대해 거의 아는 바가 없을 때, 즉 주로 면접 초기에 사용하며, 클라이언트 스스로 가장 관계 깊고 중요하다고 생각하는 것을 표현할 여지를 주게 된다. 또한 클라이언트를 이해할 수 있는 많은 정보를 얻을 수 있다. 때로는 작은 격려가 새로운 여러 정보를 얻는 데 도움이 된다. "조금 더 이야기해 주시겠어요?"나 "그런 예를 한 번 더 들어 주시겠어요?"가 있다. 그러나 개방형 질문은 듣는 사람에 따라서 약간 모호한 요소를 가지고 있기 때문에 클라이언트가 그 능력이 부족하거나 경험이 부족한 경우에는 클라이언트를 당황하게 할 수도 있고 위협적인 것이 될 수도 있다. 그럴 경우에는 클라이언트의 생각을 돕기 위해 약간의 구성과 방향, 안내를 제공하는 것이 좋다.

질문을 하는 것은 질문 형식에 의하여 클라이언트의 사고를 이끌어내는 데 최대한의 의의가 있다. 이런 의미로 볼 때 질문은 기본적으로 '언제, 어디에서, 누가, 무엇을'이라고 하는 폐쇄형 질문보다는 '어떻게'라고 하는 하나의 틀에 얽매이지 않는 보다 개방형 질문이 바람직하다. 개방형 질문은 클라이언트의 사고의 유연성을 방해하지 않기 때문에 클라이언트의 기분을 가장 잘 느낄 수 있다는 이점이 있다(현정환·후쿠시마 오사미, 2002).

면접상황에서 가능하면 개방형 질문을 사용하는 것이 바람직하다 하더라도 폐쇄형 질문을 이용하는 것이 더 적절한 경우도 있다. 폐쇄형 질문은 클라이언트의 대답의 폭을 제한시키며 구체적 정보가 필요하거나 보다 확실히 이해하기 위한 질문을 하는 것으로 클라이언트가 혼란되어 자신의 문제를 조리 있게 설명할 수 없어 대화의 초점이 필요한 경우에 유용하다. 그러나 폐쇄형 질문은 "점심은 드셨습니까?", "당신은 부모님과 화해하기를 원하나요?"라고 질문을 하는 것으로 대개 짧은 대답, "예", "아니오" 등의 대답으로 이루어진다. 즉, 폐쇄형 질문은 화제를 규정하고 클라이언트의 반응을 몇 마디의 말이나 단순한 대답, 제한된 반응을 나타내게 하기 쉽다.

폐쇄형 질문과 개방형 질문을 비교할 때 개방형 질문은 클라이언트가 무엇을, 어떻게 이야기할 것인지에 대하여 선택할 수 있는 기회를 제공하므로 클라이언트의 자기 결정을 존중하고 증진시킬 수 있는 하나의 방법이다. 잘못된 질문은 클라이언트의 잘못을 추궁하게 되어 클라이언트에게 위협을 줄 수도 있고 대화의 흐름을 막는 역효과를 초래할 수 있으므로 가능하면 피해야 할 질문이 있다. 어떤 질문보다 자주 사용되는 것이 '왜'로 시작되는 질문인데 '왜'라는 질문은 클라이언트를 비난하는 것 같은 느낌을 주어 그들로 하여금 자기 자신의 행동을 정당화하려는 반응을 유발하여 방어적 태도를 취하게 만드는 경향이 있다. 그러므로 클라이언트의 행동이나 상황에 대하여 '누가', '무엇을', '언제', '어떻게' 등에 초점을 두는 질문을 하고 '왜'라는 질문은 하지 않는 것이 좋다.

또한 사회복지사가 직접 혹은 간접적으로 클라이언트의 응답을 어느 특정한 방향이나 내용으로 이끌어 가려는 유도형 질문도 솔직한 자신의 의견을 말하기보다는 사회복지사가 원하고 기대하는 방향으로 말할 수 있기 때문에 잘못된 질문형식이다. 예를 들면, "너는 두려움을 느꼈지?"나 "그가 너를 때리지 않았니?"라고 질문하는 것이 유도형 질문 형식이다. 그리고 한 번에 여러 질문을 던지는 중첩형 질문도 질문의 초점이 흐려져 피상적이고 구체적이지 못한 대답을 할 수 있어 관련 정보를 끄집어내는 데 비생산적이고 비효과적이므로 한 번에 하나씩 질문을 하는 것이 좋다. 예를 들어, "당신이 어디서 살아야 하는지 생각해 보신 적 있으세요? 그것이 당신의 가장 큰 걱정거리인가요? 아니면 그보다 더 큰 문제가 있으세요?"라고 질문을 한꺼번에 많이 하는 것이다.

사회복지 면접에서 클라이언트가 사회복지사에게 사적인 질문을 해서 사회복지사를 당황하고 난처하게 만드는 경우가 있다. 이때는 답을 회피하거나 당황하지 말고 그 질문의 진정한 의도가 단순한 호기심인지, 사회복지사로서의 자질과 자신에게 도움이 될 만한 점들을 갖고 있는지 알아보기 위한 것인지, 아니면 자기가 의논하고 싶은 문제를 꺼내기 위한 것인지를 이해하고 이에 대응해야 한다. 표면적 질문에 대한 내용보다는 질문의 숨겨진 의도를 항상 염두에 두어야 한다. 그러나 그 의도를 직접 확인하는 것은 바람직하지 못하다. 대체로 사적인 질문에 대한 대답은 솔직하고 정직하게 그리고 간단명료하게 하는 것이 좋다.

4) 요약과 해석 기술

요약은 면접 동안에 줄곧 사용할 수 있는 기술이며 각각의 클라이언트를 개별화하고 특별하게 다루는 데 필수적인 기술이다. 요약은 클라이언트의 생각, 행동, 감정들을 사회복지사의 언어로 정리해 줌으로써 사회복지사가 클라이언트의 말을 주의 깊게 듣고 있다는 확신을 주고 또한 클라이언트의 말을 정확히 이해했음을 확인시켜 준다. 면접 시작 전에 이전 면접과정에서 중요한 부분을 다시 생각하기 위해서 언급할 때, 마지막 부분에 오늘 있었던 것을 정리하기 위해서, 또한 클라이언트의 이야기가 두서없거나 이야기의 내용이 명백하지 않을 때 클라이언트의 생각, 행동과 감정들을 정리해 주는 것이다. 대개 클라이언트의 이야기는 많은 사고와 느낌이 혼합되어 있으므로 그동안 나눈 대화의 느낌과 사고들을 하나의 문장으로 정리해 주는 것이며, 이렇게 함으로써 방향을 설정해 주고 정당한 추이를 제공해준다. 일반적으로 감정 요약보다는 내용 요약을 위주로 수용한다. 서술적이고 개방적인 상태에서 이루어진 요약은 클라이언트로 하여금 사회복지사가 한 요약을 바로잡고 수정하거나 덧붙이도록 권유하는 효과를 가짐으로써 클라이언트로 하여금 더 이야기하게 한다. 요약은 본질적으로 반영적 성격을 지녔으므로 클라이언트가 자신의 경험을 기술하는 방법을 통제하도록 하는 데 효과적이다(허남순, 2004).

로저스(Rogers)는 요약은 다른 사람의 준거 틀에 대한 이해를 촉진시키므로 면접 전반에 걸쳐 사용할 것을 강력히 주장한다. 요약은 들으면서 평가하려고 하는 경향을 막아주고 또한 말하는 사람이나 듣는 사람에게 이질적이고 불쾌감을 줄 수 있는 생각, 행동, 반응들에 대해 이야기할 때도 듣는 사람으로 하여금 침착함을 유지하도록 하는 데 도움이 된다(노혜련·허남순, 2004, 재인용).

해석이란 클라이언트의 말이나 반응 속에 담긴 숨은 의미를 파악하는 것을 의미한다. 해석을 이용하여 클라이언트로 하여금 미처 알지 못하고 있는 클라이언트의 문제를 잘 파악하고 이해할 수 있도록 도와주기 위해 사용된다. 사회복지사가 해석을 제공하여 클라이언트로 하여금 진술이나 인식을 넘어서게 하며 행동이나 생각, 감정 등에 새로운 의미와 원인을 다른 관점에서 해석할 수 있는 기회를 준다. 해석을 사용하는 전형적 목적은 클라이언트의 통찰을 촉진시키고자 하는 것이다. 해석을 통하여 새로운 대안과 좀 더 기능적 행동, 깊은 책임감을 갖도록 하는 데 도움을 준다. 즉, 클라이언트의 표현과 행동 상황 전반의 단서를 발견하고 그 요인들을 이해하여 클라이언트 스스로 자신의 문제를 해석하고 직면할 수 있도록 해주는 방법이다.

07 면접에서 의사소통 방법

의사소통은 두 사람 이상이 서로 의미를 주고받으면서 점검하는 상호작용적 과정이다. 메시지의 송신자와 수신자가 있고 송신자가 메시지를 기호화해서 송신하면 수신자는 메시지를 수신하여 해독하고 자기의 피드백 메시지를 기호화하여 이를 다시 최초의 송신자에게 송신하게 되는 과정이 반복되는 것이다. 메시지를 송·수신하는 과정에 잡음이 있을 수 있고, 송신자나 수신자 편에서 메시지를 해독하는 과정에도 잡음이 있을 수 있다. 이 때문에 수신자는 송신자를 통해 메시지를 점검해야 하는데 이런 과정이 누락되면 의사소통에 문제가 발생한다(Satir, 1972; 이종복 외, 2006, 재인용).

사회복지실천에서 면접이 사회복지사와 클라이언트 양자 간의 관계에서 이루어진다고 볼 때 사회복지 개입이 성공적이기 위해서는 두 사람 간의 명확하고 안정적인 의사소통의 통로가 확보되어야 한다. 의사소통의 방법에는 여러 가지 기법들이 소개되고 있지만 가장 중요하게 언급되고 있는 것이 언어적 의사소통과 비언어적 의사소통이다. 따라서 언어적 의사소통과 비언어적 의사소통을 중심으로 기술하고자 한다.

1) 언어적 의사소통

언어를 통한 의사소통은 교환되는 내용의 명확성을 높여 준다. 언어는 사람의 태도나 생각과 같이 정교한 개념들을 가장 효과적으로 전달해 주기 때문에 가장 간편하고 만족스러운 방법이라고 할 수 있지만 실제로는 언어를 사용하는 사람들의 개인적 차이로 인한 편차도 크다. 사람들은 같은 단어를 서로 조금씩 다른 의미로 사용하기도 하고, 특별한 감정이나 뉘앙스를 표현하는 방법이 서로 다를 수도 있으며, 어휘의 풍부함과 제한으로 인한 차이도 있을 수 있다. 사회복지 클라이언트들은 특히 자기의 감정이나 생각을 말로 표현하는 데 익숙하지 않은 경우가 많다. 따라서 사회복지사는 다양한 방법으로 클라이언트와의 언어적 의사소통을 격려하게 되는데 그 방법들을 보면 다음과 같다(Kirst-Ashman & Hull, 1993; 엄명용 외, 2005; 이종복 외, 2006).

(1) 클라이언트에 대한 지지적 언어 반응

클라이언트가 말을 하는 사이사이에 긍정적인 언어반응(예: 아, 그랬군요. 알겠어요. 등)을 해 줌으로써 클라이언트로 하여금 사회복지사가 자신에게 관심을 가지고 경청하고 있음을 알려 준다.

(2) 클라이언트 언어의 재구성

클라이언트의 말을 다른 단어로 재구성하는 방법으로 예를 들면 "다른 말로 하면 그때, 이윤호 씨의 기분은 무시당한 것 같았다는 말씀인가요?" 등으로 반응하는 것이다. 이런 방법은 사회복지사가 클라이언트의 말을 제대로 이해하고 있는지를 알아보거나 클라이언트에게 자신의 말을 다시 한 번 생각해 볼 여유를 주기 위해서 사용하게 된다.

(3) 클라이언트의 감정에 대한 반응

감정의 자유로운 표현은 상당히 어려운 일이다. 그러나 개입과정에서 감정의 표현이 매우 중요한 관건일 때도 있다. 이럴 때 사회복지사는 감정이입적 의사소통을 위해 "실직하여 가족들을 볼 낯이 없다고 생각했군요." 등으로 감정을 표현해준다.

(4) 클라이언트의 간접적 표현의 직접적 언어화

지원과 변화에 대한 양가감정과 방어, 클라이언트의 문제가 사회적 금기인 경우, 사회복지사의 권위에 대한 두려움 등의 이유로 클라이언트는 의사표현을 은유와 비유를 사용하여 간접적으로 표현하는 경우가 있다. 이럴 때 사회복지사는 자신의 판단과 추측으로 간접적으로 반응하여 클라이언트가 의미하는 바를 명확하게 언어화하는 기술이 필요하다. 이런 기술을 통하여 클라이언트와 사회복지사는 원조관계를 호전시킬 수 있는 대화의 영역을 열 수 있다.

(5) 클라이언트에게 정보제공

클라이언트가 때로는 구체적인 사항에 대해 직접적으로 물어 올 때가 있다. 왜 사회복지사에게 자신의 이야기를 털어놓아야 하는지, 필요한 자원을 어디서 얻을 수 있는지 등에 대해 물어보면 이에 대해 정확한 설명이나 정보를 제공하는 것을 말한다.

(6) 클라이언트의 강점 강조

대부분의 클라이언트는 많은 문제를 지니고 있기 때문에 삶에 대하여 비관적이며 희망을 잃는 경우가 많다. 따라서 클라이언트의 장점을 찾아 강조해 주면 그들 자신에 대한 자존심과 가치를 회복시킬 수 있고, 자신의 문제에 대해 희망적이게 하며, 동시에 장점을 활용한 문제해결의 가능성을 모색할 수 있게 된다.

(7) 사회복지사의 자기노출

사회복지사가 어느 정도 자기노출을 하는 것은 클라이언트와의 관계 형성을 증진시킨다고 한다. 그러나 지나치게 자신에 대해 얘기하면 클라이언트는 신뢰감을 갖지 못하기 때문에 다음과 같은 판단지침에 의해 사회복지사가 자기노출을 해야 한다. 첫째, 사회복지사를 위한 것이 아니라 클라이언트에게 도움이 되어야 하며, 둘째, 클라이언트 상황에 적합해야 하고, 셋째, 짧고 간결해야 한다.

2) 비언어적 의사소통

언어적 의사소통이 대화자의 의식 차원에서 이루어진다면, 비언어적 의사소통은 의식적인 통제가 덜한 상태에서 이루어지기 때문에 대화자 간의 좀 더 솔직한 의사소통은 비언어적 의사소통에서 이루어진다. 또한 비언어적 행동은 언어로 전하는 것보다 훨씬 더 많은 메시지를 전하게 된다. 비언어적 의사소통기술의 구체적인 기법은 다음과 같다(Satir, 1972; 이종복 외, 2006, 재인용; 엄명용 외, 2005, 재인용).

(1) 눈 맞춤

눈 맞춤은 중요한 의사소통 수단이다. 클라이언트를 정면으로 직시하면 사회복지사가 클라이언트에게 관심을 갖고 경청하고 있으며 대화에 적극적으로 임한다는 메시지를 전달함으로써 클라이언트의 관계 수립에 도움이 된다.

(2) 표정

눈썹을 올린다든지 미소를 짓는 등의 표정은 말로서 전달하고자 하는 의미를 더욱 분명하게 하는 효과적인 의사소통 수단이다. 그러나 말과 표정의 두 가지 의사소통 수단이 서로 다른 메시지를 전달하는 일이 없도록 해야 한다.

(3) 자세

클라이언트와 사회복지사는 90도 각도로 대하는 것이 서로 간의 개방성과 안정감을 주는 자세이다. 클라이언트를 정면으로 마주 보는 것은 공격적으로 보이기 쉬우며, 책상을 가운데 두고 떨어져 있는 것은 친밀성에 방해가 되고 사회복지사의 우월성을 의미하기도 하기 때문에 관계 형성에 부정적인 영향을 미친다. 클라이언트에게 약간 기울인 듯한 자세는 관심과 수용을 표현한다.

(4) 손과 팔 등의 몸동작

손과 팔의 움직임도 중요한 의사소통 수단이다. 다리를 꼬거나 팔짱을 끼는 것은 방어적인 태도를 보이고, 양옆으로 내려뜨리거나 앞으로 뻗친 팔은 다른 사람에게 개방적인 태도를 보인다. 주먹 쥔 손은 분노나 불안을 의미하기도 하고, 손가락과 발을 많이 움직이는 것은 초조하거나 인내할 수 없는 상황에서 많이 보이는 동작이다.

(5) 어조

어조는 감정을 즉각적으로 드러낸다. 크고 강한 어조는 적극성, 통제력, 강함을 드러내며 온순하고 겨우 들릴 듯한 목소리는 위축감, 두려움, 약함을 표현한다. 단조로운 어조는 무관심과 흥미 없음을 의미하기도 한다. 이와 같은 어조 하나가 전달하는 의미는 매우 다양하므로 사회복지사는 자신의 어조를 잘 활용할 줄 알아야 한다.

(6) 옷차림과 외양

사회복지사가 입는 옷과 머리스타일 등도 중요한 비언어적 의사소통 수단 중의 하나이다. 왜냐하면 이것은 사회복지사의 인상을 결정짓고 이 인상이 사회사업서비스 결과에도 영향을 미치기 때문이다. 그러나 이에 대한 일정한 기준이 있는 것이 아니지만 단정하고 조금은 점잖은 스타일이 어느 기관이나 클라이언트에게도 무난한 복장이라고 제안할 수 있다.

08 면접에서의 기록

1) 기록의 의의

면접에서의 기록은 클라이언트의 욕구 파악, 실천 활동에 대한 자료, 서비스의 계속성 및 과정과 결과의 평가 등의 목적을 위해 중요하다. 그러나 기록은 면접의 부수적 요소이므로 면접의 흐름을 깨지 않도록 주의해야 하며, 면접보다 중요한 위치를 차지해서도 안 된다. 사회복지사가 클라이언트의 말을 기억하고자 하는 의도에서 간간이 몇 단어를 적어 내려가면 클라이언트의 많은 정보를 얻을 수 있고, 사회복지사도 면접에 대해 편안한 느낌을 가질 수 있으나 면접 중에 기록하는 것이 잘못하면 클라이언트로 하여금 말하고자 하는 것에서 벗어나게 하거나 심지어는 클라이언트가 하고 싶어 하는 말을 하지 못하게 하는 결과를 가져오기도 한다. 따라서 사회복지사는 클라이언트가 말하고 사건과 관련된 감정 표현에 집중하는 것이 방해받지 않는 선에서만 기록해 나가야 한다(이상균·박현선, 2002).

기록 시에는 클라이언트에게 기록이 왜 필요한지를 설명하고 사전에 양해나 동의를 구해야 한다. 기록 방법에는 메모, 녹음, 녹화 등이 있다. 메모는 과정 전체나 중요 사항을 적절하게 기억할 수 있도록 주요 어구나 낱말을 기록한다. 메모는 면접하는 동안 일어난 모든 관정을 대화 형태 그대로 기록하는 과정 기록을 할 수도 있고, 면접에서 파악한 것을 전체적으로 요점 정리하여 요약 기록을 할 수도 있다. 그러나 메모는 면접의 상호작용에서 주의를 산만하게 할 가능성이 있으므로 선택적으로 주의를 끌지 않고 융통성 있게 그리고 개방적으로 작성되어야 한다(양점도 외, 2003).

녹음과 녹화를 하기도 하는데 녹음은 면접 내용을 풀어 쓰는 데 많은 시간과 노력을 요구하며 영구적이지 못하다는 단점이 있다. 녹화는 비언어적 표현까지 기록해 주므로 사회복지사나 클라이언트가 자신들이 말하고 행동한 것을 되돌아보고 상화 작용 과정상의 문제를 파악할 수 있게 해주어 최근에 상담과 면접에 있어서 기술을 향상시키기 위해 지도 감독할 때 유용하게 많이 쓰이고 있다.

또한 사회복지 면접에서 반드시 지켜야 하는 것이 비밀 보장의 책임으로 사회복지사는 그저 단순히 비밀을 보장하는 것뿐만 아니라 클라이언트에게 책임 있는 태도를 보여 주는 것이 중요하다(조휘일·이윤로, 1999; 이종복 외, 2006; 양옥경 외, 2011).

2) 기록 시 유의사항

앞에서도 언급하였지만 기록이라는 것은 사람들에게 전달하기 위해 어떠한 사실이나 중요한 사항을 작성하고 기입하는 것이며, 또한 이를 문서화한 경우를 말한다. 또한 기록의 경우에는 면접을 진행하면서 얻게 되는 다양한 정보를 문서로 남김으로써 계획적인 면접을 의식적으로 전개해나갈 수 있다. 또한 면접의 질을 향상시킬 수 있는 수단이 될 수 있고 나아가 어떠한 문제가 발생했을 경우에는 면접자의 책임소재를 명확하게 할 수 있다(片山信子 외, 1999).

기록을 할 때 유의해야 할 사항으로는 다음과 같다(홍순혜 외, 1991).

첫째, 사정, 개입, 평가의 기초가 되는 클라이언트의 상황에 관한 정보를 잘 정리해야 한다는 것이다.

둘째, 현실 상황에 대한 객관적인 서술과 사회복지사의 주관적 견해가 명확하게 분리되어 읽는 사람들이 사회복지사의 관찰 사항과 해석을 구분하여 이해할 수 있도록 해야 한다.

셋째, 기록이 간결·타당·명확하며 구체적이고 논리적이어야 한다. 또한 시기적절하며 의미 있고 사실에 근거하도록 노력해야 한다.

넷째, 전문가적 윤리를 바탕으로 기록업무를 수행해야 한다.

다섯째, 전문가의 견해를 담으면서도 클라이언트의 관점을 무시하지 않도록 애써야 한다.

3) 기록의 유형

사회복지실천 현장에서 일반적으로 가장 많이 사용되는 기록유형으로는 과정기록, 요약기록, 이야기체 기록이 있다. 따라서 이러한 기록을 중심으로 설명하고자 한다(엄명용 외, 2000; 이준우 외, 2006, 2011; 岩橋成子一, 2001).

(1) 과정기록

과정기록은 사회복지실천에서 가장 오랜 역사를 가지고 있는 기록법으로 면접과정 중에 일어난 모든 일을 꼼꼼히 있는 그대로 기록하는 것이다. 초창기 사회복지사들은 클라이언트의 상황을 연구하기 위해 클라이언트의 말과 행동, 사회복지사의 말과 행동, 관찰, 신념 및 추측 등 기억할 수 있는 모든 것을 기록하였다. 정확한 피드백을 얻을 수 있어 실습생이나 직원교육에서 사정기술, 또한 면접기술 등의 훈련에는 유용하나 시간이 많이 걸리고 번거롭다는 단점이 있다. 면접의 전 과정이 꼭 기록되어야 할 경우 오히려 비디오 촬영을 활용하는 방법을 쓰는데 이때에는 물론 클라이언트의 동의를 얻어야 한다.

(2) 요약기록

일반적으로 사회복지기관에서 가장 많이 사용되는 기록의 형태로는 시간의 경과에 따라 변화된 상황, 개입활동, 중요한 정보 등을 요약하여 기록하는 것이다. 즉, 시간의 경과에 따라 일정한 기간의 간격을 정하여 기록하는 것으로 사례가 장기간 지속될 경우 유용하며, 주로 클라이언트에게 일어난 변화에 초점을 두어 기록한다.

(3) 문제 중심 기록

문제 중심 기록은 단순히 기록차원을 넘어 문제해결 접근방법을 반영한다. 문제 중심 기록은 우선 문제를 파악하기 위한 자료수집, 둘째, 문제의 규정과 구체적 문제목록 작성, 셋째, 개입계획, 넷째, 개인의 수행 및 점검으로 영역이 나누어져 개입의 초점을 잘 보여 주며 효율성을 향상시킨다는 평가를 받고 있다. 문제 중심 기록에서 많이 사용하는 포맷은 SOAP이다. SOAP 기록방식은 다음과 같은 구성요소들이 있다.

❶ S: 주관적 정보(Subjective information)

클라이언트의 상황을 어떻게 인식하고 느끼는지를 나타낸다.

❷ O: 객관적 정보(Objective information)

전문가의 직접적 관찰, 임상적 실험, 체계적 자료수집 등에 의해 얻어진다. 클라이언트의 행동이나 외모에 대한 사회복지사의 관찰, 사실적 자료와 같은 객관적 정보를 기술한다.

❸ A: 사정(Assessment)

주관적 정보, 객관적 정보에 근거하여 사회복지사의 사정, 견해, 해석, 분석을 기술한다. 확인된 문제에 대해 클라이언트가 지각하는 인식의 의미, 사회복지사의 관찰 및 사실적 정보에 대한 의미를 사정하고 분석한 견해를 기술하는 것이다.

❹ P: 계획(Plan)

주관적 정보, 객관적 정보, 사정을 기반으로 하여 확인된 문제에 대한 개입계획을 기술한다.

4) 기록의 비밀보장

기록은 클라이언트 개인에게는 대단히 소중한 내용일 수 있다. 클라이언트 자신만이 간직하고 싶은 이야기를 사회복지사와의 대화 속에 노출하게 되는 경우도 있기 때문에 클라이언트와 면접하는 사회복지사는 기록에 대한 관리를 철저히 해야 한다. 기록된 파일을 책상 위에 놓고 자리를 비우거나 기록이 컴퓨터 화면에 노출되어 있는 상태에서 자리를 비우는 일 등은 사회복지사로서의 자질을 의심케 하는 사례가 될 수 있다. 어떠한 형태의 기록이든 사회복지사는 신중하고 철저하게 관리함으로써 클라이언트의 비밀을 보장해야 할 의무와 책임이 따른다(이준우·임원선, 2011).

5) 기록의 서식

면접세팅과 목적에 따라 일정한 서식을 갖추거나 얻는 정보를 기록하는 것이 필요하다. 서식을 작성하는 것이 원조면접의 기본적인 목적이 아니라는 것을 기억해야 한다. 서식은 단순히 자료수집이나 서비스를 이용하기 위한 하나의 도구에 불과하다. 클라이언트에게 가능한 한 빨리 몇 가지 정보를 알아보아야 한다는 것과 이를 위해 대략 얼마나 시간이 걸리는지 그리고 그 서식이나 정보가 무엇을 위해 사용될지 알려 준다. 이를 위해서는 사회복지사가 인테이크 서식이나 사정 양식에 충분히 익숙해야 한다는 것을 의미한다. 어떤 기관은 클라이언트에게 서식을 읽어 주고 서식에 응답을 기록하도록 요구하는 경우도 있다. 그러한 경우라면 그 과정이 너무 강압적이 되지 않도록 노력해야 한다(이윤로, 2006).

참고문헌

김유숙(2002). 가족치료 이론과 실제. 학지사.

김혜영·석말숙·최정숙·김성경(2010). 사회복지실천론. 공동체.

김익균·강국진·신현석·이순배·이화영·정용민·조은정·최윤신(2006). 사회복지실천론. 교문사.

김융일·조홍식·김연옥(1995). 사회사업실천론. 나남출판.

노혜련·허남순(2004). 해결을 위한 면접. 시그마프레스.

양점도·신현일·정일교(2003). 케어복지실천기술론. 양서원.

엄명용·김성천·오혜경·윤혜미(2000). 사회복지실천의 이해. 학지사.

엄명용·김성천·오혜경·윤혜미(2005). 사회복지실천의 이해. 학지사.

이준우·임원선·이화옥(2006). 사회복지실천론. 인간과 복지.

이준우·임원선(2011). 전문 사회복지 실천론. 인간과 복지.

이종복·전남련·김덕일(2006). 사회복지실천론. 학현사.

양옥경·김정진·서미경·김미옥·김소희(2011). 사회복지실천론. 나남출판.

이상균·박현선(2002). 사회복지 면접의 길잡이. 나눔의집.

이윤로(2006). 최신사회복지실천론. 학지사.

정원철(2005). 사회복지실천과 상담. 양서원.

조휘일·이윤로(1999). 사회복지실천론. 학지사.

현정환·후쿠시마 오사미(2002). 상담이론 그리고 연습. 창지사.

허남순(2004). 사회복지실천이론과 기술. 나눔의 집.

홍순혜·한인영(1997). 사회사업기록. 학문사.

Benjamin, A.(1987). *The helping interview with case illustrations*. Boston: Houghton Mifflin.

Hepworth, D. H., & Larsen, J. A.(1993). *Direct social work practice: Theory and practice*. Pacific Grove, CA: Brooks/Cole Publishing.

Johnson, L. C.(1989). *Social work practice*(3th ed.). Massachusetts: Allyn and Bacon.

岩橋成子一(2001). 知っておきたい °介護技術の基本. 誠信書房.

片山信子(1999). 見てわかる 介護技術の實習. メジカルフレンド社.

SOCIAL WORK PRACTICE

CHAPTER 08

사회복지실천관계론

08

01 사회복지실천에서의 관계

사회복지실천에 있어서 사회복지사가 알아야 할 기본적이고 중요한 것은 심리적 욕구와 문제를 가진 클라이언트를 돕기 위해 맺게 되는 인간관계에 관한 지식과 태도이다. 이러한 관계는 일반적으로 사회복지 관계로 알려져 있으며, 두 사람 간 상호작용의 산물인 '관계'는 사회복지실천에 있어 역사적으로 가장 중요하게 인식되어 온 용어이다. 사회복지사가 클라이언트와 좋은 관계로 발전시키는 것이야말로 실천 노력에서 필수요소라고 할 수 있다(Johnson, 1995).

관계의 개념은 사회복지실천에서 상당한 역사적 중요성을 지니고 있으므로, 관계의 개념을 사회복지실천의 역사적 관점에서 살펴보면 이해하는 데 도움이 된다. 사회복지실천에서의 관계는 케이스 워크 과정이라고 할 수 있다. 이를 통해 진단, 조사, 개입 그리고 치료의 기술들이 나타난다. 비에스텍(Biestek)에 의하면 관계는 '클라이언트가 자신과 환경에 보다 나은 적응을 성취하도록 돕는 목적을 가진, 케이스 워커와 클라이언트 간의 태도와 정서의 역동적 상호작용'이라고 정의하였다(Biestek, 1957: Compton et al., 2005: 142, 재인용).

펄만은 "한 인간이 다른 인간을 돕고자 시도하는 이론적 모델이 무엇이든 간에 영향력을 미치는 가장 강력하고 역동적인 파워는 관계에 있다."라고 지적하고, "관계는 문제해결이 발생하는 지속적 맥락이다."라고 관계의 중요성을 강조한다(Perlman, 1970: 150-151). 그녀에 의하면, 관계란 문제해결과 도움의 활용에 있어서 인간의 에너지와 동기를 지지하고 양육하며 자유롭게 하는 촉매제이며 가능하게 하는 역동성이다. 또한 관계는 정서적 결속이며 도움을 인간화하는 수단이다(Perlman, 1979; Johnson & Yanca, 2007: 162, 재인용). 더욱이 클라이언트와 사회복지사의 관계는 권위를 포함하고 목적적이며 시간제한적으로 통제되며, 근본적으로 클라이언트를 위한 것이라고 제시하였다. 사회복지서비스의 효과에 대한 연구 등에 의하면, '사회복지사와 클라이언트 관계의 질'이 서비스의 효과에 가장 강력한 영향력을 지니는 것으로 입증(Kadushin, 1986)되었다. 즉, 관계의 질이 사회복지실천의 효과를 결정하는 주요 요인이다. 심리치료의 효과에 관한 연구에 있어서도, 성공적인 치료에는 그 구체적 접근방법이 무엇인지에 관계없이 클라이언트와의 '좋은 관계'라는 공통요인이 있는 것으로 발견되었다. 결과가 성공적인 사람들은 치료기법이 무엇인가에 상관없이, '치료자가 클라이언트의 문제를 이해하고 격려하며 변화잠재력을 신뢰하는 것'이 도움이 되었다고 보고되었다. 클라이언트 입장에서 볼 때 그들이 성공적인 심리치료로서 인식하고 있는 것은 치료자의 구체적인 실천기법이기보다는 '치료자와의 관계 및 치료자의 인성이 중요한 요인'이었다(Rosen, 1988).

핀커스와 미나한은 관계를 보다 더 넓은 관점에서 접근하고 있다. 이들은 관계가 사회복지사와 다른 체계들 간의 정서적 결속이며 협력, 타협 혹은 갈등의 분위기를 포함할 수 있다(Pincus & Minahan, 1973: 73)고 본다. 모든 사회사업관계의 공통적인 요소는 목적과 클라이언트체계의 욕구에 대한 헌신, 사회복지사에 의한 객관성과 자기인식이다(Compton et al., 2005: 143, 재인용).

사회복지사와 클라이언트의 관계는 함께 일하는 과정에서 형성된다는 데 주목할 필요가 있다. 다시 말해서 이 관계는 어떤 신비한 대인 간 화학작용에서 저절로 발생하는 것이 아니라 목적적 상호작용에서 발달하는 것이다. 클라이언트는 문제를 해결하기 위해 사회복지사를 찾게 되고, 사회복지사는 문제를 해결하기 위해 클라이언트와 함께 노력해 간다. 사회복지사의 목적은 클라이언트의 문제를 해결하고 합의된 목적을 성취하도록 돕는 데 있다. 그러나 흔히 생산적인 원조관계는 존중, 이해, 관심 그리고 돕기 위해 적극적 단계를 취하고자 하는 의지를 입증하는 데서 나오는 결과다. 목적이 변화함에 따라 관계는 변화될 수 있으며, 원조목적이 달성되면 관계는 종결된다. 목적 이외에도 클라이언트와 사회복지사의 관계의 본질은 다음에 의해 영향을 받게 된다(Compton et al., 2005: 146-147, 재인용).

- 사회복지사와 클라이언트가 함께 일하는 세팅
- 과정의 시간제한 유무
- 관여된 개인 또는 집단 그리고 이들이 대변하는 이해관계
- 관련된 사람들의 능력, 동기, 기회, 기대 그리고 목적들
- 사회복지사와 클라이언트가 함께하게 된 문제 그리고 이들의 문제해결에 대한 목적
- 지식과 기술을 포함한 사회복지사가 가지고 있는 자질들
- 시간에 걸쳐 교류되는 관계에서 당사자들의 실제 행동

이상과 같이 사회복지분야에서 관계에 대한 개념을 초창기부터 여러 학자들에 의해 강조되고 발전되어 왔지만 하나의 공통된 개념으로 의견을 모으지는 못하였다. 그러나 분명한 것은 사회복지실천에서 사회복지사와 클라이언트의 관계는 실천결과에 영향을 미치는 하나의 중요한 요소로 여겨져 왔다는 점이다.

02 전문적 원조관계의 기본 요소

전문적 관계는 클라이언트의 문제해결 및 적응이라는 분명한 목적을 가지고 그 목적 달성을 위해 제한된 시간 동안 이루어지는 특수한 관계이다. 전문적 관계도 모든 관계와 마찬가지로 클라이언트와의 상호작용에 의해 형성되고 유지될 수 있으나 일반적인 인간관계와 달리 클라이언트는 도움을 요청하고 사회복지사는 전문가로서 도움을 주는 관계이다. 따라서 전문적 관계는 언제나 클라이언트의 입장에서 출발해야 하며 사회복지사는 관계의 전반적 과정에 대한 전문적 책임을 지게 된다.

이 전문적 책임을 위해 사회복지전문직의 윤리강령과 사회복지실천에서 다음과 같은 관계의 기본 요소들이 존재한다. 이 요소들은 각각 관계의 목적과 유형에 따라 사용될 수 있다(Compton & Galaway, 1994).

1) 전문적 관계의 기본 요소

(1) 타인에 대한 관심과 수용

클라이언트에게 일어난 일에 대해 진심어린 관심을 갖고 이를 그들에게 전할 수 있는 능력을 의미한다. 즉, 관심이란 타인에 대한 배려, 존중으로서 사회복지사의 선호와는 관계없이 클라이언트가 원하는 삶을 살 수 있도록 돕는 것이다. 사회복지사는 목적의식을 가지고 클라이언트와의 관계를 유지해 나가는 민감성과 책임성이 있어야 한다.

(2) 헌신과 의무

클라이언트의 보다 나은 적응 및 문제해결을 위한 원조라는 서로 합의된 의식적인 목적에 도달하기 위한 책임감을 의미하는 개념이다. 즉, 클라이언트의 보다 나은 사회적 기능을 향상시키는 것을 목적으로 하는 관계로 사회복지사는 헌신과 의무를 가져야 한다.

① **사회복지사의 헌신과 의무**: 관계를 맺을 때 필수적 절차상의 조건 - 시간약속, 클라이언트의 문제에 대한 초점을 유지하는 것으로 성장과 변화를 가져오는 관계를 유지시키는 것이다.

② **클라이언트의 헌신과 의무**: 자신의 문제에 대해서 정직하고 개방적으로 제시하고 전문적 관계에서 요구되는 시간약속 등을 지키는 것이다.

(3) 수용

수용을 표현하는 것은 다른 개인에 대한 흥미, 관심, 안녕 그리고 애정을 전달하는 것이다. 수용의 표현도구로 따뜻함이 있다. 이 따뜻함은 다른 사람에 대한 긍정적 감정을 향상한다. 셰퍼와 호레이시에 의하면, 클라이언트가 안전하고 수용된다고 느낄 수 있는 방식으로 사회복지사가 반응할 때 따뜻함의 조건이 충족된다. 따뜻함이 없다면 사회복지사의 말은 공허하고 진지하지 못할 뿐 아니라 치료효과도 얻을 수 없을 것이다. 따뜻함은 대개 비언어적으로 커뮤니케이션 되며 미소, 위안이 되는 부드러운 목소리, 편안하지만 관심을 보이는 자세, 적절한 시선접촉 그리고 수용과 개방성을 전달하는 제스처를 통해 표현된다(Sheafor & Horjsi, 2006: 137).

(4) 기대

최근 플라세보 효과(placebo effect) 등 기대가 가지는 긍정적 효과에 대한 관심이 증가하고 있다. 미래에 대한 기대는 현재의 안녕과 행동에 영향을 미치고, 이는 다시 미래의 안녕과 행동에 영향을 미친다. 사회복지실천에 기대가 미치는 영향력과 관련하여, 사회복지사는 원조관계에서 ① 사회복지사가 클라이언트의 능력이나 변화하고자 하는 의지에 대해 어떤 기대를 가지고 있는지, ② 사회복지사가 변화과정에 기여할 수 있는 자신의 능력에 대해 어떤 기대를 가지고 있는지, ③ 클라이언트가 사회복지사와 그의 행동에 대해 어떤 기대를 가지고 있는지, ④ 클라이언트가 원조과정의 결과에 대해 어떤 기대를 가지고 있는지를 고려하여야 한다.

사회복지사와 클라이언트는 각기 다른 기대를 가진다. 사회복지사의 기대와 관련하여, 클라이언트가 성장하고, 변화하며, 학습하고, 문제를 해결할 수 있을 것이라고 기대하면 효과성이 향상된다. 효과적인 사회복지사는 클라이언트가 문제를 해결하고 목적을 성취할 것을 믿고 기대한다. 이런 기대는 그렇지 않은 경우와 비교해 볼 때 커다란 차이를 가져올 수 있다.

(5) 공감

공감은 사회복지사가 자신을 잃지 않으면서 다른 사람의 감정과 경험(다른 사람이 무엇을 느끼고 경험하는지 알기 위해서)에 들어가는 능력을 포함하며, 그들과 함께 느끼는 과정으로 다른 인간의 사고와 감정, 경험, 그리고 상황에 대한 이해와 인정이라고 할 수 있다.

공감은 정서를 깊이 느끼면서도 필요한 지식을 사용할 수 있도록 정서로부터 분리시키는 능력을 요구한다. 다른 사람을 깊이 느끼면서 자신을 분리시킨다는 것은 역설적으로 보일 수 있으나 그것이 바로 공감의 본질이다. 클라이언트는 그들을 진정으로 이해할 수 있고 그들과 함께 강한 개인적 결속을 느끼면서 그들이 가지고 있는 감정과 경험에 압도당하지 않는 사회복지사에게 가치를 부여한다 (Compton et al., 2005: 151-152).

(6) 권위와 권한

사회복지사는 특화된 지식·기술 및 전문직의 윤리강령에서 비롯되는 권위를 가지며, 이 권위는 기관(제도적 측면)과 클라이언트(심리적 측면)에 의하여 사회복지사에게 위임된 것이다. 법원명령이나 기관 결정에 의해 사회복지사에게 의뢰된 클라이언트와의 관계에서 사회복지사가 권위의 문제를 잘 다루는 것이 관계 형성에 있어 중요하다. 권위와 권한이 잘못 사용될 경우 클라이언트가 사회복지사에 대해 반감과 불신을 나타낼 수 있으며 이로 인해 관계 자체에 저항을 표출하게 되고 관계 형성이 어려워진다. 사회복지사는 권위와 권한의 범위 및 사용방법 등을 클라이언트에게 설명해야 한다.

(7) 진실성과 일치성

사회복지사와 클라이언트라는 통제적 관계에서 일관성 있고 정직한 개방성·객관성을 유지하며, 대화의 내용과 행동이 항상 일치하면서도 전문가로서의 자아와 가치체계에 부합해야 함을 의미한다. 이를 위해 사회복지사는 자신에 대한 정직한 지식과 전문가로서의 역할, 기관의 절차 및 정책에 대한 분명한 지식을 비롯해 타인에 대한 관심과 수용을 가져야 한다.

(8) 그 밖의 전문가의 자질

❶ 성숙함

가장 유능한 사회복지사는 성숙해 가는 과정 속에서 자신을 성장하며 발전하는 인간으로 키워 나가는 사람이다. 성숙해 가는 인간은 변화와 성장을 위협적인 것이 아니라 흥미 있는 것으로 기꺼이 받아들이려는 자세를 취하는 사람이다. 성숙함은 다음에서 언급되는 나은 모든 자질들을 이끌어내는 바탕이 된다.

❷ 창조성

창의적인 사회복지사는 클라이언트 문제 상황의 해결책에 대해 개방성을 유지한다. 이미 알려진 해결책을 찾기보다는 당면한 상황에서 최선의 해결책을 찾도록 자신을 열어 놓는 것이다. 이는 기존의 이론적 입장이나 사고체계를 거부하는 것이 아니라 단지 기존의 지식만이 전부인 것처럼 행동하지 않으려는 자세를 말한다.

❸ 자기를 관찰하는 능력

자기를 관찰하는 능력이란 자신의 목표에 관하여 깊이 숙고하고, 자기 자신을 믿고 존중하며, 그러면서도 한 발 물러서서 자신을 복잡한 개입 활동의 한 부분으로 관찰할 수 있는 능력을 말한다. 이러한 자기 관찰 능력에는 인정하고 싶지 않은 자신의 모습이 발견되더라도 이를 두려워하거나 왜곡하지 않는 용기가 필요하다.

❹ 도우려는 열망

클라이언트로 하여금 자신의 삶을 스스로 선택하고, 통제하는 능력을 향상시키도록 도우려는 깊은 열망으로서, 전문가의 필수적 자질이라 할 수 있다. 이러한 열망은 사회복지사 자신과 클라이언트에 대한 헌신적인 자세를 의미한다. 헌신적인 자세는 스스로를 알고자 하는 데 용기를 주며, 다른 사람을 위한 서비스에 자기 자신을 기꺼이 내주게 한다.

❺ 용기

전문적 관계에서 자신뿐 아니라 다른 사람과 관련하여 위험을 받아들이는 것은 커다란 용기를 필요로 한다. 사회복지사는 실패하거나 어려운 상황에 휘말리는 일, 통제할 수 없는 상황에 감정적으로 억눌리거나 비난 또는 학대받는 일, 예측할 수 없는 상황에 계속하여 연관되는 일, 신체적으로 위협받는 일 등을 기꺼이 받아들일 수 있어야 한다.

❻ 민감성

사회복지사는 특정한 단서 없이도 클라이언트의 내면세계를 느끼고 감지할 수 있는 능력이 필요하다. 이러한 자질은 사회복지사가 새로운 것에 대한 개방성 및 변화에 대한 준비 자세를 갖추고 있는지와 밀접한 관련이 있다. 선입관과 고정관념의 틀에서 벗어나 클라이언트의 감정과 사고에 사회복지사가 자신을 투입시키는 능력이 요구된다.

❼ 인간적 자질

사회복지사와 클라이언트의 관계에서 사회복지사가 보이는 수용, 존중, 공감만으로도 클라이언트는 긍정적인 변화를 일으키고 자긍심을 높일 수 있다. 그러나 사회복지사가 가지고 있는 개인적·전문적 문제로 인해 클라이언트는 분노, 거부, 좌절을 느끼게 된다. 따라서 이에 디와일드(Dewald)는 상담을 하는 사람의 인간적 자질로서 클라이언트의 고통을 존중하는 마음, 자신과 다른 인생 경험, 행동양식, 가치관에 대한 포용성, 장기 목표를 가지고 일할 수 있는 끈기, 클라이언트가 스스로 결정하고 행동할 수 있도록 수동적 자세를 취할 수 있는 것 등을 들고 있다(김기석 역, 1978).

2) 전문적 관계의 특징

전문적 관계의 특성은 다음과 같다(Johnson, 3995).

① 서로 합의된 의식적 목적이 있다. 이때 목적이란 클라이언트의 보다 나은 적응 및 문제해결을 위한 원조를 의미한다.
② 클라이언트와 구체적으로 한정된 기간을 갖고 관계를 맺는다. 목적이 달성되었거나 달성될 수 없다고 생각될 때에 관계는 종결된다.
③ 사회복지사는 자신의 이익보다 클라이언트의 이익을 위해 자신을 헌신한다. 따라서 사회복지사는 타인의 욕구에 민감할 수 있도록 객관성과 자아인식에 기초한 관계를 형성한다.
④ 사회복지사는 특화된 지식 및 기술 그리고 전문직 윤리강령에서 비롯되는 권위를 지닌다.
⑤ 현재 진행 중인 사례에 대해 객관성을 유지하고 자기 자신의 감정, 반응, 충동을 자각하며 그 책임을 진다는 의미에서 통제된 관계이다.

03 사회복지실천의 관계 원칙

비에스텍(Biestek)은 사회복지기관에 도움을 요청하는 사람의 기본적 감정이나 태도의 근원으로 7가지 기본적 욕구를 설명하였다. 클라이언트가 가지고 있는 7가지의 욕구는 사회복지사와의 관계에서 나타나며 사회복지사가 이에 대하여 적절하게 반응할 때 관계 형성이 원만하게 이루어진다.

1) 개별화(individualization)

개별화란 "인간은 모든 사람과 같고 동시에 모든 사람과 같지 않다."는 것에 대한 이해로 인간을 개별적·인격적 차이가 있는 독특한 인간으로서 인식하며, 각 클라이언트의 독특한 자질을 이해함으로써 클라이언트의 사회적 기능 향상을 원조하는 데 있어서 각 개인에게 적절하도록 상이한 원리나 방법을 활용하는 것이다.

(1) 사회복지사의 역할

① 정형화된 고정관념의 영향으로 인하여 문제나 클라이언트를 어떤 유형의 것으로 묶어버리는 편견이나 선입관으로부터 탈피한다.
② 인간행동에 대한 지식에 근거한 개인행동의 이해: 클라이언트의 문제 이해·개입전략 수립을 위한 기본적 이해의 틀을 가진다.
③ 클라이언트의 언어적·비언어적 표현을 경청하고 관찰한다.
④ 클라이언트의 보조에 맞추어 활동: 사람에 따라 상이한 문제인식, 해결능력·동기, 가용자원 등에 대한 이해를 하고 사회복지사의 속도가 아닌 클라이언트의 속도에 따라 개입을 진행한다.
⑤ 클라이언트와의 미묘한 감정의 움직임 및 사고를 민감하게 감지하고 적절하게 반응하는 능력을 갖춘다.
⑥ 균형 있는 견해와 객관적 입장을 표명할 수 있는 능력: 클라이언트와 의견 차이가 있을지라도 중립적인 위치를 유지하면서 필요한 경우 의견을 표명할 수 있는 능력을 갖춘다.

(2) 개별화를 실천하는 방법

① 면접장소나 시간약속 등에 대한 세밀한 배려를 한다.
② 마음 편하게 이야기할 수 있으며 비밀보장이 되는 면접실을 이용한다.

③ 약속시간을 엄수한다.

④ 면접 전 사례 파일·기록을 읽는 등의 면접을 위한 준비를 한다.

⑤ 원칙 적용에의 융통성: 약속 시간이나 면접장소, 진행절차 등을 클라이언트의 형편에 맞추어 적절하게 조정한다.

2) 의도적인 감정표현(purposeful expression of feelings)

의도적인 감정의 표현은 클라이언트가 감정, 특히 부정적 감정을 자유로이 표명하려는 욕구에 대한 사회복지사의 인식으로, 클라이언트로 하여금 자신의 감정, 특히 비난받을지도 모르는 부정적인 감정을 자유롭게 표현하도록 하는 것이다. 사회복지사는 의도적으로 클라이언트의 감정표현을 귀담아 듣고 비난하지 말아야 하며 때로는 치료를 위해 감정을 자극·촉진시켜 의도적으로 경청하도록 한다.

(1) 감정이 표현되었을 때의 장점

① 긴장·압박이 감소하고, 스트레스나 긴장의 완화를 통한 문제에 대한 보다 객관적인 인식을 가질 수 있다.

② 클라이언트 및 문제인식에 대한 사회복지사의 보다 정확한 조사, 사정, 개입이 가능하게 된다.

③ 사회복지사의 경청 자체가 주는 심리적 지지의 치료 가치가 향상된다.

④ 때로는 외적인 상황보다도 클라이언트의 부정적인 감정이 진정한 문제 자체로 나타난다.

(2) 사회복지사의 역할

① 클라이언트가 안정된 마음으로 자기의 감정을 표현할 수 있는 편안한 분위기 및 환경을 조성한다.

② 모든 사람은 부정적인 감정을 가질 수 있으며, 사회복지실천의 관계 내에서는 이러한 감정을 표현해도 좋음을 전달한다.
③ 면접을 위한 정신적·시간적 여유를 유지한다.
④ 감정표현을 격려·촉진 및 경청: 클라이언트의 느낌이 중요함을 인정한다. 화제를 바꾸지 않고, 부정적인 감정을 비난·판단하지 않으며, 언어적·비언어적 표현과 욕구에 대해 반응한다.
⑤ 목표를 향해 가는 클라이언트의 속도를 민감하게 인식: 관계 형성이 되어 있지 않은 상태에 적개심·공격심 등의 부정적인 감정을 표현하도록 했을 경우 이에 대한 수치심·죄책감을 유발한다.
⑥ 비현실적 보장, 성급하고 과도한 해석은 감정표현에 방해가 됨을 인식한다.

3) 통제된 정서적 관여(controlled emotional involvement)

통제된 정서적 관여는 클라이언트의 감정에 대한 사회복지사의 민감성과, 그의 감정이 의미하는 것에 대한 이해, 그리고 클라이언트의 감정에 대한 의도적이고 적절한 반응을 의미한다. 이러한 관여는 통제되어지는 것으로, 사례의 총체적 목적 및 클라이언트의 욕구 변화나 사회복지사의 진단적 사고에 따라 의도적이며 적절한 반응의 방향을 설정하여야 한다.

(1) 사회복지사의 민감성(sensitivity)

본질적으로 민감성은 클라이언트의 감정을 관찰·경청하는 것을 의미한다. 때로 클라이언트는 자신의 감정을 표현하지 않거나 표현할 수 없을 때가 있으나, 말의 속도, 어조, 자세, 표정, 손놀림, 복장 등을 통해 클라이언트의 감정을 이해한다.

(2) 사회복지사의 (감정이입적) 이해(empathy)

사회복지사는 클라이언트의 주관적 경험과 감정을 인지하고 이것이 그들에게 가지는 의미를 잘 포착해야 함을 뜻한다. 인간행동의 지식은 감정의 의미를 이해하는 데 필수적이며, 사회복지사는 이때 클라이언트의 감정을 깊이 있게 느낄 수 있는 능력과 함께 객관성 유지를 위해 충분한 정서적 거리를 유지할 수 있는 능력이 요구된다.

(3) 사회복지사의 반응

민감성이나 이해는 그 자체만으로는 불충분하며 사회복지사의 반응은 클라이언트 마음의 변화에 따라 호응하면서 개별화되어야 한다. 반응은 본질적으로 사회복지사의 개입에서 나타나게 되는 태도를 의미하고, 주로 외적인 형태로서의 언어, 표정, 행동 등을 통해 전달한다. 내·외적 경험의 일치를 통한 적정수준의 자기표현, 도움의 목적의식과 자기인식·자기훈련에 의한 부단한 통제·조정이 요구된다.

4) 수용(acceptance)

수용이란 사회복지사가 클라이언트의 장점과 약점, 긍정적·부정적 성질과 감정, 건설적·파괴적 태도와 행동을 포함하여, 있는 그대로의 개인을 이해하고 편견 없이 받아들이는 행동상의 원칙으로 일탈적 행동·태도에 대한 시인(approval)이나 동의(agreement)와는 다르며, 한 인간으로서 클라이언트의 가치, 있는 그대로의 현실과 감정을 받아들이는 것을 의미한다.

(1) 수용을 위한 조건

① 인간의 존엄성을 인정
② 사회복지사 자신의 감정이나 행동에 대한 이해와 수용
③ 인간과 그 사람이 하는 행동의 구별화
④ 다양한 원인에 따른 행동 및 결과에 대한 지식 필요

(2) 사회복지사의 역할

① 사회복지사가 아닌 클라이언트의 욕구를 중심으로 면접을 진행한다.
② 클라이언트의 자조적인 잠재능력을 이해하고 그들의 성장을 촉진하는 전문가로서의 책임을 수행한다.
③ 명확한 목적의 인식과 인성·행동양식에 대한 지식이 필요하다. 사회복지사가 자신을 활용(use of self)하면서 클라이언트에게 정서적으로 수용의 반응을 하기 위해서는 스스로의 감정·태도를 이해하고 직업적인 이해와 책임에 비추어 평가하여야 하며, 이는 계속된 자기인식을 함으로써 가능하다.

(3) 수용의 장애

① 인간의 행동 양식에 관한 지식의 결여
② 클라이언트의 어떤 면을 사회복지사로서 받아들이지 못하는 태도, 자기 자신 속에 미해결된 문제에 대한 억압된 갈등
③ 사회복지사가가 자신의 감정을 클라이언트에게 전이하는 것
④ 편견과 선입관
⑤ 문제해결을 보장할 수 없는데도 말로만 안심케 하는 것
⑥ 수용과 시인, 동의의 혼동
⑦ 클라이언트에 대한 존경의 결여

5) 비심판적 태도(nonjudgemental attitude)

비심판적 태도는 사회복지실천관계의 한 특징으로, 문제나 욕구의 원인이 클라이언트의 잘못 때문인지 아닌지, 어느 정도의 책임이 있는지 등을 심판하지 않는다는 원칙이다. 사회복지사가 자신을 심판하거나 비난하지 않는다는 것을 알게 되면, 클라이언트는 방어 없이 자유로이 자신의 문제와 욕구에 관해 논의할 수 있으며 이를 통해 문제해결이 원활화된다. 단, 클라이언트의 태도, 기준, 행동에 대한 객관적인 평가와 판단이 필요하며, 이는 처벌·비난을 위해서가 아닌 그의 사회적 적응을 돕기 위해서라는 목적의식을 분명히 하여야 한다.

(1) 심판적인 태도가 갖는 부정적인 의미

① 심판이란 비난을 의미한다.
② 비난은 현재나 미래가 아닌 문제의 과거에 초점을 두고 있다.
③ 비난은 고통이 없으면 똑같은 행동을 반복할 것이라는 가정하에 진행된다.
④ 클라이언트는 심판받는 것에 대한 두려움이 있으며, 두려움은 자신의 감정이나 문제를 은폐하려 한다.

(2) 비심판적인 태도의 조건

① 클라이언트에 대한 배려와 관심
② 클라이언트에 대한 수용
③ 클라이언트의 수준에서 이해
④ 사회복지사의 자아인식

(3) 비심판적 태도 전달의 장애요인

① 클라이언트에 대한 선입관이나 편견
② 클라이언트와 보조를 맞추지 않고 성급히 결론을 내리거나 그들의 발언을 가로막는 것
③ 비슷한 문제를 가진 사람을 클라이언트와 비교하거나 예로 드는 것은 클라이언트를 어떤 범주 속에 넣어 분류화하며 비난한다는 인상을 줌

6) 클라이언트의 자기결정(self-determinism)

자기결정의 원칙이란 사회복지실천 전 과정에 걸쳐서 클라이언트가 모든 의사결정과정에 참여하여 스스로 선택하고 결정하는 것을 의미한다. 모든 인간은 스스로 결정하고자 하는 욕구와 잠재적 자기결정 능력에 대한 믿음을 가지며 이는 자기결정에 대한 권리를 누구도 대신할 수 없다는 인간 존중에 근거한다. 이러한 자기결정의 원칙은 사회복지사가 클라이언트를 위하여 무엇을 해주는 것이 아니라 클라이언트와 '함께' 해결해 나가는 것으로 전문적 관계의 동반자 의식 강조한다. 자기결정을 최대화하기 위해서는 약점보다는 '강점'과 '능력'을 강조하여야 한다.

(1) 사회복지사의 역할

① 클라이언트로 하여금 자신의 욕구와 문제를 잘 이해하도록 함으로써 자기수용을 원조한다.
② 클라이언트가 선택할 수 있는 다양한 자원·기회, 각 선택에 대한 장·단점에 대한 충분한 정보를 구체적으로 제시한다.
③ 클라이언트에게 있는 잠재적인 자원·능력을 적극적으로 인식·활성화하도록 자극하고 결정에 참여를 권유하고 기회를 제공한다.

(2) 사회복지사가 유의해야 할 점

① 클라이언트의 결정이나 문제해결에 대한 사회복지사의 주된 책임 수행 및 클라이언트의 종속적 역할화되는 것을 주의해야 한다.
② 클라이언트가 요청하는 서비스는 도외시하고, 사회복지사 중심의 문제평가와 서비스계획 수립해서는 안 된다.
③ 직접적·간접적으로 클라이언트를 조정(manipulation)하여 클라이언트가 사회복지사의 의사를 따르도록 해서는 안 된다.
④ 사회복지사의 주장으로 클라이언트를 설득하는 것을 주의해야 한다.

또한 클라이언트의 결정이 다른 사람의 권리를 침해하게 될 경우나 법에 저촉되는 경우, 기관의 기능 안에서 도울 수 없는 경우에는 클라이언트의 자기결정이 제한된다.

7) 비밀보장(confidentiality)

비밀보장은 전문적인 관계에서 알게 된 클라이언트에 대한 정보를 누설시키지 않는다는 원칙으로 클라이언트의 기본적 권리에 기초하며, 사회복지사의 윤리적 의무이자 사회복지실천의 관계 형성 및 유지를 위해 반드시 필요하다. 비밀정보는 다른 사람에게 밝혀지지 않은 사생활에 관한 어떤 사실이나 조건 등에 대한 지식을 말하고 자연적인 비밀은 타인에게 알려지는 경우 클라이언트의 명예와 신용을 손상시키거나 마음에 상처를 주거나 부당한 대접을 받게 되는 정보를 의미하며 약속에 의한 비밀은 클라이언트로부터 비밀을 다른 사람에게 알리지 않기로 부탁받은 정보를 말한다. 또한 신뢰에 의한 비밀은 비밀이 다른 사람에게 알려지지 않을 것을 사전에 언어적·비언어적 의사 교환을 통해 이해가 된 것을 의미한다.

• 비밀보장의 한계

① 클라이언트 비밀보장의 권리가 다른 권리와 모순될 때 경중을 비교하여 중대한 편을 선택함
② 클라이언트 비밀보장의 권리가 타인의 권리와 충돌될 때
③ 사회복지사 자신의 권리가 박탈될 경우, 사회복지사는 자신의 기본적 인권을 포기해서까지 클라이언트의 권리를 보장할 수 없음
④ 기관 고유의 법적 권한과 사회적 사명에 위배되는 경우
⑤ 사회 공적 이익을 촉진하는 사회의 권리와 의무에 충돌되는 경우

이러한 경우 클라이언트의 비밀보장이 예외적으로 제외될 수 있다.

8) 방어적·비자발적 클라이언트와의 관계

클라이언트의 유형에 따라 관계 형성이 달라질 수 있다. 자발적인 클라이언트는 문제나 걱정거리를 지각하고, 그 문제가 다른 사람의 압력에 의한 결과가 아니며, 도움에의 요구에 대해 양가감정적이 아니며, 도움을 신청하고, 누가 도움을 전달할지에 대해 선택권을 가지며, 도움을 제공하는 사람에 대해서 기꺼이 믿고 따르는 사람을 의미한다. 또한 망설이는 클라이언트는 도움을 요청하지 않고, 서비스 제공에 반응하지 않으며, 제안을 받아들인 후에도 나타나지 않고, 동의한 후에도 최소한으로 참여하는 사람을 말한다. 비자발적인 클라이언트는 사회복지사와 강제적인 원조 계약을 맺도록 강요당하거나 수용하도록 압력을 받은 사람을 말한다. 클라이언트의 유형에 따라 각기 관계 형성방법이 적절하게 적용되어야 할 것이다. 특히 망설이는 클라이언트나 비자발적인 클라이언트의 경우에는 나타날 수 있는 저항을 잘 다루어야 할 것이다.

(1) 비자발적인 클라이언트와의 관계 형성

① 클라이언트를 비난하지 않으면서 클라이언트를 만나야 되는 이유를 설명함
② 협상할 수 없는 요구에 대해 이야기함
③ 이용할 수 있는 선택들에 대해 이야기함
④ 반발을 기대하고 반발에 대해서 이해함
⑤ 관계의 범위를 확장: 협상 가능한 것이 무엇이며 그 안에서 자유로운 선택을 함

(2) 저항의 근원 및 대처방법

변화에 대한 저항은 '보편적 현상'이라는 것에 대한 이해가 필요하며 변화에 대한 클라이언트의 양가감정을 이해하고 변화를 위한 도움의 요청과 기존의 삶의 형태를 유지하려는 욕구, 고통스러우나 친숙한 현 상태를 유지하는 것과 미지의 결과에 대한 두려움과 위험부담이 따르는 변화를 잘 이해하여야 한다. 이에 사회복지사는 변화에 대한 클라이언트의 양면감정을 인식함으로써, 그들이 자기감정을 탐색하여 변화에 대한 장·단점을 재평가할 수 있도록 도움을 주어야 한다.

사회복지 서비스 및 구체적인 개입 절차에 대한 클라이언트의 잘못된 이해로 사회복지 서비스에 대한 불신과 경계, 불만을 가지고 있으며 사회복지사는 클라이언트에게 요구되어지는 것은 무엇이고 선택의 여지는 있는지 등 서비스나 개입의 성격을 충분하고 분명하게 설명하여 이러한 불만과 불신을 줄여주어야 한다. 그리고 역할의 명확화 및 계약, 염려에 대한 논의, 자기결정권의 옹호를 통하여 클라이언트의 신뢰를 얻을 수 있도록 노력하여야 한다. 클라이언트가 평상시 기능과는 다른 행동을 해야 하거나 새로운 상황에 압도될 때 가지는 염려 때문에 사회복지사는 클라이언트의 두려움을 탐색, 모델링이나 행동연습을 통하여 변화를 위해 필요한 행동을 수행하도록 준비하고 도움을 주도록 하여야 한다.

04 변화를 방해하는 관계와 관계 다루기

1) 변화를 방해하는 관계

(1) 클라이언트의 불신

클라이언트의 불신은 거의 대부분 이전의 중요한 다른 관계에서 비롯된다. 즉, 지나온 삶의 과정에서 격려나 인정을 받지 못한 사람은 비난, 거부, 상처를 미리 예상하여 방어적 태도를 보이게 된다. 이러한 상황에서 클라이언트의 자기 노출은 어려워지며 더 이상의 변화는 기대할 수 없다.

(2) 전이

일부 클라이언트는 원조관계에 완전하게 참여하는 데 주저하기도 한다. 이러한 점은 일반적으로 지속적 애정, 안정적 가족생활, 격려 및 승인 등이 결여되었던 이전의 경험으로부터 연관된다. 클라이언트가 이전 경험을 토대로 현재 경험을 과도하게 일반화해서 왜곡된 인식을 갖게 하여 대인관계상의 어려움을 나타나게 한다. 이러한 태도는 관계상의 장애가 됨과 동시에, 치료적 관계에서 성장을 위한 하나의 기회를 나타내기도 한다.

전이 반응은 상황에 맞지 않는 비현실적 왜곡을 낳아 변화에 대한 강한 저항을 일으킨다. 분노, 원망, 증오와 같은 부정적 전이만이 저항으로 작용하는 것이 아니라 긍정적 감정도 마찬가지로 왜곡된 변화를 일으키는 경우가 있다.

(3) 사회복지사의 역전이

역전이는 전이와 반대로 사회복지사가 클라이언트를 마치 자신의 과거 경험 속의 어떤 인물인 것처럼 느끼고 무의식적으로 반응하는 것이다. 역전이 반응도 강한 비현실적인 감정으로 왜곡을 낳고 건전한 변화를 방해한다.

(4) 저항

사회복지사와 클라이언트 간의 관계에서 변화를 방해하는 중요한 요소로, 개입 목표와는 반대되는 클라이언트의 행동을 의미한다.

- **침묵**: 초보사회복지사일 경우 가장 다루기 어려운 저항의 형태이다. 갑자기 말을 하지 않거나 할 말이 생각나지 않는다고 하거나, 말하고 싶지 않다고 하는 경우이다.
- **핵심에서 벗어난 주제를 말하는 것**: 개입의 목적과 문제해결과 관련이 없는 이야기를 장황하게 하다가 핵심 주제는 그냥 뛰어넘기는 것을 말하거나, 혹은 중요하지만 고통스러운 내용을 꺼내면 못들은 척하거나 다른 주제를 꺼내는 행동의 형태이다.
- **무력함의 표현**: "잘 안될 것이다. 소용없다."라고 계속적으로 무력감을 나타내는 것으로, 변화를 원하지 않아 사회복지사를 무력하게 만들기도 한다.
- **문제를 축소하거나 마술적 해법을 기대하는 것**: 문제에 대해 직면하지 않으며, 변화에 대한 노력을 하지 않으려하면서 문제가 저절로 해결되기를 바라는 것이다.
- **저항의 심리를 행동으로 나타내는 것**: 면담 약속 시간을 지키지 않는 것, 면담 중 안절부절못하며 몸을 움직이거나 지루해하는 것 등의 행동을 말한다.

2) 변화를 방해하는 관계 다루기

변화를 방해하는 관계를 다루는 데는 다음과 같은 방법들이 활용된다.

(1) 민감성

클라이언트는 양가감정과 상당한 불안을 느끼면서 원조전문가와의 관계에 들어선다. 흔히 사회복지사와 처음으로 접촉할 때, 클라이언트는 어색함·불편감과 스트레스를 느낀다. 클라이언트는 문제에 대한 복잡한 감정, 혹시 자신을 문제를 가진 사람으로 보는 것이 아닌가 하는 우려 그리고 원조과정이라는 미지에 대해 불편함을 가질 수 있다. 이에 따라 사회복지사는 문제해결과정, 특히 관계 형성과정에서 클라이언트와의 상황에 민감해야 한다.

(2) 정직성

신뢰를 발달시키는 주요한 변수의 하나로서, 정직성은 어떤 대인관계에서도 핵심적인 요소이다. 사회복지사는 클라이언트에게 열려져 있고, 질문에 최선을 다해 대답하며, 실수나 지식의 부족을 인정함으로써 관계를 형성해 갈 수 있다.

(3) 긍정적 재해석

클라이언트의 부정적이고 바람직하지 못한 감정에 사회복지사가 긍정적 의미를 부여하는 것이다. 이 기법의 목적은 클라이언트의 자기 방어를 줄이고 손상되기 쉬운 자존심을 보호하고자 하는 것이다.

(4) 문제를 성장의 기회로 재규정

문제를 성정과 도전의 기회로 인식하게 하는 것이다. 클라이언트에게 문제에 대한 낙관적이고 긍정적인 관점을 제공해 주는 것이 중요하다.

(5) 직면

변화를 방해하는 부정적 감정, 생각, 행동을 클라이언트가 인식하도록 돕는 직접적 방법이다. 클라이언트가 자신의 행동, 생각, 감정 사이의 모순을 발견하지 못할 때 효과적이지만 그들이 받아들일 준비가 되어 있지 않을 때에는 역효과가 나타나기도 한다.

(6) 전이와 역전이 다루기

❶ 전이

클라이언트의 반응이 비현실적임을 지적하고 현실적 사회복지사에 대한 관점을 갖도록 도와야 한다. 또한 사회복지사에 대한 감정을 과거에 다른 사람에게도 느낀 적이 있는지 알아보고 그 경험에 대해 그들이 깨닫도록 도와준다.

❷ 역전이

사회복지사는 자신의 감정의 기원에 관심을 갖고 클라이언트와의 현실적 관계에 관점을 갖도록 노력해야 한다. 그러나 역전이로 인해 관계를 지속할 수 없을 경우에는 클라이언트에게 사회복지사 자신의 문제로 인해 관계를 지속할 수 없음을 알리고 다른 사회복지사에게 의뢰해야 한다.

사회복지사의 효과적인 특성은 자아인식이다. 자기이해와 자아인식을 지속적으로 발달시키는 사회복지사는 그렇지 않은 사회복지사보다 효과적일 가능성이 크다. 자기이해와 자아인식을 지속적으로 발달시킨 사회복지사는 자신들이 가진 욕구, 인식 그리고 감정을 클라이언트의 그것과 분리시킬 수 있으며, 다른 사람의 자아인식을 발달시키도록 도울 수 있기 때문이다.

(7) 저항 다루기

① 저항이 변화의 진전을 심각하게 방해할 경우에만 다루는 것이 바람직하다.
② 저항이 목표 달성을 심각하게 방해할 때는 저항을 다루는 것을 최우선으로 하고, 저항의 저변에 있는 현재의 감정에 초점을 둔다.
③ 클라이언트는 저항 다루기를 통해 부정적인 감정을 표현함으로써 대인관계에서의 부정적인 감정을 효과적으로 다룰 수 있는 경험을 하게 된다.

참고문헌

김융일·조흥식·김연옥(2000). 사회복지실천론. 나남출판.

엄명용·김성천·오혜경·윤혜미(2005). 사회복지실천의 이해. 학지사.

이영분(2001). 사회복지실천론. 동인.

이윤로(2006). 최신 사회복지실천론. 학지사.

Johnson, L. C. , & Yanca, s. J.(2007). *Social Work Practice: A Generalist Approach*(9th eds.). Boston: Pearson Education, Inc.

Kadushin, A.(1995). Interuiewing. In NASW 19th Encyclopedia of Social Work(pp.1527-1537). Washington DC: NASW Press.

Pincus, A., & Minahan, A.(1973). *Social Work Practice: Model and Method*. Itasca: F.E.Peacock Publishers, Inc.

Sheafor, B.,& Horejsi, C. R.(2006). *Techniques and guidelines for social Work Practice*(7th eds.). Boston: Pearson Education, Inc.

Biestek, F.P.(1957). *The Casework Relationship*. Illinois: Loyola Univ. Press.

Biestek, F.P.(1987). *The Casework Relationship*. Chicago: Loyola University.

Compton & B. Galaway.(1994). *Social Work Processes*(5th ed.). Belmont: Wadsworht.

Johnson(1995). *Social Work Practice: A Generalist Approach*(5th ed.). Boston: Allyn and Bacon.

Perlman, H. H.(1978). *Relationship: The Heart of Helping People*. Chicago: University of Chicago Press.

____________(1979). *Social Casework: A Problem-Solving Process*. Chicago: University of Chicago Press.

____________(1982). *"The Relationship." In H. Rubenstein & M. Bloch*(Eds.). Things That Matter. NY: MacMillan.

Pincus, A. & A. Minahan.(1973). *Social Work Practice: Model and Method*. Itasca: F. E. Peacock.

Richmond, M.(1899). *Friendly Visiting among the Poor*. NY: MacMill

SOCIAL WORK PRACTICE

CHAPTER 09

사회복지실천 모델

09

SOCIAL WORK PRACTICE

01 클라이언트중심모델

1) 배경

비지시적 카운슬링 창시자인 칼 로저스(Carl Rogers, 1902~1987)는 뉴욕 로체스터에 있었던 '아동범죄를 예방하는 모임의 아동 연구부'에서 심리학자로서 전문적인 연구를 시작하며 사람-중심 상담에 관한 연구 활동을 하였다(한승호, 1998).

인종 간, 집단 간, 국가 간의 분쟁 및 갈등에도 깊은 관심을 갖고 활동하여 노벨평화상 후보에 오르기도 한 로저스는 기능주의 이론의 토대를 제공한 인물 중 한 사람인 랭크(Otto Rank)에 의해 현상학적 치료방법인 클라이언트중심모델의 기초적 이론을 주창한다. 랭크이론에 기반을 둔 관계치료(relationship therapy)의 많은 요소들이 클라이언트중심이론의 골격을 형성하였다. 과거의 경험보다는 현재의 경험과 주변 여건을 강조하는 점, 자유로운 골격표현을 긍정적으로 보는 점, 개인의 성장과 의지에 초점을 두는 점, 치료에서 치료자의 권한 남용을 달갑지 않게 생각하는 점 등이 랭크의 관계치료가 로저스의 클라이언트중심이론에 영향을 준 요소들이다. 랭크의 사상은 그가 심리치료에 영향을 미치는 세 가지 요인을 기술한 내용에 잘 나타나 있다. 그 세 가지 요인은 개인, 치료자 그리고 개인-치료자 간의 관계이다.

랭크의 관계치료는 심리학 분야에서 태프트, 패터슨(C. H. Patters) 등에 의해 계속 발전되었고 사회복지실천 분야에서는 태프트, 버지니아 로빈슨, 스몰리 등에 의해 사회복지실천의 기능주의 학파로 발전되었다(엄명용 외, 2006: 373-374).

2) 특징

'인간중심접근법(personcentered approach)'이라 불리기도 하는 클라이언트중심모델(client-centered model)은 칼 로저스가 1940년대에 처음 개발한 '인간성장과 변화에 대한 접근법'에서 당시 개인치료의 지식적인 면과 무의식적 결정론에 근거한 정신분석이론 그리고 환경결정론에 근거한 행동주의이론에 대한 반동으로 인간중심모델이 생겨난 것으로 볼 수 있다.

로저스(Rogers)는 인간의 행동에 있어 개인이 지각하는 세계를 해석하는 것은 객관적인 현실보다는 주관적인 현실세계의 존재로 보았으며, 인간에 대한 관점에 있어서 인간의 본성을 선천적으로 선한(good) 존재로 보았다. 인간이 자아실현의 욕구를 지녔다고 가정하는데, 궁극적으로 자신의 행동능력을 증대 시키고 자아실현의 욕구를 유지하거나 향상시키는 방향으로 자신의 모든 능력을 개발하려는 인간의 타고난 성향이라고 할 수 있다.

클라이언트중심모델의 인간중심접근법에 있어 사회복지사가 클라이언트에게 감정이입적 반응(empathic communication), 무조건적 긍정적 관심(unconditional positive regard), 수용(acceptance), 진정한 존중(genuine respect) 등을 보일 때 클라이언트에게 긍정적이고 건설적인 변화가 이루어진다는 것이 핵심적인 요소이다. 로저스는 인간과의 만남의 질을 의미하는 이 관계양상이 개입의 효과를 결정하는 가장 중요한 요소라고 하였다.

이 모델은 클라이언트의 자기 성장을 향한 잠재력이 발현될 수 있는 분위기를 조성하는 데 목적을 두고 있으며, 개입방향에 대한 일차적 책임이 클라이언트에게 있도록 그들의 문제에 대해 '과거'보다는 '지금-여기'를 강조한다(양옥경 외, 2005: 339).

3) 주요 개념

모든 사람은 자아실현의 동기를 가지고 있다는 가정에 기반을 두고 있는 클라이언트중심모델은 개인의 선천적인 경향에 의해 모든 개인은 인간을 유지하거나 고양시키는 방식으로 자신의 능력을 발전시킨다는 것이다. 로저스(Rogers)는 주요 개념을 다음과 같이 설명한다(양옥경 외, 2005: 339-340).

(1) 실현화 경향

실현화 경향(actualizing tendency)은 유기체를 유지하거나 고양시키는 방식으로 발달해 가려는 유기체의 생득적 경향이다. 즉, 인간은 출생 시부터 성취를 향해 생산적으로 성장하도록 운명을 타고났다는 것이다. 이러한 경향은 자율성을 향한 발달을 의미하며, 타율성이나 외부세력에 의한 통제로부터 벗어난 유기체가 본래적으로 소유하고 있는 자아실현의 욕구성취를 지향하게 하는 동기(motivation)이다. 욕구의 감소 긴장감소와 같은 개념이나 쾌락적인 긴장추구, 창의적이고자 하는 경향, 걷는 것을 학습하려는 경향 및 자기실현화 경향 등이 포함된다.

(2) 자아실현욕구

자아실현욕구(self-actualization)는 보다 기본적인 실현화 경향의 하위체계로 간주되며, 유기체 경험을 통한 자기실현의 일반적인 경향이다. 실현화 경향은 기본적인 인간의 동기이며, 자아실현은 이러한 경향의 산물이다. 즉, 자아가 형성됨에 따라 일부 실현화 경향이 자아실현으로 표현된다.

(3) 무조건적 긍정적 존중

인간은 자아가 발달하면서 사랑과 인정을 갈구하게 된다. 즉, 다른 사람들로부터 긍정적 존경을 받고자 하는 욕구가 생긴다. 이러한 긍정적 관심(positive regard)의 욕구는 타고난 것이며, 어떤 사람들은 상당히 중요한 위치를 차지하게 된다. 인간은 사랑과 애정을 얻고 인정받기 위해 성장과정에서 부모와 중요한 타인들을 기쁘게 하고 자신의 내적 경험은 무시하게 된다. 즉, 점차 자기 자신에게 '덜 맞추고' 타인의 평가에 '더 맞추어' 행동하게 된다. 무조건적 긍정적 존중은 클라이언트에게 충고나 방향을 제시하는 것이 아니라 그들의 상황, 관점, 진술의 논리 등을 따뜻하게 감싸 주면서 인정하고 받아들이는 것을 말한다.

(4) 조건부 가치

조건부 가치(conditions of worth)는 중요한 타인의 긍정적 관심을 모두 제공하는 것이 아니라 조건부로 주어짐에 따라 인간이 어떤 측면에서는 자신이 존중되고 있지만 다른 면에서는 그렇지 않다고 느낄 때 일어난다. 조건부 가치는 그것이 실현화 과정을 왜곡한 이유로 인간이 자유롭고 최대한의 효율성을 가지는 것을 방해한다고 본다. 개인이 자신의 유기체적 욕구를 부정적으로 받아들이게 되면 자아통합성이 깨지고 자신의 잠재력과 접촉이 단절되어 건전한 성장발달이 방해를 받을 수 있다는 것이다(엄명용 외, 2006: 382). 즉, 경험이 유기체를 고양시키는지와 무관하게, 오직 타인에게서 부여받은 가치 때문에 자기 자신에게 긍정적이든 부정적이든 간에 개인이 경험한 것이 가치를 두는 것이다.

4) 실천과정

(1) 실천에서의 단계

❶ 제1단계

- 자기와 의사소통하는 것을 싫어하며 단지 외적인 것에 대해서만 의사소통이 이루어진다.
- 개인은 변화에 대한 의지가 없으며, 자신의 감정과 개인적 의미를 인식하지도

허용하지도 않는다.

- 친밀하고 의사소통이 잘되는 관계를 위험한 것으로 해석한다.

❷ 제2단계

- 클라이언트는 자기 자신과 관계없는 문제에 대해 말하기 시작한다.
- 클라이언트는 자신의 주관적 경험에 대해서 표현을 꺼리는 경향이 있어 자기에 관해 모순된 진술을 할 수 있다.
- 클라이언트는 자신이 문제나 갈등을 가지고 있음을 어느 정도 의식할 수 있지만 그것을 자기 외부적인 것으로 인식한다.

❸ 제3단계

- 현재가 아닌 과거에 일어났던 것으로 주로 과거의 감정에 대해 이야기한다.
- 객체로서의 자기에 대한 표현이 좀 더 자유롭게 이루어진다.
- 반영된 객체로서의 자기, 주로 다른 사람 내에 존재하는 것으로서의 자기에 대한 의사소통이 있을 수 있다.
- 어떤 문제들이 외부보다는 자신의 내부에 존재한다는 사실을 인식하기 시작한다.

❹ 제4단계

- 클라이언트의 혐오감, 두려움, 증오 등의 현재 느낌이나 경험이 표현된다.
- 강렬한 감정은 여전히 지금-여기 것이 아닌 것으로 기술된다.
- 경험과 자기의 불일치 및 모순이 분명히 인식되고, 이러한 모순에 대한 관심이 증가한다.
- 문제에 관한 자기 책임감을 어느 정도 표현한다.
- 클라이언트는 자발적으로 감정적 토대 위에서 다른 사람과 관계를 맺으려는 시도를 한다.

❺ 제5단계

- 비록 두려움과 의심이 있으나 이전에는 부인되었던 감정이 비로소 자각되기 시작한다.
- 즉각적인 경험이 지침을 제공할 수도 있다는 약간의 인식을 하게 된다.
- 경험 속에서 모순과 불일치에 분명히 직면하는 경우가 늘어난다.
- 개인은 자신 내부에 존재하는 모순의 책임이 자기에게 있음을 느낀다.

❻ 제6단계

- 이전에는 부인되었던 감정이 이제는 즉각적이고 수용적으로 경험된다.
- 개인은 다른 사람과 관계를 맺는 과정 내에서 자기 자신이 되려는 시도를 한다.
- 자신의 흐름을 따르고, 이 흐름 속에 있는 그대로의 자기를 다른 사람이 수용할 것이라 믿는다.

❼ 제7단계

- 개인은 과정연속체상의 최상위 단계로 이동함에 따라 자신의 감정을 일어나는 그대로 표현할 수 있다.
- 개인은 흘러가는 경험의 과정 속에서 편안히 살아가며, 새로운 감정을 풍부하고 즉각적으로 경험한다.
- 클라이언트의 내적 의사소통은 분명해진다.
- 개인은 자유롭게 경험하면서 충분히 기능하는 인간으로 성장한다.

(2) 개입방법

개입방법에는 공감(empathy), 무조건적 - 긍정적 관심(unconditional positive regard), 진실성(genuineness)이 제시되고 있다.

첫째, 공감은 클라이언트 입장에서 그들이 생각하고 느끼는 것을 자신의 감정인 것처럼 느끼는 것을 의미한다. 높은 수준의 정확한 공감이란 클라이언트가 덜 분명하고 덜 명확하게 경험한 감정에 대해서 분명한 느낌을 인식하도록 하는 것 이상의 의미를 가진다는 사실을 이해하는 것이 중요하다. 클라이언트의 경험 세계로 자유롭게 여행함으로써 사회복지사는 이미 클라이언트도 인식하고 있는 것에 대해 자신이 이해한 것을 전달할 뿐만 아니라 그들이 거의 인식하지 못하고 있는 경험의 의미를 말해 줄 수도 있다.

둘째, 무조건적 - 긍정적 관심은 클라이언트를 한 인간으로서 깊고 순수한 관심으로 대하는 것이다. 클라이언트의 감정, 사고, 행동에 대한 좋다거나 나쁘다는 평을 달지 않고 따뜻하게 수용한다.

셋째, 진실성이란 것은 사회복지사가 그들에게서 흐르는 부정적이든 긍정적이든, 느껴지는 감정과 태도를 즉각적으로 그리고 개방적으로 경험한다. 즉, 치료시간에 순수하고 통합되어 있고 진솔하다는 것을 의미한다.

(3) 치료과정

두 사람의 접촉을 통한 치료과정은 상담과 심리치료의 시작으로 상호작용을 위한 상담이 설정되어야 한다. 이러한 상담은 클라이언트에 대한 긍정적 존중을 통해 공감을 이끌어내야 한다. 공감은 무조건적인 긍정의 결실에서 나타나는데 비 평가적이어야 하며, 상담과정에 대한 클라이언트의 지각이 치료의 과정에서 중요한 부분이며, 경험이 될 것이다. 클라이언트 입장에서의 경험을 살펴보면, 다음과 같다.

❶ 책임감의 경험

클라이언트는 상담을 통해 자신의 고독감, 괴로움, 분노 등의 감정에 대한 책임감을 발견하게 된다.

❷ 탐색의 경험

클라이언트 자신의 태도와 감정을 탐색하고 모순성을 통한 불안감이나 긍정적 관심을 발견하게 된다.

❸ 부정적 태도의 발견

경험을 통해 지각되는 것을 거부하는 부정적 태도가 발견된다.

❹ 자기를 재조직 하는 경험

부정적 태도의 발견을 통해 자아를 재조직하여 자신에 대한 지각과 태도의 변화를 야기한다. 이를 통해 자기 자신에 대한 거짓이나 가면을 벗기 위한 발견을 시도한다.

❺ 진전의 경험

클라이언트가 직면하게 될 논쟁점을 해결하고 자신을 계속 탐색하기 위한 시도를 한다.

❻ 종결의 경험

상담을 언제 마칠지를 결정한다.

02 과제중심모델

1) 배경

과제중심모델은 1970년 초 시카고대학의 레이드(Reid)와 엡스타인(Epstein)에 의해 고안된 사회사업실천모델이다. 이 모델은 단기치료형태의 일종이며, 대인간의 문제, 개인 내적인 문제, 개인과 환경 간의 문제를 효과적으로 경감할 수 있는 절충적 실천의 틀(frame-work)로서 하나의 이론적 정향에 기초하기보다는 여러 이론을 절충하여 사용할 수 있는 틀을 제시하였다.

즉, 기존의 장기적인 치료가 비용의 문제, 중도 포기의 문제, 사회복지사의 업무부담 등으로 인하여 단기치료에 대한 관심이 고조되면서 보다 집중적인 구조화된 개입형태를 바라는 경향에서 나온 결과이다.

과제중심모델은 단기 심리사회적 접근의 테크닉을 이용하여 클라이언트가 자신들의 문제를 완화하기 위한 과제나 활동을 고안하고 수행하지만 시간제한을 두는 구조를 이용하는 것이 특징이다. 이 모델에서 헬렌 펄만(Helen Perlman)의 문제해결과정과 엘리엇 스텃(Elliot Studt)의 서비스 초점을 클라이언트의 과제에 둠으로써 과제수행의 가능성을 증가시키고 클라이언트가 과제를 잘 이해하도록 충분히 토의를 갖도록 함으로써 동기를 유발한다는 점에서 유용하게 받아들여졌다.

이외에도 경험에 기초한 지식을 일반화하여 과제중심모델이 창안되기 이전까지의 심리치료나 사회사업상담에서 발견된 사실들, 즉 단기의 시간제한적 치료를 받은 사람들이 장기치료를 받은 사람들과 효과면에서 별 차이가 없었다든가 의도된 기간과 상관없이 비교적 짧은 시간 안에 효과를 볼 수 있었다는 점에서 문제발생과 변화가 모델의 밑받침이 되었다. 이 모델은 클라이언트의 자기결정권을 존중한다. 사회복지사는 자신이 클라이언트의 문제에 대한 최선의 해결책을 알고 있다는 가정을 하지 않는다. 오히려 클라이언트가 자기 문제라고 인정하고, 함께 해결하고자 지적한 문제에 제한하여 접근한다.

2) 특징

사회복지사는 클라이언트와 협력해서 발전시켜야 할 클라이언트의 문제에 관한 과제 또는 문제해결활동을 조직하게 되며, 일반적으로 서비스는 2개월 내지 3개월의 기간 내에 8회 내지 12회 정도까지 제공된다. 클라이언트가 이러한 과제를 수행하도록 돕는 과제중심모델의 특징은 첫째, 시간제한적인 단기개입이며, 둘째, 클라이언트와 사회복지사가 계약한 구체적인 문제해결에 개입의 초점을 두는 구조화된 접근이고, 셋째, 클라이언트의 문제해결활동은 그가 수행에 동의한 과제를 중심으로 조직되며, 넷째, 이론보다는 조사에 근거한 경험적 자료를 중심으로 진행된다는 것이다.

(1) 과제중심모델의 특징

① 시간제한이 적은 단기치료로 주 1~2회 면접을 6~12회 정도로 구성하여 대개 4개월 이내에 사례를 종료한다는 특징을 가지고 있다.

② 클라이언트와 사회복지사가 표면적으로 계약한 구체적 문제의 해결에 초점을 둔다.

③ 사회복지사는 클라이언트의 문제해결활동을 수행하기로 동의한 과제를 중심으로 단계별로 각자의 과업이 구체화되고 구조화된 접근을 통해 그들이 과제를 수행할 수 있게 원조한다.

④ 조사에 근거한 경험적 자료에 의존하여 직접적인 치료기법을 제공해 주기보다 클라이언트 스스로 실행 가능한 과제로 대치하고 과제를 수행할 수 있도록 인도한다.

⑤ 사회복지사의 역할은 제한된 기간 내에 가능한 건설적으로 자신의 문제를 완화시킬 수 있는 활동을 할 수 있도록 원조하는 것이다.

⑥ 기본적인 가치 전제는 클라이언트의 자기결정의 원리다.

⑦ 개입의 책무성을 강조한다.

(2) 과제중심모델 적용의 기대효과

① **서비스를 제공받는 클라이언트의 입장**: 클라이언트의 직접동의 및 참여와 함께 과제를 수행해 나감으로써 서비스만을 제공받는 것이 아니라 주체적으로 자

신의 삶을 개선해 나갈 수 있다.

② **사회사업을 진행하는 사회복지사의 입장**: 신입 사회복지사가 서비스 제공방법을 터득하고 기술을 습득하는 과제중심모델을 적용하여 이론적 학습을 얻도록 한다. 즉, 물질적 서비스만 제공하는 것에서 벗어나 심리적·사회적·환경적 측면의 통합적 접근을 할 수 있어야 한다.

③ **기관의 입장**: 과제중심모델을 통해 사회복지사 개개인의 잠재역량을 개발하고 대외적으로는 서비스의 경쟁력을 확보함으로써 서비스의 질이 향상되고, 기관 내부적으로 서비스 전달체계를 체계화하여 기관의 위상을 강화해 나가야 한다(박철용, 2007).

(3) 클라이언트의 자기결정에 대한 신념

클라이언트의 자기결정을 존중하는 데는 여러 가지 대안들이 요청되고 있으며 사회복지사의 중요 책임은 의사결정을 위한 클라이언트의 기회를 극대화하는 것이다.

클라이언트의 자기결정에 관한 실천경험은 역량강화뿐 아니라 역경과 혼란의 발생이 되기 때문에 클라이언트의 자기결정과 워커의 자기결정을 구별하여 함께 일을 계획하고 실천해 나가야 한다(박철용, 2007).

즉, 자기결정에는 여러 가지 대안들이 요청되는데 사회복지사의 중요한 책임은 의사결정을 위한 클라이언트의 기회를 극대화하는 것이며, 사회복지사는 클라이언트에게 자신의 견해를 제공할 의무를 갖는다.

클라이언트의 가치가 목표달성을 위한 노력을 방해하거나 다른 사람의 복지를 침해하여 클라이언트가 그러한 가치를 변화시키는 노력에 동의한다면, 클라이언트의 가치를 수정하려는 노력은 자기결정의 개념과 반드시 일치하지 않는 것은 아니다. 따라서 클라이언트의 자기결정과 워커의 자기결정은 구별되어야 한다.

3) 주요 개념

(1) 주요 개념

❶ 과제

과제는 클라이언트와 사회복지사 간의 동의에 의해 계획되는 특정 유형의 문제해결활동이며 면접 안에서 뿐만 아니라 면접 밖에서도 행해지는 행동으로 클라이언트로 하여금 스스로 수행할 수 있는 활동 및 과제를 계획하도록 돕는 데 있다. 클라이언트 과제는 표적 문제를 감소시키기 위해 클라이언트가 수행하는 활동이며, 클라이언트 자신의 환경 내에서 스스로의 행동을 동기화하는 데 초점을 둔다. 사회복지사의 과제는 같은 문제를 감소시키기 위해 면접 진행 동안 클라이언트의 입장에서 사회복지사로서 수행하는 활동을 말하며 나아가 클라이언트의 환경적 변화에 영향을 미치는 수단까지 포함한다.

- **과제계획**: 과제계획은 개방적이고 융통성 있게 진행하는 것이 바람직하며 표적 문제의 선정, 표적 문제의 상황, 계약의 내용을 포함한다. 먼저 클라이언트의 문제가 어느 영역에 속하는 것인지를 안 후 개입대상이 될 표적 문제를 선정한다. 문제가 되는 상황으로는 인간관계, 역할수행, 사회적 환경 등의 특성이 있다. 이후 클라이언트와 사회복지사 간의 개입에 대한 동의의 형태로서 계약을 수립하여 활동의 성격과 개입계획을 세운다.
- **과제의 기본 유형**: 과제는 일반적 과제와 조작적 과제로 분류된다. 일반적 과제는 항상 클라이언트의 목표를 내포한다. 그러므로 무엇을 해야 하는가에 대한 정확한 언급보다는 행동의 방향(예: 적응훈련센터에 등록해야 한다. 센터 근처에 생활터전을 마련하고 그곳에서 생활한다 등)을 제시한다. 이에 비해 조작적 과제는 클라이언트가 수행해야 하는 구체적인 활동(예: 센터 방문하기, 심리검사에 대한 약속 정하기, 적응훈련센터 지원서 제출하기 등)을 말한다. 과제수행에서는 구체적인 세부사항(무엇을, 언제, 누구와, 어떤 조건에서, 어

떻게 해야 하는가 등)에 대해 클라이언트와 사회복지사 간의 합의가 이루어져야 한다.

4) 실천과정

과제중심모델은 시간제한적인 단기치료로서 진행과정에서의 계획성을 중시한다. 일반적으로 주 1~2회 면접을 6~12회 정도로 구성하여 대개 4개월 이내에 사례를 종료하게 된다. 이 기간 동안 클라이언트가 가장 중요하다고 생각하는 표적 문제 중 두세 가지의 문제만을 선택하여 집중적인 노력을 기울이게 된다.

(1) 과정

과제중심모델의 전체 개입과정은 크게 초기단계, 중기단계 및 종결단계의 3단계로 나누어 볼 수 있다.

❶ 초기단계: 문제 확인과 계약

면접에서 표적 문제와 그들의 사회적 상황을 세밀하게 조사하고 문제에 영향을 미치는 클라이언트의 특성을 인식하는 데 주력하며 탐색과 사정이 동시에 이루어지게 한다. 표적 문제는 클라이언트 자신의 표현을 중심으로 하여 주로 클라이언트가 진술하고 인식한 문제들에 초점을 맞춘다. 사회복지사와 클라이언트의 합의에 의한 계약에서는 우선순위가 되는 주요 문제(최대 3가지), 구체적 목표, 클라이언트의 과제, 사회복지사의 과제, 개입 스케줄, 면접 스케줄, 개입자의 지속기간, 참여자, 면접장소 등의 주제를 다루어 초기 과제계획을 세운다.

❷ 중간단계: 수행

과제중심모델에서 중간단계는 과제수행을 통해 문제가 감소되고 해결되는 과정이므로 매우 중요하다. 전체를 8회로 계획한 개입계획에서 2~7회에 해당된다.

- **수행단계에서의 사정**: 초기단계에서의 사정을 정교화하는 과정으로 기초선 설정, 사회적 맥락에 대한 사정, 인지 정서적 상황에 대한 사정이 이루어진다. 기초선 설정은 문제 상황을 세밀히 이해하고 관련된 개입방법을 설계하는 데 필요하다. 사회적 맥락은 클라이언트의 물리적 환경, 사회적 관계망, 사회경제적 조건, 문화, 지역 사회 등을 말하며 클라이언트의 문제는 이러한 사회적 맥락에 연관되어 있다. 인지 정서적 상황의 사정에는 심리검사 등이 유용하며 클라이언트의 성격, 대인관계 양상, 생활방식, 문제해결 등이 문제에 어떤 영향을 미치는지와 잠재력과 한계는 어떠한지를 이해하도록 돕는다.
- **문제해결과정**: 사회복지사와 클라이언트가 결정한 과제를 수행해 나가는 과정에서 문제가 해결되거나 감소한다. 문제의 초점화를 통해 문제에 대한 과제수행 계획을 세운다. 과제수행에 방해가 되는 장애물에 대한 사정과 재검토를 통해 장애물을 경감시키기 위한 기술의 향상, 다른 사람으로부터의 협력과 지원, 자원의 발굴 등을 위해 노력해야 한다. 또한 두려움, 의심, 지식부족, 부정적 신념의 상담 등 인지적인 방해요건의 완화도 고려해야 한다. 과제계획은 가능한 과제의 제시, 동기 형성, 과제이행의 계획, 예견되는 장애물의 규명과 해결, 모의실험 및 예행연습, 과제동의와 과제계획의 요약, 과제의 이행을 포함하여 수행된다.

❸ 종결단계

표적 문제의 목표달성 정도와 전체 문제 상황을 검토하여, 목표를 달성하고 표적 문제를 해결했을 때는 개입을 종결한다. 최종면접에서 과제에 대해 전체적으로 돌아보고 미래의 문제해결을 위한 능력이 획득되었음을 확인하며 용기를 북돋아 주어야 한다. 개입의 연장이 필요한 경우 계약을 연장하거나 사후지도를 할 수도 있다.

(2) 사회복지사의 역할

과제중심모델은 클라이언트와의 명확한 동의를 근거로 구체적인 특정 문제를 다루며 사회복지사와 클라이언트는 문제해결 행동의 과정에서 과제를 정한다. 사회복지사 대부분의 역할은 클라이언트가 과제를 발견하며 달성하도록 돕는 것이다. 여기서 과제란 클라이언트가 관심을 가지고 있는 것으로서 클라이언트가 명확히 인식하고 있는 문제에 초점을 맞추는 것이다. 따라서 사회복지사와 클라이언트와의 관계는 보호가 아닌 협조적인 관계이다.

이는 개입과정에서 사회복지사는 기본적인 가치 전제로 클라이언트의 자기결정 원리를 존중하여 클라이언트가 동의한 과제 및 해결방법이 사용되어야 함을 의미한다. 나아가 사회복지사는 직접적인 치료기법을 제공해 주기보다 클라이언트 스스로 실행 가능한 과제로 대치하도록 하고 과제를 수행할 수 있도록 인도한다.

과제중심모델은 효과성 위주의 경험적인 연구에서 지지되고 있는 방법과 이론을 선호한다. 사회복지사는 클라이언트의 문제와 행동에 대한 추리적 이론화를 피하며 사례를 다룰 때 사정에서부터 구체적인 문제행동에 초점을 둔다. 따라서 사회복지사는 사례에 대한 평가를 할 때도 세운 과제가 문제해결에 어떻게 도움을 유도했는지 고려하면서 개입과정에 따른 자료를 체계적으로 수집할 필요가 있다. 이러한 성과에 대한 자료수집 및 분석은 이후 지속적인 프로그램 개발에 유용하다.

03 권한부여모델

1) 배경

권한부여(empowerment)는 1970년대 중반 체스팅(Chesting), 솔로몬(Solomon) 등의 학자에 의해서 개발된 모델로 문제 중심이 아니라 강점 중심으로 클라이언트의 잠재역량 및 자원을 인정하고 클라이언트 내외에 회복력을 전제로 건강한 삶을 결정할 수 있도록 권한 혹은 힘을 부여하고자 하는 것이다. 권한부여모델은 일반체계이론과 생태이론이 사회복지의 주요 이론 틀로 활용되면서, 생태체계관점에 근거한 강점 지향 혹은 해결 중심 접근의 중요성이 대두되었다. 권한부여는 사람들이 개인적인 이유이든 혹은 사회구조적 이유이든 또는 개인과 사회 환경 등의 복합적 원인으로 그들의 원리, 기회, 자원을 박탈당하거나 상실한 경우에 이를 회복시켜 주려는 노력이다. 따라서 권한부여모델의 개념은 다양한 클라이언트 집단과 사회복지실천에서의 개입 및 전략, 중요한 기술, 또는 클라이언트를 돕는 일련의 과정으로 정의되고 있다(전재일 외, 2004: 374).

이 모델은 중증의 정신질환자에 대한 실천모델로서 가장 잘 개발되어 왔다. 클라이언트의 병리보다는 강점, 자기결정을 강조하며, 정신질환자도 학습하고 성장하며 변화할 수 있다는 생각을 갖는다. 사회복지사가 클라이언트의 내재된 힘을 지지할 때 그들의 긍정적 성장 가능성을 고양시킬 수 있다는 것이다(김융일 외, 2005: 96).

2) 특징

생태체계관점에서는 '환경 속의 인간(person-in-environment)'이라는 인간관을 가짐으로써 인간을 매우 복잡한 존재로 본다. 생태체계에서는 인간의 행동이 인간과 환경 모두의 상호 이익을 추구하는 과정에서 나타나는 것으로 보고 부적응이란 존재하지 않는다고 본다.

또한 이 체계의 관점은 변화에 대해서는 매우 개방적이며, 생태체계관점에서 사회체계에 대한 이해는 다양한 체계 수준에서 이루어지는 개인들과의 관련성을 강조한다. 브론펜브렌너(Bronfenbrenner, 1979)는 이런 다양한 체계의 수준을 생태학적 환경이라 하고 이러한 체계 사이에는 위계질서가 존재한다고 보았다.

권한부여모델의 이론적 기반을 보면 생태체계 관점과 인간에 대한 강점관점에서 기인하며, 생태체계관점의 사회체계는 미시체계(microsystem), 중간체계(mesosystem), 외적 체계(exosystem), 거시체계(macrosystem)의 4체계로 구성된다. 즉, 미시체계(microsystem)는 가족과 같은 직접적인 환경 내의 활동, 역할, 대인관계의 유형을 말한다. 중간체계(mesosystem)는 학교 및 가족, 이웃, 종교 단체와 같은 개인과 긴밀하게 직접 상호작용하는 두 가지 이상의 환경 사이에서 일어나는 과정과 관련성을 의미하며, 외적 체계(exosystem)는 외부환경이 영향을 미치는 과정 및 관련성으로, 부모의 직장이나 사회정책과 같이 개인과 직접 상호작용을 하지는 않지만 개인의 생활에 간접적인 영향을 미치는 체계이다. 거시체계(macrosystem)는 사회제도, 문화, 환경과 같은 보다 광범위한 사회적 맥락을 의미한다(양옥경 외, 2005: 463-466). 클라이언트 개인을 도울 경우라도 다음에서 제시된 4체계 내부 및 체계들 간의 관계의 질을 고려하지 않고는 클라이언트를 완전히 이해할 수 없다. 따라서 개인의 생활공간에서 사회적 관계망을 중요한 변인으로 보고, 클라이언트의 문제행동은 개인, 가족, 집단, 조직, 지역사회, 문화체계 등 다차원적으로 이해되어야 한다.

인간에 대한 강점관점(strength perspective)에서는 문제에 대한 관심보다는 해결점을 발견하고 강점을 강화시키는 데 주요 초점이 있다. 웨익(Weick, 1993)은 인간에게는 자연적인 힘인 잠재력이 있어서 사회복지사가 긍정적인 측면에서 잠재력을 지지한다면 그것은 더욱 강화된다고 보았으며, 이러한 시각에 기초하여 강점관점은 문제의 자체보다는 해결점을 찾는 데 활용하였다. 인간은 개별적 잠재능력을 통해 성장과 변화를 하려하고 변화를 이끌어내는 자원과 역량을 가지고 있는 것으로 보았다. 또한 현재의 강점을 기반으로 새로운 자원을 구축하기 위한 상호작용을 해야 하며, 자신의 상황을 정확히 알 수 있어야 하고 적절한 해결을 할 수 있다는 확신 및 결점보다는 상호 교류 안에서 관심이 되는 이슈에 중요성을 부여해야 한다. 클라이언트의 강점을 강화시키는 과정이 그들의 역량을 향상시켜 가장 신속하게 클라이언트에게 권한을 부여할 수 있는 전략이라고 본다. 따라서 강점관점이란 클라이언트를 독특한 존재로서 다양성을 인정하고 존중하면서 그들의 결점보다는 강점에 초점을 두고 가능한 모든 자원을 활용하여 클라이언트의 역량을 실현해 나가도록 돕는 것이다(양옥경 외, 2005: 467).

3) 주요 개념

(1) 권한부여

권한부여는 클라이언트의 상황을 환경 안에서 이해하며 자원과 강점을 찾고자 하는 것이다. 권한부여실천에서는 클라이언트의 결점에 대한 진단보다는 권한부여를 기반으로 하여 문제를 없애려고 하기보다는 해결책을 찾아내는 데 역점을 둔다. 권한부여(impower)란 힘을 주거나 권위를 주는 것, 능력을 주는 것, 가능성을 열어두는 것, 허용하는 것이며, 또한 힘을 받을 수 있는 것을 의미한다(Turner, 1996: 224). 즉, 권한부여모델은 이러한 강점관점, 권한부여 과정, 역량강화의 상호연관된 일련의 과정에서 해결책을 찾아내기 위한 실천적 기능이라고 할 수 있다.

권한부여는 전통적으로 힘(power), 통제력 소유 혹은 다른 사람에 대한 영향력, 법적 혹은 행정적 권위, 능력, 물리적 힘 등의 개념으로 정의될 수 있다(Webster's Ninth New Collegiate Dictionary, 1991: 922; Browne, 1995, 재인용). 권한부여를 클라이언트를 돕는 하나의 과정으로 보는 정의는 개인의 권한부여를 통해 집단의 권한이 강화된다는 것으로(Gutierrez, 1990), 이러한 다양한 정의를 종합해 볼 때 권한부여는 클라이언트를 돕기 위한 하나의 개입전략이자 기술, 과정으로 정의할 수 있다.

(2) 협력과 파트너십

권한부여모델에서 사회복지와 클라이언트는 경험과 역량을 가진 원조과정의 파트너이다. 클라이언트를 돕는 과정의 파트너로서 보는 것은 그들을 특정한 잠재력을 가진 인간 및 자원으로 인식하여 클라이언트의 참여를 중시하고 변화노력의 전 과정에서 클라이언트의 자기결정권을 강조하는 것이다. 즉, 클라이언트는 전문가적 파트너로서 변화과정에 능동적으로 참여하는 파트너이다. 이러한 협력은 전문가와 클라이언트가 서로의 자원을 상호 협력하여 활용하기 때문에 문제해결을 위한 자원의 범위가 넓어지며 변화책임에 대한 전문가의 부담을 완화시킨다.

(3) 역량

역량(competence)이란 주위환경과 상호작용하기 위해 체계가 소유하고 있는 지식과 기술의 질(quality)로서 정의할 수 있다. 클라이언트체계의 결점은 개인의 문제로 보기보다는 개인적 역량과 환경적 요구 사이의 불일치로 발생한다는 것이다. 또한 인간체계의 구성원을 돌보는 기능을 수행하고, 다른 체계와 효율적으로 상호작용하며, 사회적·물리적 환경의 자원체계에 기여할 수 있는 능력을 말한다. 역량은 개인특성, 대인상호관계, 사회적·물리적 환경에서 비롯되는데, 이러한 세 차원이 잘 기능할수록 각 개인의 환경에 대처할 수 있는 역량이 향상된다(Miley, O'melia, & DuBois, 1995; 양옥경 외, 2005: 477).

(4) '소비자' 시각

권한부여모델은 클라이언트를 기존의 수혜자, 환자, 도움을 받는 사람들이라는 낙인으로부터 소비자(consumer)라는 개념으로 시각을 변화시킨다. '소비자'라는 용어는 사회복지사와 클라이언트체계의 파트너십 내에서 클라이언트의 자기결정권 보호와 활동적 역할을 강조하는 것이다(Gummer, 1983; 양옥경 외, 2005: 476). 이렇게 서비스를 수혜가 아닌 하나의 권리로 이해하는 것은 클라이언트를 소비자로 보는 것이며, 서비스에 대한 능동적인 선택권을 부여하는 것을 말한다. 또한 클라이언트와 사회복지사의 관계를 협력과 파트너십을 강조한 수평적 파트너로 보고 클라이언트를 개입의 주체로 보기 때문에 자기결정권을 강조한다. 자기결정권은 시간, 예산, 인력, 업무량 등의 현실적인 한계로 인해 쉽게 침범당할 수 있지만 사회사업의 본질적 가치이기도 하다. 오늘날 클라이언트는 사회적 서비스의 소비자로서 개인차원을 넘어서 다중체계를 가진 사람을 의미한다.

4) 실천과정

권한부여는 전통적인 문제해결과정과는 달리 문제에 초점이 있는 것이 아니라 클라이언트의 강점과 환경적 자원에 초점을 두고 클라이언트의 역량을 향상시키기 위한 해결 중심의 접근을 한다. 권한부여접근은 임상실제에서 대화, 발견, 발달의 세 단계로 구성된다.

(1) 대화(Dialogue)

이 단계는 문제의 구체화 시기로 문제를 해결하기 위한 과정의 단계라고 할 수 있다. 이러한 단계는 사회복지사와 클라이언트체계 간의 상호 신뢰라는 협력적 관계를 확립하고 유지시킨다. 대화단계에는 다음과 같은 순서가 있다. 함께 작업하기 위한 준비, 파트너십 형성하기, 도전·탐색하기, 강점 구체화하기, 방향 정하기 등으로 구성되어 있어, 대화를 통해 클라이언트의 현재 상황, 주요 욕구 및 강점을 파악하고 상호 간 협력적 파트너십 관계를 형성하여 목적을 명확히 해야 한다.

(2) 발견(Discovery)

이 단계는 사회복지사와 클라이언트가 해결에 필요한 자원 탐색방법을 추구하는 시기로 문제의 해결 과정에서 사정, 분석, 목표 설정 및 계획 단계에 해당되며, 자원체계 탐색하기, 자원능력 분석하기, 해결점 형성하기 등으로 구성되어 있다. 이러한 단계는 장점에 대한 강화를 시도하려는 구체적인 단계로 자원의 활성화, 기회 확대, 성공 인정, 달성 통합을 하는 단계이다.

(3) 발달(Development)

이 단계에서 사회복지사와 클라이언트는 기존의 자원을 활성화하고 클라이언트가 목적에 도달하기 위한 새로운 대안을 개발한다. 즉, 강점과 해결 방안이 구체화되어야 하는 단계를 의미한다.

이 단계의 과정은 자원 활성화하기, 기회 확대하기, 성공 인정하기, 달성한 것 통합하기 등으로 구성되어 있다. 자세한 개입과정은 〈표 9-1〉과 같다.

〈표 9-1〉 권한부여모델 개입과정

단계	활동	전략	과업들	과업달성을 위한 과정
〈1단계〉 대화: 권한 부여 관계 발전 시키기	공유하기	클라이언트가 기존에 가지고 있는 역량 및 자원의 구체화	1. 상호협력적인 관계 확립 2. 기존 지식의 명확화 - 클라이언트의 인지(도전과 강점) - 사회복지사의 인지 3. 클라이언트가 이미 가지고 있는 것 4. 관계를 위한 계약하기 및 사정에 동의하기	1. 함께 작업하기 위한 준비하기 - 권한부여 분위기 활성화를 위한 생산적인 준거틀을 만드는 과정 2. 파트너십 형성하기 - 사회복지사와 클라이언트의 상호협력적인 관계 정의 및 개발 3. 도전 탐색하기 - 클라이언트의 상황에 대하여 클라이언트의 시각에서 이야기하는 과정 4. 강점 구체화하기 - 변화 가능한 클라이언트의 능력 강조 5. 방향 정하기 - 클라이언트와 사회복지사는 초기 목적 설정 및 다음 단계 준비

단계	활동	전략	과업들	과업달성을 위한 과정
〈2단계〉 발견: 사정· 분석· 계획 하기	찾기	클라이언트가 모르고 있는 자원 탐색	1. 쉽게 드러나지 않지만 클라이언트가 가지고 있는 것 확인하기 2. 부가 정보와 사실에 대한 경험과 사고 연결하기 3. 감정을 사정·확인·표현하기 4. 대인 상호적인 정보 연결하기 - 클라이언트체계로부터 - 다른 사람으로부터 5. 자원체계 탐색하기 6. 그 밖에 클라이언트체계의 욕구 결정하기(목표 설정) 7. 해결로 이끌어 주는 계획 개발하기 8. 변화를 위한 계약하기	1. 자원체계 탐색하기 - 개인, 가족, 집단, 조직, 지역사회, 사회적·정치적 체계 내에서 잠재적 자원을 사정 2. 자원능력 분석하기 - 수집된 정보 조직화 및 합성 3. 해결점 형성하기 - 사회복지사와 클라이언트는 구체적인 목적에 동의 - 바람직한 결과 달성을 위한 계획 개발
〈3단계〉 발달: 실행 및 변화 안정화 하기	강화하기	클라이언트 체계가 아직 활용하지 않은 부가적인 자원, 역량 사정 및 확립	1. 클라이언트 욕구 구체화하기 2. 클라이언트가 사용하지 않으나 존재하는 자원 사정하기 - 개인적 - 대인 상호 관계적 - 지역사회 사회적 3. 새로운 자원과 기회 만들기 4. 결론을 위한 계약으로 이끌어 가기	1. 자원 활성화하기 - 자원을 활용할 수 있는 방향 모색 2. 기회 확대하기 - 사회복지사와 클라이언트는 환경 내에서 현재는 없으나 꼭 필요한 새로운 자원 형성 3. 성공 인정하기 - 목적 달성 측정, 과정의 효과성 평가, 함께 일한 것 등에 대해 서로 파트너로서 인정하는 작업 4. 달성한 것 통합하기 - 개입을 종결하며 클라이언트체계에 권한부여

출처: Miley, O'Melia, & Dubois(1995: 90-99) 재구성.

04 위기개입모델

1) 배경

사회복지실천의 역사적 배경은 미국에서 사회복지 발달 초기에 사회사업의 개념으로 출발하였다. 1601년 영국 엘리자베스 여왕의 구빈법에서 나타나고 있는데 빈곤자를 위한 자선 베풂(우애방문자)과 수혜자격 검사를 통해 일정한 원조를 제공하는 제도와 국내 배경으로는 한국전쟁을 기점으로 고아와 미망인의 수용과 보호하는 역할을 했던 것이 위기개입의 역사라고도 할 수 있다.

개인의 현재 자원과 대처기제로는 감당하기 어려운 사건이나 상황을 지각하거나 경험하는 위기에서 상황에 대처하고 통제하기 위한 사회복지실천은 지속적으로 구조적 빈곤, 질병 등의 사회문제와 함께 개인의 실업, 질병 등으로 생존의 위협을 느낄 때 사회적 서비스를 통하여 이를 중재하고, 심리적 도움을 주어 왔기 때문으로 분석되고 있다.

심리학적 관점에서 캐플란(Caplan)은 제2차 세계대전 후 이스라엘의 수용소에 있는 아동의 위기상황에 관한 연구에서 '위기란 통상적 행동을 통해 극복할 수 없는 일상의 장애'라고 정의하였으며, 위기상황의 유형을 두 가지 형태인 발달적 위기와 상황적 위기로 분류하였다(양옥경 외, 2005: 358). 발달적 위기란 학교 입학, 형제의 출생, 결혼, 퇴직과 같은 발달과정상의 변화에 의해 촉진되며, 상황적 위기란 누구에게나 언제라도 일어날 수 있는 신체적 질병, 사고, 가정의 붕괴와 같은 위험한 사건에 의해 유발되는 것이다. 캐플란은 린더만(Lindermann)의 개념과 단계를 발달적·상황적 위기에 결합시켜 초기의 심리적 트라우마(trauma)를 발생시킨 인위적·정서적·행동적 왜곡을 몰아내거나 제거하는 것이 위기개입(양옥경 외, 2005: 358)이라고 하였으며 위기개입에서는 클라이언트의 정신적 건강을 고려하는 것이 중요하며 위기개입은 문제해결모델과 같은 것으로 보여지기도 하지만 문제해결모델은 일상생활에서 이루어지는 개입이며, 위기개입은 평소의 문제해결 방식으로는 해결하기 어려운 위기상황에서 일시적이고 단기적으로 개입한다는 것에서 차이가 있다.

2) 특징

위기개입모델(Crisis Intervention Model)은 위기상황에 즉각적으로 개입하여 단시간을 통한 집중적인 활동을 제공하기 위한 모델이다. 우리가 살아가는 동안 자발적 또는 비자발적으로 다양한 위기를 경험하는 과정에서 극도의 불안과 긴장을 느끼고 심리적·신체적·사회적 위협을 통해 치명적인 결과를 초래할 수 있다. 이에 따라 유발되는 스트레스로 인해 일상생활 수행에 삶의 평형이 깨지며 고통이 따르고 이에 대처할 능력과 자원이 부족하여 문제가 생기는 사람들에 관한 관심으로부터 나온 것이 위기개입모델이다.

위기개입의 초기모델에서는 위기에 처한 개인 및 가족을 중심으로 하는 임상접근법을 강조하였다. 그러나 위기해결 이후 적응과정에서의 환경자원, 특히 지역사회 서비스 체계의 중요성을 주장하고 인간의 위기가 사회 구조적 측면과 사회체계적 측면에 의해 제기된다는 인식이 확산되면서 심리중심 위기개입과 함께 생태학적 측면의 환경중심 접근이 강조되는 등 통합적 측면이 더욱 강조되고 있다.

특히 이 접근방법은 단기간을 통해 집중적 활동을 하는 것으로 현재 상황의 구체적 사실과 이를 변화시키는 클라이언트 자신의 노력을 강조한다. 즉, 위기개입이란 위기로 인한 불균형 상태를 회복하기 위하여 일정한 원조수단을 개인, 가족 및 집단 그리고 지역사회 등에 적용하는 단기치료과정(전재일 외, 2004: 353)으로 심리사회적 기능에 적극적으로 영향을 주는 과정이다.

3) 주요 개념

위기에는 위험과 기회라는 두 가지 요소가 혼합되어 있는 특성이 있는데, 위기 상태를 촉발시키는 특성에 따라 아래와 같이 개념을 정의할 수 있다(Gilliland & James, 1997; 양옥경 외, 2005: 365).

(1) 상황적 위기

위기상태를 촉발하는 사건을 중심으로 분류한 결과, 심각한 질병, 외상, 사랑하는 사람과의 사별, 자연재해(지진, 해일, 화산폭발 등)와 인재(홍수, 전쟁, 화재, 건물이나 교량붕괴, 교통사고 등), 폭력범죄(강간, 강도 등) 등과 같이 갑작스럽게 발생하는 외부사건에 의한 위기(situational crisis)를 말한다.

(2) 발달적 위기

발달단계에서의 성숙과정(청소년기의 진입, 청소년의 정체성 위기, 중년의 위기, 노년의 위기, 결혼, 자녀의 출생, 노화 등 개인의 생애주기에 따른 위기와 가족의 생애주기에 따른 위기를 포함)에서 발생하는 생활사건이나 발달단계마다 요구되는 발달과업에 의한 새로운 대처자원이 필요한 성숙위기(maturational crisis) 등을 들 수 있다.

(3) 실존적 위기

앞의 양대 위기유형으로서의 발달적 위기와 상황적 위기 외에 브램머(Brammer)는 실존적 위기를 추가하였다(Gilliland & James, 1997, 재인용). 실존적 위기란 목적, 책임, 독립성, 자유, 헌신 등 인간에게 중요한 이슈를 동반하는 내적 갈등이나 불안과 관련된 위기이다. 이는 매슬로우(Maslow)의 최상위 욕구인 자기실현욕구와 관련된 갈등과 위기로 이해할 수도 있다. 즉, 개인의 특성 전문성이나 조직에서 중요한 영향을 주지 못한다는 불안이나, 60대에 인생이 덧없다고 느끼는 허무감과 위기 등이 이에 해당한다.

4) 실천과정

인간의 위기가 사회 구조적 측면과 사회 체계적 측면에 의해 제기되면서 심리중심 위기개입과 함께 생태학적 측면의 환경중심 접근이 강조된다. 위기상황에서의 개입과정은 사정 - 계획 - 개입 - 위기대비계획의 단계로 통합적 개입이 필요하며, 클라이언트의 현 상황의 문제를 정의하고, 클라이언트의 문제에 대한 인식, 지지적 자원의 유무, 그 수준과 질에 대해서 평가하여 사정이 이루어져야 한다.

(1) 실천에서의 단계

❶ 제1단계: 사정

- 치료자는 사건 및 위기에 대한 정확한 사정을 위해 초점화 기술을 적극적으로 사용한다.
- 클라이언트가 자살 혹은 타살 의도를 가졌는지를 판단해야 한다.
- 만약 그러한 의도가 잠재적으로라도 있다고 판단되면 입원을 위해 정신의학자에게 의뢰한다.
- 입원이 필요하지 않다고 판단될 때 개입이 진행된다.

❷ 제2단계: 치료개입계획

- 성격구조상의 주요한 변화가 아니라 최소한 위기 이전의 균형 상태로의 회복을 위해 치료가 계획된다.
- 위기발생이 개인의 생활 및 환경에 미친 파괴의 정도를 파악한다.
- 개인이 가진 강점, 과거에 성공적으로 사용되었던 대처기술, 지지를 줄일 수

있는 타인 등에 관한 정보를 구한다.

❸ 제3단계: 개입

- 개인이 위기에 대한 인지적 이해를 얻도록 원조한다. 실제적·상황적 사건과 클라이언트가 경험하는 극도의 괴로움 간에 합리적 관련성이 없는 경우도 있으므로 치료자는 이들의 관련성 여부에 대해 직접적으로 접근해야 한다.
- 개인이 자신의 현재 느낌을 깨닫도록 원조한다. 이를 통해 클라이언트는 긴장을 늦출 수 있다.
- 대처기제를 탐색한다. 이는 클라이언트가 대처상의 대안적 방법을 검토하도록 돕는 것을 일컫는다.
- 사회적 세계를 다시 열어 준다. 중요한 사람의 상실로 인해 야기된 위기였다면 빈자리를 채워줄 새로운 가능성의 소개는 매우 효과적일 수 있다.

❹ 제4단계: 위기해결 및 향후계획

- 긴장과 불안을 감소시키는 데 성공적이었던 개인의 적응적 대처기제를 강화시킨다.
- 미래에 관한 현실적 계획을 세우는 데 도움을 준다.
- 현재의 경험이 미래의 위기 직면 시 도움이 될 수 있도록 방안의 모색과 논의가 이루어진다(Aguilera, 1998: 20-21).

(2) 위기개입모델 과정

〈표 9-2〉 위기개입모델 – 초기

<table>
<tr><th colspan="2">사회복지사의 활동지침</th></tr>
<tr><th colspan="2">A. 위기상황에 대한 즉각적 초점</th></tr>
<tr><td>1. '여기 – 지금'에서 출발한다. 클라이언트를 의뢰하거나 찾아오게 한 사건, 즉 촉발요인에 초점을 두고, 범위, 관련인물들, 결과, 영향, 시간을 탐색한다.</td><td>클라이언트 자신이 상황에 대해 말함으로써 자신의 상황을 인지하는 것이 중요하다.</td></tr>
<tr><td>2. 사건에 대한 주관적 반응을 이끌어낸다. 사건과 관련하여 자신 혹은 다른 사람의 역할에 대한 정서적 반응을 알아본다.</td><td rowspan="2">현재 상황에 대한 정서적 반응(울음, 분노, 비난, 죄책감 등)을 표현하도록 돕는다. 이 시점에서는 해석을 하거나 직면하지 않도록 주의한다.</td></tr>
<tr><td>3. 감정이 누그러짐에 따라 위험 사건과 악화된 변화에 대해 알아본다. 이것이 기능하지 않으면, 적어도 언제부터 상황이 나빠지게 되었는지 알아본다.</td></tr>
<tr><td>4. 취약상태의 성격과 지속기간을 확인한다. 문제를 다루는 능력에서의 변화, 문제에 대처하기 위한 이전의 시도, 원조를 구하려 했던 노력에 대해 알아본다.</td><td rowspan="2">사정을 시작한다. 클라이언트의 불안수준, 정서반응의 정도, 감정과 현실인식의 적절성, 변화 동기, 사고와 감성, 행동, 생리적 능력, 기능 수준, 이전 문제해결유형, 작업관계에 관여할 수 있는 능력 등</td></tr>
<tr><td>5. 실제 위기상황에 대해 사정한다. 역기능 영역이 전반적인지, 부분적인지, 상황이 고정되어 있는지, 아직도 진행중인지 알아본다.</td></tr>
<tr><th colspan="2">B. 현재 처한 곤경에 대한 평가</th></tr>
<tr><td>1. 무슨 일이 일어나고 있는지, 가장 중요한 문제가 무엇인지, 초점을 두어야 하는 부분이 어디인지를 결정하는 진술을 한다.</td><td rowspan="3">개입초점을 일반적·물질적인 지원에 둘지, 개인적·심리사회적인 지원에 둘지 결정한다. 해결하고자 하는 문제를 선정하기가 어려울 경우 문제의 크기를 줄임으로써 희망과 가능성을 갖도록 한다.</td></tr>
<tr><td>2. 클라이언트가 상황을 어떻게 이해하는지, 가장 중요한 문제를 무엇으로 보는지, 가장 먼저 작업하고 싶은 부분이 무엇인지에 대해 묻는다.</td></tr>
<tr><td>3. 클라이언트와 함께 하나의 표적 문제를 설정한다. 서로 연관된 두 개의 문제를 설정할 수도 있다.</td></tr>
<tr><th colspan="2">C. 앞으로의 활동에 대한 계약</th></tr>
<tr><td>1. 구체적 목표와 과제에 대한 임시동의안을 만든다. 클라이언트, 사회복지사, 혹은 다른 사람들이 해야 할 일에 관한 작업 계획을 세운다.</td><td>위기상황에서도 자신의 역할을 수행하는 성숙하고, 기능적인 성인으로 클라이언트를 대한다.</td></tr>
</table>

출처: Golan(1978: 84-88) 재구성.

〈표 9-3〉 위기개입모델 – 중기

<table>
<tr><th colspan="2">사회복지사의 활동지침</th></tr>
<tr><th colspan="2">A. 자료의 조직화</th></tr>
<tr><td>1. 위험사건 이후의 상황과 관련 자료를 보충한다. 무슨 일이 일어났고, 현재 진행 중인지에 대해 보다 명확하고 일관된 그림을 그린다.</td><td rowspan="2">원조관계가 형성된 후, 대부분의 클라이언트는 보다 합리적, 이성적, 협력적으로 변화한다. 따라서 정확하고 세부적인 내용에 초점을 둔다.
이 부분은 개입의 핵심이 될 수 있다. 초기단계와는 달리 주제에 대해 깊이 탐색하고 해석하며 반복되는 주제에 대해 언급한다.
클라이언트의 정서가 적절한 경우에는 공유하고, 감정은 적절하지만 대상이 적절하지 않은 경우에는 보다 현실적인 방향으로 돌리며, 감정이 적절하지 않은 경우에는 문제를 제기한다.</td></tr>
<tr><td>2. 여러 개의 주요 주제(상실, 자기존중감에 대한 공격) 가운데 선택한다. 주제의 현재와 적절한 경우 과거에 대해 묻는다.</td></tr>
<tr><th colspan="2">B. 행동변화의 초래</th></tr>
<tr><td>1. 초기 행동계약(C1)으로 돌아가 과거에는 상황에 어떻게 대처했는지, 결과는 어떠했는지, 위기상황을 다루고 균형을 회복하는 데 얼마나 효과적이었는지를 규명한다.</td><td rowspan="2">중기개입의 주요 영역이다.</td></tr>
<tr><td>2. 단기에 성취할 수 있는 전반적 과제영역 혹은 달성할 수 있는 중간목표를 설정한다.</td></tr>
<tr><td>3. 목표를 달성하기 위한 구체적 과제에 대해 작업한다. 과제는 행동지향적이며, 수행의 변화를 가져올 수 있어야 한다.</td><td>숙제를 부여함으로써 클라이언트가 시작하도록 도울 수 있다. 문제를 다루는 모델의 역할을 보여준다. 클라이언트를 지지하고 격려한다.</td></tr>
<tr><td>4. 과제는 클라이언트가 행동과정 혹은 이를 수행하는 방법을 결정하도록 사고지향적일 수 있다.</td><td>지시와 활동에 깊이 관여하는 역할로 시작하지만 클라이언트가 자율성을 회복함에 따라 소극적인 역할을 수행한다.</td></tr>
</table>

출처: Golan(1978: 88-91) 재구성.

〈표 9-4〉 위기개입모델 – 종결기

사회복지사의 활동지침	
A. 종결결정	
1. 계약에 따른 남은 시간 혹은 남은 회기에 대해 상기시킨다.	
2. 계약을 맺지 않았다면, 종결 가능성을 가지고 회기의 공백을 둘 것을 제안한다.	
3. 종결에 대한 클라이언트와 사회복지사 자신의 저항을 다룬다.	종결반응은 세 가지로서 계약이 종료됨에 따라 종결을 원하는 경우 종결에 대한 방어로 지속적 개입을 원하는 경우, 지속적 개입이 적절하며 이를 원하는 경우가 있다. 클라이언트의 현재 기능 수준에 따라 결정한다.
B. 진보에 대한 점검	
1. 최종 혹은 최종 이전 회기에서 첫 대면부터의 진보에 대해 요약할 것을 제안한다.	
2. 주요 주제인 정서적 이슈와 진보를 점검한다.	
3. 성취한 과제, 목표, 변화와 이루지 못한 일을 점검한다.	
C. 앞으로의 활동계획	
1. 현재 상태와 장래에 대한 클라이언트의 계획을 논의한다.	
2. 문을 닫지만 조금은 열어둔다.	클라이언트의 독립을 강조하는 한편, 필요한 경우 언제든지 찾아올 수 있도록 한다.

출처: Golan(1978: 91-94) 재구성.

참고문헌

한승호(1998). 칼 로저스의 카운슬링의 이론과 실제. 학지사.

전재일·조운희·이성희·이준성(2004). 사회복지실천론. 형설출판사.

김융일·조홍식·김연옥(2005). 사회복지실천론. 나남출판.

양옥경·김정진·서미경·김미옥·김소희(2005). 사회복지실천론. 나남출판.

엄명용·김성천·오혜경·윤혜미(2006). 사회복지실천의 이해. 학지사.

박철용(2007). 사회복지실천 현장 사례관리 적용과 이해-과제중심모델을 중심으로. 학현사.

김봉순·김향선·김현호·박영국·오정옥·이기량·이남순·이연복·이채식(2011). 사회복지실천론. 창지사.

손광훈(2013). 사회복지실천기술론. 공동체.

서혜석·이혜숙·이윤형·한경리(2013). 사회복지실천기술론. 양서원.

Aguilera(1998). *Crisis Intervention: Theory and Methodology*(8th ed.). Mosby.

Browne, C. V.(1995). "Empowerment in Social Work Practice with Older Women", *Social Work, 40*(3).

Bronfenbrenner, U.(1979). *The ecology of humam decelopment.* NA: Harvard University press.

Germain, C., & Gittermann, A.(1980). *The life model of social work practice*. NY: Columbia University Press.

Gilliland, B., & James, R.(1997). *Crisis Intervention Strategies*. Brooks/Cole.

Golan, N.(1978). *Treatment in crisis situation*. NY: Free Press.

Gutierrez, L. M.(1990). Working with women of color: An empowerment perspective. *Social Work, 35*(2), 149-153.

Miley, K. K., O'melia, & DuBois, B. L.(1995). *Generalist social work practice: An empowering approach*. Boston: Allyn and Bacon.

Turner, F. J.(1996). *Social Work Treatment: Interlocking Theoretical Approaches*. NY: Free Press.

Weick, A.(1993). Reconstructing social work education. In J.Saird(Ed.). Revisioning Social Work Education: A Social constructions Approach(pp.11-30). NY: Haworth.

SOCIAL WORK PRACTICE

SOCIAL WORK PRACTICE

CHAPTER 10

사회복지실천에서의 사례관리

01 사례관리의 개념과 목적

02 사례관리의 등장배경

03 사례관리의 기능

04 사례관리의 과정

05 사례관리의 적용사례

10

SOCIAL WORK PRACTICE

01 사례관리의 개념과 목적

1) 사례관리의 개념

사례관리(case management)란 장애인, 노인, 정신질환자 등 주로 장기적인 문제를 가진 클라이언트를 대상으로 사례관리자가 오랜 시간 동안 책임지고 필요로 하는 서비스를 다양한 원천으로부터 동원하여 연결하고 모니터링하는 활동으로서(조흥식 외, 2001), 전통적인 사회복지실천이 기관의 기능에 기초한 서비스와 프로그램에 클라이언트가 참여하는 것과 달리 사회복지기관을 벗어나 지역사회에까지 그 범위를 넓혀 클라이언트의 욕구를 중심으로 폭넓은 서비스를 제공하며 점검과 재사정을 통한 조정으로 클라이언트의 다양한 욕구를 만족시키려고 노력하는 통합적 서비스를 제공하는 실천방법이다(엄명용 외, 2006).

사례관리는 사회복지, 의료·보건 등 분야의 다양한 전문가들에 의해 각기 다르게 정의되고 있으며 경우에 따라서는 사례조정(case coordination), 보호관리(care management), 보호조정(care coordination), 서비스 조정, 서비스 통합 또는 서비스 관리라는 말로 불리기도 한다(이윤로 외, 2005).

사례관리의 개념에 대한 다양한 정의로부터 사례관리의 특징을 정리하면 첫째, 장애인, 노인 등 다양한 서비스를 필요로 하고 비교적 장기적이고 복합적인 문제를 가진 인구집단을 대상으로 하며, 둘째, 앞의 특징으로 인하여 지역사회의 다양한 공식적·비공식적 자원의 동원 및 조직 내 서비스 자원뿐 아니라 조직 외부의 자원을 적극적으로 연결하는 노력이 필요하며, 셋째, 개별 클라이언트에 대한 서비스를 한 명의 사례관리자가 책임을 갖고 장기적으로 관리한다(조흥식 외, 2001).

2) 사례관리의 목적

사례관리는 사회복지실천의 전통적인 방법인 개별실천, 집단실천, 지역사회복지의 몇 가지 측면을 통합적으로 적용한 실천방법이다. 사례관리에서는 클라이언트에 대해 적절한 사정을 하고, 개별화하고, 클라이언트의 자기결정 및 비밀보장과 같은 사회복지실천의 원칙을 활용하는 등 전통적인 방법과 유사점이 많지만, 그 개념, 대상, 목적 등 여러 가지 측면에서 상이한 특성을 가지고 있다.

사회복지실천의 개별접근은 사회복지사가 특정한 목표를 달성하기 위해 특정한 개입목표를 수립하고 개입을 시도하여 클라이언트를 변화시키려는 직접적인 서비스의 제공을 목적으로 하는 반면, 사례관리는 직접적인 서비스의 제공보다는 간접적인 서비스의 제공을 통하여 보호의 연속성의 보장, 접근성과 책임성의 증진, 비용-효과성의 증대를 목적으로 한다(엄명용 외, 2006).

보호의 연속성에서 보장이란 시간의 경과에 따라 변화하는 클라이언트의 욕구를 충족시킬 수 있도록 즉각적이고 포괄적인 서비스를 지속적으로 제공해 주는 것을 말하고, 접근성과 책임성의 증진이란 클라이언트가 필요한 서비스에 쉽게 접근할 수 있도록 원조함으로써 서비스에 대한 접근 가능성을 증대시키고 클라이언트에 대한 전반적인 책임을 지도록 하는 것을 말하며, 비용-효과성의 증대란 서비스가 클라이언트의 욕구에 적합하고 적절한 방법으로 제공될 수 있도록 보장하는 것을 말한다(조흥식 외, 2001).

02 사례관리의 등장배경

사례관리의 등장배경을 살펴보는 것은 사례관리의 개념을 명확히 하고 그 특성을 이해하며 앞으로의 발전방향을 가늠하고 제시하는 데 도움이 된다. 미국을 비롯한 서구 복지국가에서의 사례관리 등장배경과 우리나라에서의 도입 과정을 차례로 살펴보겠다.

1) 서구 복지국가에서의 등장배경

목슬리(Moxley)는 사례관리의 등장배경으로 다음의 여섯 가지를 제시하였다(조흥식 외, 2001).

(1) 탈시설화

탈시설화는 클라이언트가 입소시설 또는 병원의 입원시설을 이용하던 방식에서 벗어나 가정과 지역사회로 되돌아오는 것을 의미한다. 입소시설에서의 서비스 전달은 한정된 시설 안에서 제공되도록 구조화되어 있다는 장점이 있는 반면에, 입소자의 재활에 한계가 있고 공적으로 부담해야 하는 비용이 크다는 단점을 갖고 있었다.

1960년대 초 미국에서는 정신장애인들을 수용시설에서 퇴소시켜 지역사회 내에서 치료하고 관리하는 탈시설화 정책이 전개되었다. 그러나 이들이 지역사회에 거주하게 되면서 지역사회 전체에 분산되어 있는 서비스를 통합적으로 제공하고 관리할 필요가 있었다.

(2) 서비스 전달의 지방분권화

미국의 경우 1975년 사회보장법 제20장의 성립으로 사회적 서비스의 공급주체가 중앙정부에서 지방정부로 이동되었고, 미국 외의 다른 복지국가에서도 일반적인 현상이 되었다.

그러나 지방을 중심으로 전개되는 서비스들의 통합을 위한 장치나 클라이언트와 관련된 서비스 기관들 사이의 조정을 위한 장치가 없이 지방분권화가 이루어짐으로 인해서 클라이언트 입장에서 분산되고 단편화된 지역사회 수준의 서비스를 이용하는 것은 어려운 일이었다. 따라서 지방분권화에 따른 분산된 서비스의 통합과 조정을 위하여 사례관리를 강조하였다.

(3) 요보호대상자의 증가

장애인과 노인 등 복합적인 서비스를 필요로 하는 요보호대상자의 증가로 대부분의 나라에서 새로운 복지정책과 서비스가 필요하게 되었다. 일반적으로 단일 기관이나 단일 서비스 체계로는 복합적인 욕구를 가진 클라이언트의 문제를 해결하는 것이 어렵기 때문에 클라이언트들이 필요로 하는 서비스를 조직화하고 통합하여 상호 연계되도록 하기 위한 사례관리가 필요하게 되었다.

또한 클라이언트의 가족들에게 과중한 부담이 발생하게 되자 기증과 후원 등 새로운 서비스 자원을 개발하여 이를 클라이언트에게 제공할 필요가 있었었다.

(4) 기존 서비스의 단편성

복지서비스의 대부분은 범주별로 분류되고 공급 주체가 다원화되어 있다. 이런 상황에서는 서비스가 통합되지 못하고 클라이언트의 욕구가 충족되기 어렵다. 따라서 사례관리는 클라이언트 수준에서 서비스의 단편성을 막기 위한 장치로서 필요하였다.

(5) 사회적 지지와 사회적 망의 강조

복지서비스의 공급주체가 다원화되면서 가족, 친구, 이웃 등의 비공식적인 지원체계와 사회적 지원망의 중요성이 부각되었다. 그러나 비공식적인 지원체계와 사회적 지원망이 항상 기능적이지는 않다는 점에서 공식적이고 전문적인 서비스와의 통합이나 조정의 수단으로써 사례관리를 인식하였다.

(6) 비용억제의 필요성

1970년대 선진국들이 그 동안 국가의 책임하에 있던 복지 부분을 민간에 이양하는 이유는 늘어나는 요보호대상자를 국가의 재정만으로는 감당하기 어려운 상황이 되었기 때문이다. 이러한 배경에서 비용억제의 필요성은 복지국가의 위기라는 분위기 속에서 선진국을 중심으로 표면화되었고 서비스의 중복을 점검하여 서비스 전달의 효과를 최대화하는 수단으로써 사례관리에 대한 관심이 커졌다.

2) 우리나라에서의 등장배경

(1) 사회복지 이용시설의 증가 및 사회복지서비스의 확대

1980년대 이후 우리나라에서는 많은 사회복지조직이 생겨났고 특히 이용시설의 증가가 두드러졌다. 이용시설은 입소시설과 달리 서비스 제공의 단편화, 이로 인한 서비스 누락의 문제 그리고 유사 조직 간의 서비스 중복 및 클라이언트 중복의 문제를 나타내어 사례관리의 필요성을 증가시켰다. 80년대 이후 확대되는 각종 사회복지서비스도 사례관리의 중요성을 주목하게 하는 배경이 되었다(조흥식 외, 2001).

(2) 지방자치 및 재가복지사업의 전개

1990년대에는 재가복지서비스에 대한 확장이 이루어진 시기로, 사례관리 역시 종합적인 재가복지서비스의 효율적인 제공을 위한 핵심적인 방법으로 자리 잡게 되었고, 사회복지관에서는 재가복지서비스 대상자를 대상으로 사례관리 적용에 대한 노력이 활발히 이루어졌다(정순둘, 2005). 1995년 시작된 지방자치제도는 지역사회를 복지서비스 제공의 단위로 강조하는 배경이 되었고 지역 내의 자원을 적극적으로 동원하여 적은 비용으로 지역 주민의 욕구를 효율적으로 충족시키는 데에 관심을 갖게 하는 계기가 되었다(조흥식 외, 2001).

(3) 통합적인 관리의 필요성

2003년에는 의료급여 수급권자를 대상으로 사례관리 사업이 시범적으로 실시되는 등 다방면에서 통합적 관리를 위한 기관 간 연계 및 조정담당 기능이 중시되었다(김숙경, 2001). 특히 2008년 시행된 노인장기요양보험제도는 노인의 욕구를 고려한 종합적인 케어플랜 작성 및 통합적인 사례관리를 중시하며, 시범사업에서 기능상태 중심의 사례관리 절차가 도입된 바 있다(최혜지 외, 2013).

(4) 요보호대상자의 증가

우리나라에서는 장애인과 노인 등 요보호대상자가 빠르게 증가하고 있어 이들에게 효과적으로 복지서비스를 제공하는 것이 중요한 문제가 되었다. 보건복지부에서 발표한 자료를 보면, 전국의 등록장애인은 1990년 20만 명에서 2000년에는 95만 8,000명으로, 2017년에는 254만 6,000명으로 증가하였다〈표 10-1〉. 노인의 경우에도 〈표 10-2〉에서 보는 바와 같이 2017년에 65세 이상 인구가 14세 이하 유소년 인구를 초과하였고, 2030년이 되면 65세 이상 인구가 생산가능인구의 40%에 육박하고 유소년 인구의 두 배 이상이 될 것으로 예상된다. 따라서 장애인과 노인 등에 대한 종합적인 서비스의 제공 및 사례관리가 필요하다.

〈표 10-1〉 등록장애인 수 (단위: 천 명)

구분	1990년	2000년	2005년	2012년	2017년
등록장애인 수	200	958	1,789	2,511	2,546

출처: 보건복지부(2018). 장애인 등록 현황.

〈표 10-2〉 노인인구추계 (단위: %)

구분	1980년	1990년	2017년	2020년	2030년
노년부양비	6.1	7.4	18.8	21.8	38.2
노령화지수	11.2	20.0	104.7	123.1	211.3

노년부양비 = 고령인구(65세 이상 인구) ÷ 생산가능인구(15~64세 인구) × 100
노령화지수 = 고령인구(65세 이상 인구) ÷ 유소년인구(0~14세 인구) × 100

출처: 통계청(2016). 장래인구추계.

03 사례관리의 기능

사례관리는 사례관리자의 역할과 지위, 프로그램의 특성, 서비스 제공분야 등에 따라 다양하게 나타난다. 레빈과 플레밍(Levin & Fleming), 스턴버그와 카터(Steinberg & Carter), 로스만(Rothman) 등이 제시한 사례관리의 기능은 다음과 같다(엄명용 외, 2006).

1) 클라이언트와 서비스의 연결기능

클라이언트의 욕구를 충족시킬 수 있는 서비스를 그들에게 연결시켜 주는 기능이다.

2) 비공식 지원체계와 클라이언트 간 상호작용의 촉진기능

이 기능은 클라이언트가 공식적 지원체계보다는 비공식적 지원체계를 통하여 보다 더 실질적인 도움을 받는 것이다. 클라이언트는 가족, 친구, 이웃, 종교단체 등으로부터 경제적·신체적·정서적 도움을 받고 있다.

3) 사례관리 기관들 간의 조정기능

기관들 사이의 연계를 촉진함으로써 사례관리의 효과성을 높이는 기능이다. 공식적인 정책은 국가의 정책적인 차원에서 이루어지며, 비공식적인 협정은 기관의 행정적인 차원에서 이루어지거나 사례관리자에 의해서 프로그램 차원에서 이루어지기도 한다.

4) 상담기능

상담은 사례관리 과정에서 클라이언트에게 필요한 정보를 제공하고, 클라이언트 자신의 욕구와 문제에 대한 이해를 증진시키며, 서비스 제공기관과의 접촉을 향상시키는 기능을 수행한다. 또한 클라이언트에게 정서적 지지를 제공하고, 클라이언트로 하여금 스스로 문제를 해결할 수 있도록 동기를 부여하는 기능도 수행한다.

5) 문제해결기능

문제해결기능은 사례관리 과정에서 클라이언트에게 발생할 수 있는 클라이언트 개인 성격상의 문제, 위기상황, 일상생활상의 문제 등을 잘 극복할 수 있도록 하는 기능이다. 사례관리자는 클라이언트가 스스로 문제를 해결할 수 있도록 동기를 부여하고 격려·지지하며 문제해결에 필요한 기회와 자원에 접근할 수 있도록 돕는다.

6) 옹호기능

옹호기능은 클라이언트와 클라이언트 집단의 사회적 기능을 향상시키기 위해서 클라이언트의 무기력과 무능력을 제거하는 기능이다. 옹호는 클라이언트가 서비스 또는 자원을 획득할 수 있도록 하거나, 새로운 입법 또는 정책을 조장하기 위해서 클라이언트와 함께 또는 클라이언트를 위해서 함께 일하는 과정이다.

04 사례관리의 과정

사례관리는 사회복지실천의 기본 기술을 기초로 하고 있으며 사회복지실천의 일반적인 과정을 따른다. 사례관리의 과정에 대해서는 연구자마다 5단계에서부터 8, 9단계에 이르기까지 다양하게 제시하지만 그 핵심적인 내용은 크게 다르지 않다. 여기에서는 국가직무능력표준을 참고하여 9단계: 접수, 인테이크, 사정, 사례회의, 계획수립, 개입, 평가, 종결, 사후관리로 구분하였다.

1) 접수

접수는 도움을 필요로 하는 대상자의 발굴과 면접을 통해 개별문제와 욕구를 확인하여 사회복지서비스의 제공 여부를 결정하는 과정이다. 이 과정에서는 대상자를 발굴하고, 클라이언트의 1차 정보를 수집하며, 대상자 선정 여부를 결정한다. 구체적으로는 다음과 같다.

(1) 대상자 발굴

대상자 선정기준을 참고하거나 기관 내외부의 자료를 활용하거나 또는 대상자에 대한 의뢰를 통하여 서비스를 제공할 대상자를 발굴할 수 있다.

(2) 클라이언트 1차 정보 수집

클라이언트와 면접 및 상담을 하여 기본적인 상황을 파악하고, 클라이언트의 주변 사람들과의 상담을 통하여 정보를 수집할 수 있다. 유관기관 의뢰 시 사전에 클라이언트에 대해 수집된 정보를 파악하고, 클라이언트를 중심으로 공적부조지원체계에 대한 정보를 수집할 수 있다.

(3) 적격성 평가

수집된 1차 정보에 대하여 진위 여부를 파악하고 자체 기준 등을 활용하여 대상자를 결정한다.

2) 인테이크

인테이크는 상담기법 등을 활용하여 클라이언트 개별의 문제와 상황을 밝혀내고 기본적이고 일차적인 개입을 하는 단계이다.

(1) 대상자 파악

상담을 통하여 대상자의 기본적인 사항 및 개별적인 사항을 파악하여 작성한다. 인테이크 수행 시 대상자와 신뢰감을 형성하고 대상자의 역할을 명료화할 수 있다.

(2) 대상자 욕구 파악

클라이언트를 중심으로 가장 중요하고 시급한 문제를 파악하고, 가족 및 주변 사람들이 표현하는 문제 및 욕구를 파악한다.

(3) 자원 파악

대상자를 중심으로 관계망을 파악하여 지원체계, 지원내역, 관계망의 친밀도, 자원의 연속성 및 제공기간을 확인한다.

(4) 면접 기록지 작성

대상자에 대한 자세한 기록 및 객관적인 자료를 토대로 면접 기록지를 작성한다. 초기개입 목표선정 및 추후 계획에 대하여 자세한 내용을 기입하고, 지속적인 상담으로 대상자의 상황을 파악하여 수시로 변경된 자료를 교체한다.

3) 사정

사정은 개입방식을 선택하기 위해 클라이언트의 문제와 상황을 검토하는 절차이며, 클라이언트와 그 가족에 의해 제시된 문제 외에도 신체적·인지적·사회적·정서적·경제적 및 환경적 욕구를 파악한다.

(1) 개인의 욕구 분석

클라이언트와의 상담을 통해 욕구와 자원을 파악하고 파악된 욕구의 우선순위를 정하여 사정지를 작성한다. 사정이 진행되는 동안 클라이언트의 의견이 누락되지 않도록 경청하며 충분한 면담을 통해 잠재적인 욕구까지도 파악한다.

(2) 가족의 구성원 및 특징 파악

클라이언트와 가족과의 면담을 통해 가족 구성원의 역할기능, 건강상태, 경제능력, 장애 여부, 가족들과의 관계망, 의사소통 구조 및 지원망을 파악하고 도표화한다.

(3) 개인을 둘러싼 환경 파악

클라이언트와의 개별 면담을 통해 환경을 파악하여 생태도를 작성한다.

(4) 강점, 장애요인 및 문제 파악

클라이언트와의 면담과정을 통해 그의 말과 태도로 클라이언트와 그를 둘러싼 환경의 강점 및 장애요인을 파악하고, 클라이언트의 문제해결을 위한 개입방향을 설정한다.

(5) 사정지 작성

수집된 정보를 바탕으로 사정지를 작성하고, 수집된 정보를 요약하여 개입방법을 선택할 수 있도록 정리한다.

4) 사례회의

대상자에게 적절한 서비스 제공과 외부자원의 동원 가능 여부, 타기관 의뢰를 개진하는 서비스 조정을 통한 자원의 효율적 배분 및 효과성을 최대화하기 위해 사례회의를 진행한다. 사례회의 진행 시 사례관리대상자 선정의 투명성 및 공정성을 보장하고, 팀 차원의 접근을 통한 요보호대상자 관리의 전문성을 확립한다.

(1) 회의 자료 작성

대상자에 대한 사정을 토대로 대상자의 상황, 대상자 및 가족의 자원환경에 대한 강점 및 문제를 요약하여 회의 자료를 작성한다.

(2) 사례회의 진행 및 발표

발표를 통해 사례에 대해 회의 구성원들과 논의하고 논의사항을 간단하게 요약한다.

(3) 판정

사례관리대상자 및 위기개입 대상자를 판정하며, 대상자에 대하여 관리수준 및 서비스 내역을 결정하고 사례회의 결과를 객관적으로 판정한다. 타부서 및 타기관에 의뢰할 사항에 대해서도 결정한다.

(4) 회의 결과 정리 및 보고

회의결과를 정리하여 회의록을 작성하고 클라이언트에게 서비스 제공 여부, 타기관 의뢰 여부, 대상자 비선정 사유 등을 통보한다.

5) 계획수립

계획수립은 사정과 사례회의를 통하여 수집된 정보를 대상자에게 도움이 될 수 있도록 구체적으로 변화시켜 주는 과정으로서, 궁극적으로 대상자의 욕구와 환경적 요소 사이의 효율적인 관계를 수립하여 주는 구체적인 행동지침을 형성하는 과정이다.

(1) 개입 목표 설정

대상자가 원하는 기대치를 충분히 고려하여 욕구 순위에 따라 서비스 제공을 통하여 변화 가능한 목표를 구체적으로 설정한다. 대상자와의 신뢰감 형성을 위한 노력과 구체적 행동계획을 수립한다.

(2) 자원 동원 계획 수립

기관 및 지역사회 내 연계 가능한 자원을 선정하고, 대상자가 확보하고 있는 자원체계와 신규자원체계가 중복되지 않는 범위에서 적절한 자원동원계획을 수립한다.

(3) 서비스계획 수립

수립된 개입목표에 따라서 제공될 서비스의 양, 일정, 횟수 등을 상세히 계획한다.

자원동원계획에 따라 제공될 서비스에 대한 우선순위를 정하고, 서비스 공급체계를 선정하며, 구체적 실행계획을 수립한다.

6) 개입

개입은 서비스계획이 완전히 이루어지며 장애요인을 극복하기 위하여 중재를 시작하고 활용 가능한 자원을 연결하는 과정으로서, 수립한 계획에 따라 일련의 행동들을 구체적으로 실천하는 과정이다.

(1) 클라이언트 면담

수립된 서비스계획에 대하여 대상자로부터 동의를 얻고, 대상자의 권리 및 준수사항과 관련된 정보를 충분히 제공한다. 대상자의 심리적, 정서적 태도를 고려하여 긍정적인 태도로 면담을 수행하고, 대상자의 개별화된 특성을 파악하여 적절한 상담기술을 활용한다. 면담 시 계약을 통해 대상자와 기관과의 공식적인 관계를 형성하고 서비스 목적, 서비스 내용, 서비스 제공일시 및 기간, 조정가능성을 포함한 서비스 내용을 공식화하는 기록이 필요하다.

(2) 서비스 제공 연계

서비스계획에 근거하여 적절한 서비스를 연계하고, 기관 및 지역사회 내 동원 가능한 서비스를 파악하여 대상자에게 적합한 서비스를 제공할 수 있다. 서비스의 만족도 제고를 위하여 서비스 제공 이후 지속적으로 관찰 및 점검한다.

(3) 개입에 대한 재조정

서비스 제공 과정 또는 사후에 대상자로부터 서비스에 대한 의견을 수렴하고, 서비스계획 시 수립된 효율성과 효과성을 평가하여 그 결과에 따라 서비스의 조정 여부를 결정한다. 재조정의 필요가 있을 때에는 재사정이 필요한지도 결정한다.

(4) 외부자원 연계망 구축

필요한 기관 외부자원을 파악하여 동원하고, 대상자에게 지속적인 지원을 위한 자원의 연계망을 구축한다.

7) 평가

사례관리 매뉴얼에 따른 전 과정이 계획된 형태와 방법으로 진행되었는가 여부와 대상자의 변화 여부와 만족도를 파악하기 위한 과정으로서 과정의 마무리 및 전 과정에 대한 재정리에 해당한다. 개입계획에 따른 자원동원 및 연계, 사례회의 등의 과정이 정확히 수행되었는가를 판단한다.

(1) 결과 보고

개입에 따른 클라이언트의 변화와 클라이언트를 변화시키기 위한 표적체계로써 가족 및 주변 환경에 대한 변화를 파악한다. 개입을 위한 모든 체계에서 발생하는 문제점을 파악하고, 클라이언트의 심리, 정서, 내적인 변화 모습도 확인한다.

(2) 효과성 파악

상담 등을 통해 클라이언트, 서비스 제공자 및 모든 체계에 대한 만족도 및 효과성을 파악한다. 클라이언트의 주변 환경에 대한 변화 여부 및 개입의 효과성을 파악한다.

(3) 클라이언트 만족도 파악

클라이언트의 내적·외적인 변화의 모습과 만족도를 파악한다. 클라이언트의 만족도에는 서비스의 질, 목표달성, 비용, 접근성 등이 포함되고 클라이언트의 변화에는 외모, 변화된 태도, 역할기능의 회복 등이 포함된다.

(4) 새로운 자원의 발굴 및 연계

클라이언트의 주변 혹은 지역의 새로운 자원을 발굴하여 목록화, 업데이트함으로써 효과적인 자원연계를 시도한다.

(5) 재사정

개입 목표 및 개입방법에 대한 중간평가를 통해 효율적으로 수정하며, 대상자의 변화사항에 대한 확인 및 서비스의 전반적인 부분에 피드백을 확인한다. 사례관리 전반에 걸쳐 재사정, 평가를 실시한다. 재사정하기에 앞서 전체적인 진행과정에 대해 명확히 확인하고 기록한 자료를 검토하여야 한다.

8) 종결

종결이란 사례관리 매뉴얼에 따른 전 과정이 계획된 혹은 재사정을 통해 수정된 형태로 진행이 완료된 것을 의미한다. 종결 사유에는 사망, 이주, 보호자 발생으로 인해 자원이 불필요한 경우, 시설 입소, 건강 호전, 서비스 거부 등이 포함된다. 클라이언트와의 종결은 단순한 서비스 종결이 아닌 사후관리를 위한 과정으로도 해석될 수 있으며 그에 따른 준비도 마련해야 한다.

(1) 케이스 종결

종결 사유에 대한 정확한 확인과 평가된 자료를 근거로 하여 종결 여부를 판단한다.

(2) 기록 및 정리

사례관리의 모든 과정을 기록한 일체의 서류를 정리하여 사후관리를 준비한다.

9) 사후관리

사후관리는 사례관리를 종결한 후 지속적으로 관리하는 것을 말한다. 사후관리는 일정기간 혹은 또 다른 목표 등을 설정하지만, 전반적으로 사례관리의 연장선상에서 이해되어야 한다.

(1) 사후관리 계획 수립

종결시점에서 목표에 따른 개입 결과를 종합적으로 분석하여 대상자에 대한 원활한 관리를 위한 사후관리 계획을 수립한다. 필요시에는 대상자의 주변 환경에 대한 사후관리 또한 계획할 수 있다.

(2) 사후관리

대상자와 정기적으로 연락과 상담을 진행하면서 대상자의 변화과정을 관찰하고 파악한다.

(3) 사례케이스 관리

대상자에 대한 케이스 파일을 작성하여 보관하며, 결과 평가에 대한 정리를 수행하여 다른 사례관리 진행 시 자료로 활용한다.

05 사례관리의 적용사례

「사회복지사업법 시행규칙」 [별표 3] 사회복지관의 사업(제23조의2 제3항 관련)에는 사례관리의 기능을 첫 번째로 명시하고 있을 만큼 최근 사례관리의 기능은 사회복지실천의 중요한 방법으로 자리매김하고 있다. 따라서 현실적인 사례(클라이언트)를 이론에 적용하여 학습하는 것은 실무능력을 배양하는 데 도움이 된다. 아래에서는 사례관리 과정에 따라 종합사회복지관에서 사용하는 양식[8)]에 맞추어 가상의 사례[9)]를 적용해 보겠다.

사례 개요

35세의 이모 여인은 3년 전에 가정폭력과 도박을 일삼는 남편과 이혼하고 현재 11살의 아들을 혼자 키우고 있다. 이웃과의 왕래는 거의 없는 편이다. 차상위 가정으로 정부지원금이 조금 있기는 하나 생계는 어려운 상황이다. 직장에 다니며 월 60만 원의 소득이 있었으나 4개월 전 빙판길에서 넘어지며 팔이 심하게 부러져 수술을 했고 현재도 물리치료를 받고 있다. 병원에서 퇴원한 뒤에는 우울감에 음주를 자주 하는 편이다. 취직을 원하지만 아이의 학교부적응 등의 양육문제로 경제활동에 전념하기 어려운 상황이다.
아이는 수업시간에 집중하지 않고 남의 말을 귀담아 듣지 않으며 같은 반 친구들에게 폭력을 행사하기도 하는 등 학교생활에 문제가 있다. 집에서는 엄마 말을 잘 듣지 않으려 하고 제멋대로 행동한다.

8) 출처: 동촌종합사회복지관. 양식을 단순화하여 부분적으로 재구성함.
9) 가상의 사례임.

1) 접수

〈접수 / 의뢰서〉

<table>
<tr><th colspan="6">의뢰대상</th></tr>
<tr><td>성 명</td><td colspan="2">이○○</td><td colspan="2">주민등록번호</td><td></td></tr>
<tr><td>주 소</td><td colspan="2"></td><td rowspan="2">연락처</td><td>전 화</td><td></td></tr>
<tr><td>직 업</td><td colspan="2"></td><td>이메일</td><td></td></tr>
<tr><td>방 법</td><td colspan="5">☑ 자진 ☐ 인터넷 ☐ 홍보물 ☐ 주변권유( ) ☐ 기타( )</td></tr>
<tr><th colspan="6">가족사항</th></tr>
<tr><td>성 명</td><td>관 계</td><td>나 이</td><td>직 업</td><td>동거 여부</td><td>기 타</td></tr>
<tr><td>이○○</td><td>모</td><td>35</td><td>무직</td><td>동거</td><td></td></tr>
<tr><td>김○○</td><td>자</td><td>11</td><td>학생</td><td>동거</td><td></td></tr>
<tr><td></td><td></td><td></td><td></td><td></td><td></td></tr>
<tr><th colspan="6">해결하고 싶은 내용</th></tr>
<tr><td>무엇이 달라지기를 원하십니까?</td><td colspan="5">• 팔이 다 나으면 빨리 취직을 해서 돈을 벌고 싶지만 아이를 생각하면 쉽게 결정할 문제가 아닌 듯 걱정함.
• 불안한 마음에 술을 자주 마시게 되는데 쉽게 조절하지 못함.
• 아이의 학교적응과 말 잘 듣는 아이가 되었으면 함.</td></tr>
<tr><th colspan="6">의뢰자</th></tr>
<tr><td>성 명</td><td colspan="2"></td><td colspan="2">소 속</td><td></td></tr>
<tr><td>주 소</td><td colspan="2"></td><td rowspan="2">연락처</td><td>전 화</td><td></td></tr>
<tr><td>직 업</td><td colspan="2"></td><td>이메일</td><td></td></tr>
<tr><td>방 법</td><td colspan="5">☑ 자진 ☐ 인터넷 ☐ 홍보물 ☐ 주변권유( ) ☐ 기타( )</td></tr>
<tr><td colspan="6">2015년 월 일 신청인 ______________(인)

○○종합사회복지관 귀중</td></tr>
<tr><th colspan="6">결 과</th></tr>
<tr><td>결 과</td><td colspan="2">☑ 진행 ☐ 타기관 의뢰 ☐ 기타</td><td colspan="2">담당자</td><td></td></tr>
<tr><td>내 용</td><td colspan="5"></td></tr>
</table>

2) 인테이크

〈면접기록지〉

<table>
<tr><td>사례번호</td><td colspan="3"></td><td colspan="2">사례관리자</td><td colspan="3"></td></tr>
<tr><td>사례접수일</td><td colspan="3"></td><td colspan="2">사례종결일</td><td colspan="3"></td></tr>
<tr><td>접수경로</td><td colspan="8">☑ 클라이언트 직접 요청(방법: 복지관 방문) □ 사례관리자가 직접 발굴
□ 기관 내 타부서 의뢰( ) □ 타기관 의뢰( )
□ 기타( )</td></tr>
<tr><td colspan="9">클라이언트 및 가족 현황</td></tr>
<tr><td>성 명</td><td>이○○</td><td>나 이</td><td></td><td colspan="2">주민등록번호</td><td colspan="3"></td></tr>
<tr><td>주 소</td><td colspan="3"></td><td colspan="2">전화번호</td><td colspan="3"></td></tr>
<tr><td>종 교</td><td colspan="8">□ 기독교 □ 천주교 □ 불교 ☑ 종교 없음 □ 기타( )</td></tr>
<tr><td>결혼관계</td><td colspan="8">□ 기혼 □ 미혼 ☑ 이혼 □ 동거</td></tr>
<tr><td rowspan="6">가족
사항</td><td>관계</td><td>성명</td><td>생년월일</td><td>직업</td><td>학력</td><td>장애/질병</td><td>동거 여부</td><td>비고</td></tr>
<tr><td>클라이언트</td><td>이○○</td><td></td><td>무직</td><td></td><td></td><td></td><td></td></tr>
<tr><td>클라이언트 자</td><td>김○○</td><td></td><td>학생</td><td></td><td></td><td></td><td></td></tr>
<tr><td></td><td></td><td></td><td></td><td></td><td></td><td></td><td></td></tr>
<tr><td></td><td></td><td></td><td></td><td></td><td></td><td></td><td></td></tr>
<tr><td colspan="8">특기사항:</td></tr>
<tr><td rowspan="2">세대
유형</td><td colspan="8">□ 독거노인 □ 노인세대 □ 노손세대 ☑ 한부모(모자, 부자)세대
□ 장애인세대 □ 부모자녀세대 □ 기타( )</td></tr>
<tr><td colspan="8">특기사항:</td></tr>
<tr><td rowspan="2">수급
사항</td><td colspan="8">□ 일반수급자 □ 조건부수급자 □ ( )특례자 ☑ 비법정대상자
□ 의료보호 종, 기타 ( )</td></tr>
<tr><td colspan="8">특기사항:</td></tr>
</table>

<table>
<tr><td rowspan="3">주거
사항</td><td>주거
형태</td><td colspan="4">☑ 일반주택(지상/지하) □ 아파트
□ 공공임대(아파트/일반주택(지상/지하)) □ 기타(주거환경:)</td></tr>
<tr><td>소유
형태</td><td colspan="4">□ 자가 □ 전세(만 원) ☑ 월세(보증금 만 원, 월세 만 원)
□ 무료임대 □ 공공임대(보증금: 만 원, 월세:) □ 기타( )</td></tr>
<tr><td colspan="5">특기사항:</td></tr>
<tr><td rowspan="3">경제
사항</td><td>총수입</td><td>월 만 원</td><td>수입원</td><td colspan="2">□ 공공급여 □ 가족수입 □ 기타 □ 후원금(만 원)</td></tr>
<tr><td>총지출</td><td>월 만 원</td><td>부채</td><td colspan="2">□ 유 (금액:) ☑ 무</td></tr>
<tr><td colspan="5">특기사항:</td></tr>
<tr><td rowspan="2">건강
상태</td><td>질병유무</td><td colspan="4">□ 무 □ 유 (질환명: 발생시기:)</td></tr>
<tr><td>장애유무</td><td colspan="4">☑ 무 □ 유 (장애명: 발생/진단시기:)</td></tr>
<tr><td colspan="6">가계도 및 생태도</td></tr>
<tr><td colspan="6">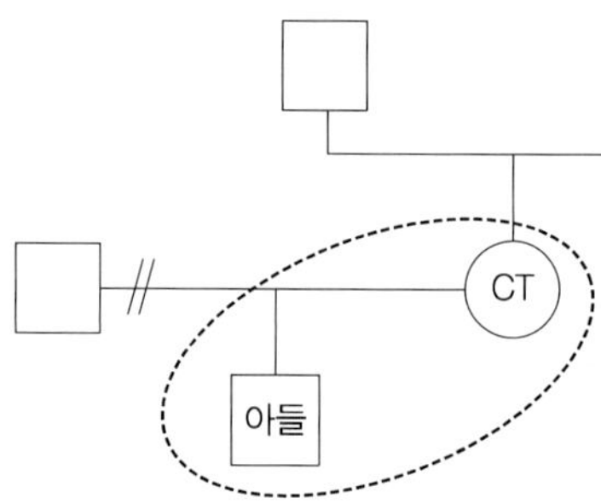
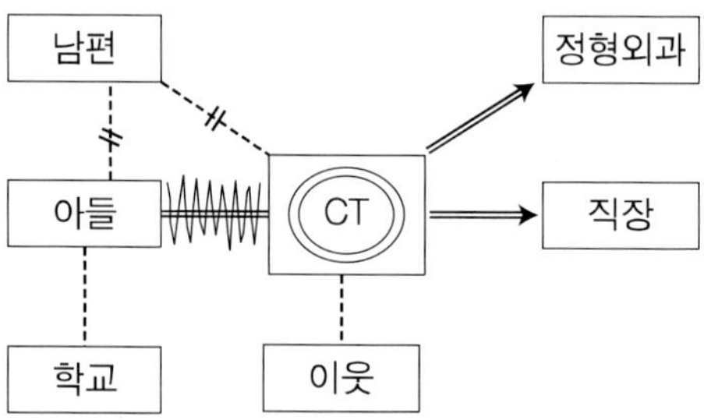</td></tr>
<tr><td colspan="3">클라이언트가 바라는 것</td><td colspan="3">클라이언트의 강점과 경험</td></tr>
<tr><td colspan="3">• 클라이언트와 자의 심리적·정서적 안정
• 취업과 바른 양육</td><td colspan="3">• 클라이언트가 비교적 건강하고 자립의지가 있으며, 친정식구들과 왕래하고 있음</td></tr>
</table>

3) 사정

〈사정지〉

<table>
<tr><td>클라이언트</td><td>이○○</td><td>사정일자</td><td colspan="2"></td></tr>
<tr><td>주 소</td><td></td><td>사례관리자</td><td colspan="2"></td></tr>
<tr><td>전화번호</td><td></td><td>정보제공자</td><td colspan="2">클라이언트 본인</td></tr>
<tr><td>사정유형</td><td colspan="4">☑ 초기사정 ☐ 재사정(☐ 새로운 욕구가 발생 ☐ 긴급한 상황이 발생 ☐ 기타)</td></tr>
<tr><td>영역</td><td>제시된 욕구</td><td colspan="2">강점</td><td>이용 가능한 자원</td></tr>
<tr><td>경제</td><td>• 취직을 하고 싶지만 아직 병원에 다니는 중이고, 아이의 양육문제로 쉽게 결정하지 못하고 있다.
• 전남편으로부터 양육비를 다시 받을 수 있기를 원한다.</td><td colspan="2">• 시간제 근무를 생각해 볼 수 있다.
• 무료법률서비스를 통한 양육비 청구소송의 진행이 가능하다.</td><td>• 공공 근로 등의 취업 프로그램
• 무료법률서비스</td></tr>
<tr><td>건강</td><td>• 잦은 음주를 자제하고 싶다.</td><td colspan="2">• 잦은 음주가 오래된 습관이 아니다.</td><td>• 상담치료</td></tr>
<tr><td>양육</td><td>• 아이가 학교생활에 적응하지 못하고 문제를 일으켜 걱정이 많다.
• 집에서 엄마의 말을 듣지 않고 성질을 낸다.</td><td colspan="2">• 아이를 많이 사랑하고 있으며 개선하려는 의지가 있다.
• 시간제 근무를 하면 아이와 보내는 시간을 늘릴 수 있다.</td><td>• 놀이 치료 등의 프로그램 참여
• 병원심리치료</td></tr>
<tr><td>개입수준</td><td>☐ 위기개입</td><td colspan="2">☐ 집중사례</td><td>☑ 일반사례</td></tr>
<tr><td>강점
활용
방안</td><td colspan="4">• 클라이언트가 결혼 전 및 이혼 후에 직장 근무경력이 있으며, 자립에 대한 의지가 강하다.
• 친정식구들과 원만한 관계를 유지하고 있으며 클라이언트가 원할 경우에는 도움을 줄 수도 있는 상황이다.
• 아들에 대한 사랑이 깊어 문제해결을 위하여 기꺼이 희생할 마음이 있다.</td></tr>
</table>

4) 사례회의

회의결과를 정리하여 회의록을 작성하고 클라이언트에게 서비스 제공 여부, 타 기관 의뢰 여부, 대상자 비선정 사유 등을 통보한다.

5) 계획수립

〈실행계획서〉

<table>
<tr><td colspan="2">사례번호</td><td colspan="2"></td><td>사례관리자</td><td colspan="2"></td></tr>
<tr><td colspan="2">클라이언트</td><td colspan="2">이○○</td><td>사례유형</td><td colspan="2">☑ 신규 ☐ 재사정</td></tr>
<tr><td>영역</td><td>제시된 욕구</td><td>합의된 목표</td><td colspan="2">실행계획</td><td>실행자</td><td>개입기간</td></tr>
<tr><td>경제</td><td>• 취업희망
• 양육비 청구</td><td>시간제 일자리 취업
양육비 청구소송 진행</td><td colspan="2">일자리 알선
무료법률
서비스 연결</td><td>사례관리자</td><td></td></tr>
<tr><td>건강</td><td>• 절주 or 금주</td><td>절주</td><td colspan="2">프로그램 참여</td><td>보건소</td><td></td></tr>
<tr><td>양육</td><td>• 아이의 학교적응
• 집에서의 행동 교정</td><td>친구들과의
친밀도 증가
인성교육</td><td colspan="2">담임교사의
지원하에 관찰
학원등록</td><td>담임교사
○○학원</td><td></td></tr>
<tr><td colspan="3">클라이언트의 역할</td><td colspan="4">본인과 아들이 실행계획을 충실히 실행할 수 있도록 서로 지지하고 격려하기</td></tr>
<tr><td colspan="3">사례관리자의 역할</td><td colspan="4">클라이언트와 그 자가 실행계획을 이행하는 데 어려움이 없도록 실행자와의 협력을 통해 환경 조성하기</td></tr>
<tr><td colspan="7">사례관리 동의서</td></tr>
<tr><td colspan="4">• 귀하와 합의된 내용 이외의 목적으로 개인정보가 누출되지 않도록 하겠습니다.
• 모든 사례관리 내용은 귀하와의 합의하에 진행하도록 하겠습니다.
• 본 사회복지관은 귀하의 사회복지 요구를 해결하기 위해 최선의 사례관리 서비스를 제공하도록 노력하겠습니다.

○○종합사회복지관 사례관리자
____________________(인)</td><td colspan="3">• 본인은 사례관리 서비스의 계획 및 진행내용에 대한 설명을 충분히 듣고 이해했습니다.
• 본인은 계획된 목표를 성취하기 위해 적극적으로 참여하고 협력하겠습니다.
• 본 동의서 작성일로부터 귀 복지관에서 제공하는 사례관리 서비스를 제공받는 것에 동의합니다.

성 명 ________________(인)
보호자 ________________(인)</td></tr>
</table>

6) 개입

개입내용을 과정기록지에 일자별로 기록하고 진행상황을 점검한다.

7) 평가

〈평가보고서〉

1. 사례개요

클라이언트	이○○	작성자	
주민등록번호		작성일자	
전화번호		기간	

2. 목표달성 정도

합의된 목표	실행계획	진행내용	변화 정도	변화내용
시간제 일자리 취업 양육비 청구소송 진행	일자리 알선 무료법률서비스 연결	오후 일자리를 얻어 아침, 저녁으로 아이와 시간을 보냄 소송 진행 중	고정적인 소득의 발생	불안과 우울감이 많이 해소됨
절주	프로그램 참여	금주 프로그램에 꾸준히 참석	술 마시는 횟수가 1/4로 줄어듦	건강해 보임
친구들과의 친밀도 증가 인성교육	담임교사의 지원하에 관찰 방과후교육 참여	학교생활에 적응 중 방과후교육 참여	학교에서 친구와 싸우지 않음	표정이 많이 밝아짐

3. 제공된 서비스

서비스 종류	제공횟수	수행평가	합의된 계획과의 관련 정도 및 근거

4. 개입 전-후 생태도 비교

개입 전	개입 후

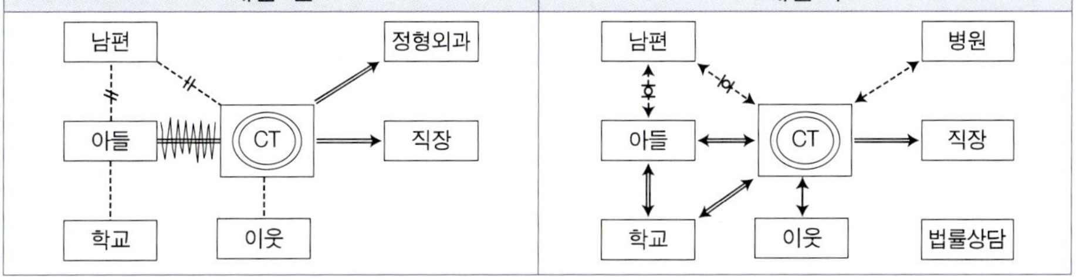

8) 종결

사례관리의 모든 과정을 기록한 일체의 서류를 정리하여 종결보고서를 작성한다.

9) 사후관리

대상자에 대한 케이스 파일을 작성하여 보관하며, 결과 평가에 대한 정리를 수행하여 다른 사례관리 진행 시 자료로 활용한다.

참고문헌

김숙경(2001). 장기요양보호시설에서의 사례관리실천 적용에 관한 연구. 한국노인복지학회.

보건복지부(2012). 장애인현황.

양정남·최선령(2012). 사회복지실천론. 양서원.

엄명용·김성천·오혜경·윤혜미(2006). 사회복지실천의 이해. 학지사.

이윤로·조미숙·박정숙·문영미·나용선·조현순·봉수연·최선경(2005). 사회사업실천기술론. 학현사.

정순둘(2005). 사례관리 실천의 이해: 한국적 경험. 학지사.

조홍식·오승환·박현선·공계순·신영화·우국희·성정현·오세란·이상균·황숙연·이용표·유채영·김혜련·조성희·이현주·김용득(2001). 사회복지실천 분야론. 학지사.

최혜지 · 김경미 · 정순둘 · 박선영 · 장수미 · 박형원 · 배진형 · 박화옥 · 안준희(2013). 사회복지실천론. 학지사.

통계청(2011). 장래인구추계.

저자 소개

권향임 백석문화대학교 사회복지학부 교수
김상아 동서울대학교 사회복지과 교수
신민정 수성대학교 사회복지과 교수
윤정혜 인천재능대학교 아동보육과 교수
이기량 대구보건대학교 사회복지과 교수
이남순 송곡대학교 사회복지상담과 교수
이채식 우송정보대학 사회복지과 교수
전영록 제주관광대학교 사회복지과 교수

제2판

사회복지실천론

초 판 1쇄 발행 2015년 3월 2일
초 판 4쇄 발행 2017년 7월 7일
제2판 3쇄 발행 2021년 3월 4일

지은이 | 권향임·김상아·신민정·윤정혜·이기량·이남순·이채식·전영록
펴낸이 | 김기섭
편집인 | 김민수
펴낸곳 | 창지사 www.changjisa.com
08589 서울시 금천구 가산디지털 1로 83 파트너스타워 1차 9층
전화 (02) 719-2211~3
팩스 (02) 701-9386
등 록 | 1977년 4월 28일·제1-421호

ISBN 978-89-426-1156-0 (93330)

값 17,000원

「이 도서의 국립중앙도서관 출판예정도서목록(CIP)은 서지정보유통지원시스템 홈페이지(http://seoji.nl.go.kr)와 국가자료공동목록시스템(http://www.nl.go.kr/kolisnet)에서 이용하실 수 있습니다.(CIP제어번호: CIP2018026056)」